10년 후 100배 오를 암호화폐에 투자하라

지금까지 없었던 암호화폐 실전투자의 정석

10년 후 100배 오를 암호화폐에 투자하라

1판 1쇄 펴낸날 | 2022년 1월 21일
1판 8쇄 펴낸날 | 2022년 5월 10일

지은이 | 박종한
펴낸이 | 나성원
펴낸곳 | 나비의활주로

기획편집 | 유지은
디자인 | design BIGWAVE

주소 | 서울시 성북구 아리랑로19길 86, 203-505
전화 | 070-7643-7272
팩스 | 02-6499-0595
전자우편 | butterflyrun@naver.com
출판등록 | 제2010-000138호
상표등록 | 제40-1362154호

ISBN | 979-11-90865-52-4 03320

| 지금까지 없었던 암호화폐 실전투자의 정석 |

10년 후 100배 오를 암호화폐에 투자하라

박종한 지음

나비의 활주로

서문 암호화폐에 관심이 있지만, 투자를 주저하는 분들에게

사람마다 투자의 때가 다릅니다.

"회사에서 20대 직원이 비트코인으로 몇 십 억을 벌어서 퇴사했어요."

어느 화창한 토요일 오후, 여의도 한 카페에서 대기업에 다니는 지인과 담소를 나누던 중 나온 이슈였습니다. 암호화폐로 큰 부자가 된 20대 직장인의 성공 사례는 언론 매체에서 종종 접했습니다. 그런데 가까운 곳에서 그러한 일이 진짜로 일어나니 새삼 신기한 기분이 들더군요. 더욱 인상적인 이야기는 그다음이었습니다.

"남은 직원들이 상실감을 느끼고 있어요. 나이 차가 꽤 나는 저도 기분이 약간 이상해지더라고요. 동년배인 20대 직원들의 상실감은 상당히 큰 것 같고요."

복잡한 심경을 한두 줄로 설명하기는 어렵지만, 아마도 이런 마음이 아니었을까요?

'나는 왜 저렇게 투자하지 않았을까? 만약 그랬다면…….'

후회해도 소용없는 줄 알지만, 그런데도 후회되는 게 사람의 마음입니다. 이 이야기를 듣고 두 가지 생각이 들었습니다.

첫 번째는 사람마다 다 자신의 때가 있다는 것입니다. 그런데 대부분의 사람에게 그때가 늦게 찾아옵니다. 신생 자산의 가치를 빠르게 알아보고, 과감하게 도전하는 것은 늘 극소수의 투자자의 몫이었습니다. 만약 지금이라도 암호화폐의 가치를 알아보았고, 믿음이 생겼다면 그게 바로 자신의 때입니다. 이때를 놓치지 않고 도전하면 됩니다. 그러면 몇 년 뒤에는 크게 웃을 수 있습니다.

당장 필자만해도 2017~2018년, 불장 당시에는 암호화폐에 발만 살짝 걸쳐놓고 있었습니다. 부동산과 주식에 더 관심이 많았거든요. 이후 암호화폐를 꾸준히 공부하면서 점점 더 투자에 확신이 들었고, 투자 규모를 늘려나가고 있습니다.

두 번째는 암호화폐 시장이 이제 시작이라는 것입니다. 암호화폐 시장이 단기간에 급격히 성장한 건 사실입니다. 그만큼 앞으로 여러 차례의 조정을 거치고 시장의 까다로운 검증을 받게 될 겁니다. 그런데 암호화폐가 전체 자산시장에서 차지하는 비중은 0.3%에 불과합니다. 블록체인과 암호화폐의 미래가치를 고려하면 장기적으로 큰 상승 여력이 있다고 봅니다. 따라서 결론은 단순합니다. "지금부터 투자하면 됩니다! 아직 늦지 않았습니다."

투자는 선택이 아니라 필수입니다.

불과 몇 년 사이에 세상 돌아가는 분위기가 심상치 않습니다. 월급은 별로 안 오른 것 같은데, 전국의 아파트 가격은 2~3배 상승했으며, 암호화폐와 주식시장 역시 사상 최고치를 몇 번이나 경신했습니다. 자산시장과 실물경제의 괴리감이 무척 커진 것이지요.

주변에서는 누군가 "코인으로 큰돈을 벌었다더라", "집을 샀다더라"식의 이야기가 들려옵니다. 인터넷에서는 확인되지 않은 무수한 카더라 통신이 난무하고요. 상황이 이렇다 보니 평소 투자에 관심 없던 사람도 부랴부랴 코인 시장에 뛰어들게 됩니다. 언론에서는 이를 'FOMO 증후군'이라고 표현합니다. FOMO는 피어 오브 미싱 아웃Fear Of Missing Out의 약자로 나만 도태되는 것에 대한 두려움을 의미합니다. 그런데 필자는 이 사태를 단순히 FOMO만으로 설명하기는 어렵다고 봅니다.

우리 부모님 세대의 이야기를 잠시 해볼까요? 독자분들의 연령대가 다양할 듯해서 좀 더 정확하게 60·70세대라고 하겠습니다. 60·70세대가 경제 일선에서 활약하던 당시는 노동 가치를 최고로 여겼습니다. 평생직장이라는 개념이 유효했었고, 월급을 잘 활용하면 어떻게든 집 한 채를 장만할 수 있는 여력이 있었습니다.

최고의 재테크 수단은 적금이었지요. 월급을 받으면 일정 금액을 은행에

또박또박 넣는 걸 당연하게 생각했습니다. 물론 당시에도 주식은 존재했습니다. 하지만 소수의 사람만 참여했고, 평범한 가장이 굳이 위험을 무릅쓰고 도전할 이유는 없었습니다. 은행에만 넣어두어도 연 10% 넘는 이자를 주니 장기투자를 한다면 꽤 풍족히 자산을 불릴 수 있었습니다.

하지만 지금은 어떻습니까? 은행 예·적금으로 은퇴 자금을 마련하기란 사실상 불가능한 시대입니다. 이자는 없다고 보는 게 속 편합니다. 은행은 자산을 불리는 것보다, 돈을 보관하는 금고에 가까운 개념이 되었습니다.

더욱 중요한 사실이 있습니다. 과연 은행에 돈을 넣어둔다고 잘 보관될까요? 안타깝게도 그렇지 않습니다. 은행에 돈을 묵혀두는 건 자신의 소중한 자산을 조금씩 버리는 것과 같습니다. 물가는 가파르게 오르는데, 금리는 내려가거나 그대로이기 때문에 장기적으로 자산의 가치가 계속 하락합니다.

거기다 폭등한 부동산 가격으로 내 집 장만은 더욱 어려워졌습니다. 20·30세대가 자산시장에 뛰어드는 건 FOMO가 아니라 생존을 위한 당연한 선택이라고 볼 수 있습니다. 자산시장에 뛰어드는 건 문제 될 게 없습니다. 오히려 안정적인 노후를 위해 반드시 해야 하는 선택이지요. 문제는 준비되어 있지 않은 상태에서 무작정 뛰어드는 것입니다. 이는 총 없이 전쟁터에 참전하는 것과 같은 이치입니다.

투자는 시간을 나의 편으로 만드는 것입니다

이 책을 읽기 시작하셨다니 암호화폐 투자에 관심이 있다고 보아도 되겠죠. 10년 후 100배 오를 암호화폐에 관한 호기심으로 책을 펼친 분도 계실 겁니다. 책에서 어떤 내용을 공부할 수 있는지 간략하게 알려드리겠습니다.

챕터 1, 2에서 당신은 암호화폐 시장의 성장성에 관해 굳건한 믿음을 가질 수 있고, 거래에 필수적인 지식을 습득할 수 있습니다. 챕터 3~5에서는 좋은 암호화폐를 스스로 고르는 방법을 배울 수 있습니다. 100배 상승할 암호화폐를 선점하는 노하우도 알아보겠습니다. 그런데 반드시 명심해야 할 점이 있습니다. 암호화폐가 신생 자산인만큼 수익만을 좇아서는 안 된다는 것입니다. 이 책에서는 수익률과 안정성을 함께 도모할 수 있는 방법을 고민해보겠습니다. 챕터 6, 7에서는 매매에 가장 적합한 타이밍을 찾는 방법을 배울 수 있습니다. 마켓 타이밍은 투자에서 가장 어려운 부분 중 하나입니다. 챕터 8~10에서는 암호화폐 시장에서 가장 큰 화두인 디파이와 NFT에 대해서 자세히 공부할 수 있습니다. 더불어 자신만의 암호화폐 투자 원칙을 세울 수 있습니다.

당신이 암호화폐에 투자하는 목적은 무엇인가요? 돈을 많이 벌어서 경제적 독립, 경제적 자유를 누리고 싶기 때문일 겁니다. 필자 역시 마찬가지입니다. 돈을 벌면 하고 싶은 것도, 할 수 있는 것도 참 많습니다. 사랑하는 가족과 함께 살 좋은 집을 장만할 수 있고, 멋진 자동차를 살 수 있으며, 해외여행도 마음껏 다닐 수 있겠지요. 더욱 중요한 건 자신이 하고 싶은 일을 마음껏 하면서 살 수 있다는 것입니다. 하지만 이 모든 걸 짧은 시간에 이룰 수는 없습니다. 투자에서 가장 중요한 건 시간을 나의 편으로 만드는 것입니다. 투자는 5년, 10년, 그 이상을 꾸준히 이어 나가야 진정한 가치를 발휘합니다. 책의 제목을 '10년 후 100배 오를 암호화폐에 투자하라'라고 지은 이유도 여기에 있습니다. 100배 상승을 위해서는 시간의 힘이 중요합니다. 당신이 장기투자로 풍족한 수익을 거둘 수 있기를 진심으로 기원합니다. 이 책이 투자의 긴 여정에 조금이라도 보탬이 되었으면 합니다.

박종한

* 본문의 용어 사용을 일러둡니다. 암호화폐를 지칭하는 용어는 다양합니다. 초창기에는 주로 가상화폐라고 불렀습니다. 그러다 블록체인에 기반을 둔 특성을 강조하기 위해 암호화폐라고 부르기 시작했습니다. 정부의 세금 관련 정책이 나온 이후에는 가상자산 혹은 암호자산이라고도 합니다. 한편, 투자자들은 가상자산이 적합한 표현이 아니라며 디지털 자산으로 명칭 변경을 요구합니다. 이 책에서는 현재 가장 일반적으로 사용하는 암호화폐라는 표현을 주로 사용했습니다. 그리고 개별 암호화폐를 언급할 때는 코인이라는 단어를 함께 표기했습니다.

CONTENTS

CHAPTER 3

암호화폐도 가치투자가 핵심인 이유

CHAPTER 4

비트코인과 이더리움으로 큰 그림 보는 법

CHAPTER 5

100배 오를 알트코인에 주목하라

CHAPTER 6

암호화폐 시장의 큰 흐름을 읽어라

CHAPTER 7

마켓 타이밍을 잡는 차트분석법

CHAPTER 8

디파이로 평생 연금 받기

CHAPTER 9

NFT가 만들어가는 새로운 세상

CHAPTER 10

암호화폐 투자원칙 세우기

CHAPTER 1

암호화폐 시장이 반드시 성장할 수밖에 없는 까닭

만약 지금 암호화폐를 사지 않으면

5년 뒤에 지금과 똑같은 후회를 하고 있을지도 모릅니다

01 ›››

투자의 최고 덕목은 다름 아닌 이것!

암호화폐 시장에 큰 하락장이 올 때마다 밤잠을 설치는 투자자가 많습니다. 당신도 불안했던 경험이 몇 번쯤은 있으시지요? 그런데 아무리 크게 떨어져도 반드시 회복할 거라는 **확신**이 있다면 어떨까요? 아마 스트레스가 절반 이하로 줄어들지 않을까요?

암호화폐 시장의 하락장이 조금만 깊어지거나, 길어져도 좌불안석이 되는 이유는 시장이 완전히 사라질 수 있다는 **불안감**, 다시는 회복할 수 없을 거라는 **두려움** 때문입니다. 따라서 성공적인 암호화폐 투자는 불안감과 두려움을 극복하고, 그 자리를 굳건한 **믿음**으로 채우는 데서 시작되어야 합니다. 물론 맹목적인 믿음은 곤란합니다. 믿음에는 반드시 타당한 근거가 필요합니다. 만약 주변의 누군가가 코인 투자로 대박이 났다는 얘기를 듣고, 아무런 준비 없이 뛰어들었다면 제대로 된 믿음이 생길 수 없습니다. 암호화폐에 관한 충분한 공부와 조사가 뒷받침될 때 비로소 진정한 믿음이 우러나오는 법입니다.

하지만 다수의 투자자가 암호화폐에 관해 깊이 공부하지 않습니다. 암호화폐 외에도 부동산, 주식 등 다양한 투자자산이 존재합니다. 그런데 암호화폐 투자에서는 유독 묻지마 투자가 많습니다.

부동산 투자를 예로 들어볼까요? 부동산 계약을 할 때 집을 직접 확인하지 않고, 도장을 찍는 구매자는 거의 없습니다. 오랜 시간 공을 들여 입지, 주변 시설, 브랜드, 학군 등을 꼼꼼히 살피고 분석합니다. 이후 최종 후보지가 정해지면 발품을 팔아 직접 방문한 뒤, 하자가 없는지 살펴보고 나서야 신중히 도장을 찍습니다.

반면 부동산보다 훨씬 위험한 자산으로 분류되는 암호화폐는 어떨까요? 투자하려는 암호화폐의 용도가 무엇인지 모르고 마우스를 클릭한 적이 있지 않으신가요? 주변 누군가의 추천에 무턱대고 사지는 않으셨나요?

암호화폐 투자는 기술적인 이슈가 많고, 변화 속도도 워낙 빨라 분석이 쉽지 않습니다. 하지만 기본적인 절차를 지키고, 자신만의 확고한 투자 원칙을 세우면 충분히 잘 해낼 수 있습니다.

믿음과 더불어 강조하고 싶은 키워드가 하나 더 있습니다. 바로 **긍정적인 마음**입니다. 모든 자본시장에서 큰 성공은 긍정주의자의 몫입니다. 암호화폐 시장에 뛰어든 이상 온갖 부정적인 뉴스를 접하게 됩니다. 주변에는 암호화폐 투자를 투기나 도박이라고 폄하하는 사람도 있을 겁니다. 그러다 하락장이 오면 '내 그럴 줄 알았지' 하며 끌끌 혀를 찹니다.

확고한 믿음과 긍정적인 마음이 없는 투자자는 언제든 흔들릴 수밖에 없습니다. 시장을 영영 떠나게 될지도 모르고요. 이는 100배의 수익을 얻는 것보다 더욱 중요한 문제입니다. 만약 시장이 사라지거나, 투자자가 영영 시장을 떠나게 되면 100배는커녕 큰 손해만 보게 될 수도 있습니다.

이번 장을 통해 당신의 믿음을 채우시기 바랍니다. 암호화폐 시장이 왜 꾸준히 성장할 수밖에 없는지에 관한 제 나름의 생각을 적어보았습니다. 더불어 암호화폐의 여러 위험성이 왜 기회가 될 수 있는지를 알아보겠습니다. 정답은 아니지만, 당신의 투자에 도움이 될 수 있으리라고 봅니다. 믿음이 이미 충만해서 바로 실전으로 들어가고 싶으면 챕터1을 넘기고, 챕터2부터 읽으시면 됩니다.

02 »»

정부 규제로 암호화폐가 사라진다고?

암호화폐에 관심이 있지만, 투자를 주저하는 분께 이유를 물어보면 대부분 두 가지 요소 때문이라고 답합니다. 바로 **정부 규제**와 **변동성**입니다.

먼저 정부 규제 이야기부터 해보겠습니다. 암호화폐 시장에 가장 큰 영향력을 미치는 나라는 미국과 중국이고, 이 중 투자자가 더욱 두려워하는 나라는 단연 중국입니다. 중국의 비트코인 채굴장 폐쇄 뉴스가 나올 때마다 암호화폐 시장은 반 토막이 나곤 했습니다. 중국이 비트코인 채굴을 금지하는 이유는 무엇일까요? 명목상으로는 환경오염입니다. 2020년 한 해 동안 비트코인 네트워크가 사용한 전력은 폴란드의 1년 치 전력 사용량과 맞먹는다고 합니다. 이 중 60% 이상을 중국이 사용했습니다. 그런데 설상가상 중국의 전력 생산에서 화력 발전이 차지하는 비중이 50~60%에 달합니다. 따라서 비트코인 채굴이 환경에 영향을 주는 건 일정 부분 사실입니다. 물론 비트코인 옹호론자들은 비트코인이 사용한 에너지보다 훨씬 더 많은 가치를 창출했다고 주장하고 있지만요.

그런데 중국이 친환경 수력발전을 사용하는 채굴장마저 폐쇄하면서 환경오염이 진짜 이유가 아니라는 게 드러났습니다. 과연 중국이 금지하는 진짜 이유는 뭘까요? 근본적인 이유는 단순합니다. 정부의 통제력이 약화되는 걸 막기 위해서입니다. 국민에 대한 정부의 힘은 화폐에서 나옵니다. 중국은 탈중앙화를 추구하는 암호화폐의 성장이 자신들의 화폐 통제력을 뒤흔들 수 있다고 판단했을 것입니다. 더욱이 중국은 공산국가라서 인터넷도 검열하고, 통제하고 있습니다. 현재 중국은 암호화폐를 거래하는 것만으로도 처벌할 수 있도록 관련 규제를 대폭 강화한 상태입니다.

CBDC의 발행도 관계있습니다. CBDC는 센트럴 뱅크 디지털 커런시Central Bank Digital Currency의 약자로 각국의 중앙은행에서 발행하는 디지털 법정화폐입니다. 전 세계에서 CBDC의 발행을 가장 서두르고 있는 나라는 중국입니다. 중국은 CBDC를 통해 자금의 해외 유출을 막고, 검은돈을 근절하겠다는 입장입니다. 그런데 CBDC의 진짜 속셈은 미국과의 화폐 패권 경쟁에 있습니다. 중국은 디지털 위안화를 전 세계의 기축통화로 만들려는 야심이 있습니다. 따라서 채굴장의 폐쇄는 CBDC의 저변 확대와 관계가 있습니다.

간혹 CBDC가 암호화폐 시장을 무너뜨릴 거라며 두려워하는 투자자가 있습니다. 그렇게 되지 않는 이유는 바로 다음 장에서 설명하겠습니다. 그러면 본론으로 들어가겠습니다. 중국의 통제가 이렇게 강력한데도, 암호화폐의 성장을 막지 못하는 이유는 무엇일까요? 다음의 두 가지를 들 수 있습니다.

① **탈중앙화의 가치가 더 높아진다!**

비트코인을 비롯한 암호화폐의 핵심가치를 딱 한 단어로 정의하면 **탈중앙화**입니다. 탈중앙화는 중앙 집중화를 벗어나 분산된 단위로 자율적으로 운영되는 것입니다. 그동안 비트코인 채굴자의 70% 가까이가 중국에 있었습니다. 그러다 보니 비트코인에 관한 중국의 영향력이 과도하게 컸습니다. 탈중앙화라는 핵심가치에 오히려 방해가 되었습니다. 중국의 폐쇄 조치로 채굴장은 미국, 카자흐스탄, 러시아 등 세계 곳곳으로 이동하고 있습니다. 채굴장이 전 세계에 골고루 분산되면서, 특정 국가나 세력이 네트워크를 장악하거나, 과도하게 개입할 수 없게 되었습니다. 탈중앙화를 더욱 완벽히 구현할 수 있게 된 겁니다.

② **채굴의 약 90%가 완료되었다!**

비트코인 채굴의 연산 능력을 **해시레이트**라고 합니다. 채굴이 잘 이루어지면 해시레이트는 올라가고, 채굴이 줄어들면 해시레이트는 내려갑니다.

비트코인 해시레이트 변동 추이

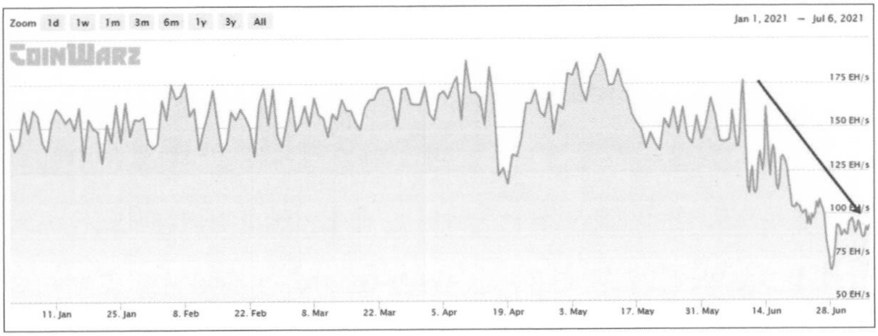

https://coin.dance/

중국의 규제 발표 이후 해시레이트는 급격히 감소했습니다. 2021년 7월 기준으로 중국의 해시레이트는 0이 되었습니다.

이는 대부분의 채굴장이 짐을 쌌다는 의미입니다. 하지만 해시레이트의 급락에도 비트코인 네트워크는 끄떡없었습니다. 비트코인의 가격이 일시적으로 하락했지만, 네트워크가 멈추거나 문제가 생겼다는 기사는 본 적이 없습니다. 게다가 이미 90% 가까운 비트코인이 채굴돼 시장에 유통되고 있어서 채굴자의 영향력은 점차 줄어들 겁니다. 앞으로는 채굴자보다 기관투자자의 역할이 더 중요해집니다. 비트코인이 잘 유통되도록 ETF 등 관련 금융 상품을 많이 만들어야 합니다.

중국 이슈가 나올 때마다 암호화폐 시장이 급락했던 이유는 **불확실성** 때문입니다. 암호화폐는 물론이고, 주식을 비롯한 모든 자본시장이 불확실성을 가장 싫어합니다. 이제 중국에 의한 불확실성은 상당 부분 해결되었습니다. 따라서 중국의 채굴장 폐쇄와 거래 금지 조치는 장기적으로 호재입니다. 암호화폐의 중심은 중국에서 미국으로 이동하고 있습니다. 투자자는 미국 정부의 움직임을 더욱 예의주시해야 합니다. 참고로 미국은 중국을 꺾고 세계 최대 암호화폐 채굴지로 등극했습니다.

03 »»

미국과의 경쟁을 피한 비트코인 전략

"비트코인의 가장 큰 리스크는 그것의 성공이다Bitcoin's Greatest Risk Is Its Success."

헤지펀드의 제왕 레이 달리오Ray Dalio는 비트코인의 가장 큰 리스크는 성공이라고 했습니다. 각국 정부가 비트코인이 주요 통화로 올라설 것을 두려워해 제재를 가할 수 있기 때문입니다. 이는 모든 투자자가 실제로 가장 두려워하는 것이기도 합니다. 미국의 법정화폐는 달러입니다. 달러는 미국의 법정화폐이면서, 동시에 기축통화입니다. 기축통화는 국가 간의 결제나 금융거래의 기본이 되는 통화로, 쉽게 말해 전 세계 통화 중에서 대장이라는 뜻입니다. 미국은 달러로 세계 경제를 이끌고 있습니다. 비관론자들은 암호화폐가 달러의 역할을 대체하면, 달러는 존재 가치를 위협받고, 결국 미국 정부가 그것을 막으려고 암호화폐를 규제할 거라고 단언합니다. 과연 그럴까요? 필자의 생각은 좀 다릅니다.

사람들은 비트코인을 다양한 각도로 바라봅니다. 누군가는 화폐를 대체할 거라고 주장하고, 다른 누군가는 투기성 자산이라고 합니다. 그러면 비트코인이 추구하고 있는 **정체성**은 무엇일까요? 바로 **가치 저장**입니다. 이는 현 시점에서 꽤 현명한 선택이라고 볼 수 있습니다. **자산**이라는 정체성을 택하면서 달러와의 경쟁을 피할 수 있으니까요.

사토시 나카모토中本哲史, Satoshi Nakamoto가 최초에 구상한 비트코인의 용도는 가치 저장이 아니었습니다. 금융기관을 거치지 않고 개인 간에 온라인 결제가 가능한 전자 화폐였습니다. 비트코인이 가치 저장으로 무게 중심을 옮긴 건 각국 중앙은행이 유동성을 계속 늘려 화폐가치가 떨어지고, 이에 인플레이션 우려가 발생했기 때문입니다. 자산의 가치 하락을 막기 위해 많은 투자자가 적절한 투자처를 찾다가 비트코인이라는 보물섬을 발견한 것입니다.

따라서 비트코인의 경쟁상대를 굳이 꼽자면 금입니다. 비트코인은 **디지털 금**이라고 불리며, 최고의 대체 자산 혹은 디지털 자산으로 인정받습니다. 비트코인은 2,100만 개로 한정된 발행량 덕분에 인플레이션 헤지 용도에 최적화되었다는 평가가 있습니다. 또한 안전성에서도 큰 신뢰를 얻고 있습니다. 비트코인은 지금까지 단 한 번의 해킹도 당한 적이 없습니다.

CBDC가 발행되어도 비트코인이 사라지지 않는 이유 역시 여기에 있습니다. CBDC는 종이돈을 디지털로 옮긴 개념이지만, 비트코인은 2,100만 개로 발행량이 고정된 자산입니다. CBDC는 종이돈보다 손쉽게 발행할 수 있고, 발행량이 늘어나면 가치가 지속적으로 하락하게 됩니다. 반면 비트코인은 희소성으로 인해 가치가 더욱 상승합니다.

이보다 더 결정적인 차이점이 있습니다. 정부는 CBDC로 사람들을 통제하고, 사생활을 침해할 수 있습니다. CBDC를 사용할 때 개인정보를 넣어야 하는데, 정부는 그 정보로 언제, 어디서, 어떻게, 얼마나 돈을 사용했는지 투명하게 알 수 있습니다. 자산이 많을수록 CBDC에 대한 반감은 커질 수밖에 없습니다. 반면 비트코인은 정부가 통제할 수 없는 탈중앙화 자산입니다. 과연 사람들은 둘 중에 어떤 것을 선택하게 될까요?

비트코인이 디지털 자산으로 자리매김했다고 해서 화폐의 기능을 상실하는 건 아닙니다. 화폐에는 세 가지 주요 기능이 있습니다. 교환 매매의 기능, 가치 척도의 기능, 가치 저장의 기능입니다. 물론 향후 비트코인의 활용성은 점점 넓어질 것입니다. 대표적인 예가 비트코인 라이트닝 네트워크입니다. 라이트닝 네트워크는 비트코인을 빠르고 저렴하게 송금하는 기술입니다. 비트코인은 차츰 실생활 속에 녹아들 것입니다.

암호화폐 시가총액 2위인 이더리움 역시 달러와는 정체성이 전혀 다릅니다. 이더리움은 **디지털 원유**라고 불립니다. 원유는 무언가를 움직이는 동력원이죠. 이더리움은 블록체인 플랫폼을 만들고, 그 위에서 여러 혁신적인 서비스가 이루어지도록 했습니다. 이더리움은 새로운 인터넷을 탄생시키려는 목적을 가지고 있습니다.

04 >>>

제도권 편입의 명백한 증거들

2020년 12월 22일, 미국 증권거래위원회SEC, Securities And Exchange Commission는 암호화폐 리플XRP이 미등록 증권이라는 명목으로 소송을 걸었습니다. 일부 투자자는 미국 금융당국이 암호화폐를 부정적으로 본다고 평가합니다. 필자는 오히려 암호화폐를 더욱 안전하게 거래할 수 있도록 **법률적인 안전장치**를 마련하는 중요한 과정이라고 생각합니다.

2021년 4월 14일, 북미 1위 암호화폐 거래소 코인베이스가 나스닥 시장에 상장했습니다. 2021년 10월 19일에는 비트코인 선물 ETF의 거래가 승인되었습니다. 이를 두고 암호화폐가 공식적으로 제도권 편입에 성공했다는 평가가 쏟아졌습니다. 코인베이스 상장과 ETF 거래를 승인한 곳이 어딜까요? 바로 리플에 소송을 건 SEC입니다.

세금 문제도 비슷합니다. 단기적으로 악재이지만 장기적으로는 거쳐야 할 과정입니다. 암호화폐의 시세차익에 대해 세금을 거둔다는 것은 암호화폐를 주식과 동일하게 대우하겠다는 것입니다. 이는 제도권 안에서 법적인 보호를 받을 수 있는 안전한 자산으로 발돋움하고 있다는 의미입니다.

한국 역시 〈특정금융정보법특금법〉에 따라서 암호화폐 거래소가 제도권에 편입되었습니다. 앞으로 투자자를 보호하기 위한 다양한 장치가 마련될 전망입니다.

비트코인은 기존 금융에서 소외된 사람과 금융이 낙후된 지역에 빠르게 스며들고 있습니다. 엘살바도르는 비트코인을 법정화폐로 사용합니다. 파라과이, 탄자니아 등도 동참 의사를 밝혔습니다. 우크라이나와 쿠바는 비트코인 합법화 법안을 통과시켰습니다. 베네수엘라, 아르헨티나, 나이지리아 등 화폐의 가치가 현저히 낮아진 국가에서는 비트코인을 자국 통화와 연동하고 있습니다. 비트코인을 국가 신용의 기반으로 활용하는 것입니다.

중남미 국가들이 비트코인 수용에 적극적인 이유는 인플레이션을 최소화하기 위해서입니다. 그리고 해외 거주 노동자에 의해서 송금되는 자본이 국가재정에서 차지하는 비중이 크기 때문입니다. 비트코인을 통해 수수료를 최소화하면 주요 경제지표의 향상에 도움이 됩니다. 비트코인을 공식적으로 인정하는 나라가 늘어나는 건 비트코인의 신뢰도와 세계 경제에서의 영향력이 높아진다는 증거입니다.

결론적으로 미국, 중국 등 특정 국가가 암호화폐를 강제로 봉쇄하는 건 대단히 어렵습니다. 전 세계에 광범위하게 흩어진 비트코인 네트워크는 10년 넘게 운영되며 탈중앙화의 기반을 단단히 마련해왔습니다.

05 ›››

현명한 투자자의 스마트한 변동성 활용법

지금부터는 **변동성** 이야기를 해보겠습니다. 암호화폐가 변동성이 큰 이유는 무엇일까요? 크게 두 가지 이유가 있는데 첫 번째 이유는 **신생 자산**이기 때문입니다.

암호화폐와 더불어 대표적인 위험 자산으로 분류되는 주식은 약 400년 전 세상에 나왔습니다. 네덜란드는 1602년, 최초의 주식회사인 동인도회사를 설립해 본격적인 동양 진출을 꾀했습니다. 동인도회사는 왕실이나 특정 귀족의 지원이 아니라 일반인에게서 투자 자본을 모았습니다. 그리고 무역 이익을 투자 금액에 따라 배분하는 방식으로 운영했습니다. 이때 투자 자금의 권리를 증명하는 증서를 발급했는데, 이것을 최초의 주식으로 봅니다.

주식시장이 태동한 이후 끝없이 성장만 했을까요? 그렇지 않습니다. 수없이 많은 하락과 상승을 반복하며 지금까지 이어져 왔습니다. 1929년 경제 대공황과 1987년 블랙 먼데이, 2002년 닷컴 버블 붕괴, 2008년 금융위기, 2020년 팬데믹으로 대폭락이 오기도 했습니다.

암호화폐는 탄생한 지 얼마나 되었을까요? 최초의 암호화폐인 비트코인이 2009년에 등장했으니 10년이 조금 넘었습니다. 역사가 짧다 보니 암호화폐는 아직 정확한 가치를 판단할 기준을 완성하지 못했습니다. 가격에 거품이 끼는 건 어찌 보면 당연합니다. 투자자의 부푼 기대감을 반영한 것이기도 하고요. 결국, 암호화폐의 변동성은 시간이 해결할 문제입니다. 모든 자산은 시간이 흐르면 제값을 찾아가게 됩니다.

비슷한 원리로 **캐즘 현상**이 있습니다. 캐즘Chasm이란 첨단 기술을 접목한 서비스가 대중적으로 널리 사용되기 전에는 과도기가 있다는 뜻입니다. 아무리 뛰어난 기술도 일반인들이 쉽게 사용하기까지는 시간이 필요합니다. 혁신을 추구하는 사람은 변화를 빠르게 받아들이지만, 세상에는 그렇지 못한 사람이 대다수입니다.

그런데 이런 생각을 해볼 수 있습니다. '**변동성**이 크다는 게 투자자에게 꼭 나쁘기만 한 걸까? 성장 가능성이 크고, 매력적인 자산이라는 의미가 아닐까?' 사실 투자자를 암호화폐 시장으로 불러들이는 원동력은 변동성입니다. 변동성 덕분에 높은 수익률을 기대할 수 있습니다. 비트코인이 1년에 2~3%씩만 상승한다면 많은 투자자가 시장을 떠날 것입니다. 노련한 투자자는 변동성을 효율적으로 활용합니다.

물론 자본시장의 기본 원칙은 하이 리스크, 하이 리턴입니다. 변동성이 큰 만큼 암호화폐 투자는 오히려 보수적으로 접근해야 합니다.

06 ›››

당신을 부자로 이끌 화폐 혁명이 시작됐다

우리는 불과 30~40년 동안 혁명에 가까운 변화를 세 차례나 경험했습니다. 바로 **컴퓨터, 인터넷, 스마트폰**의 등장입니다. 컴퓨터가 처음 출시되었을 당시 많은 사람이 컴퓨터가 인간을 통제할 수 있다며 두려워했습니다. 인터넷이 태동할 때도 다르지 않았습니다. 인터넷이 사생활을 침해한다며 반대의 목소리를 내는 사람이 많았습니다. 하지만 컴퓨터의 등장으로 인간의 일처리 능력은 크게 향상됐고, 인터넷의 보급은 정보의 불균형을 해소했습니다. 한편 온라인이라는 새로운 세상이 생겨나면서 사람들의 소통 방식도 바뀌었습니다. 스마트폰을 필두로 한 모바일 혁명은 또 어떨까요? 온라인 이주를 가속시켰고, 손바닥만한 기기 하나로 필요한 모든 걸 해결하는 시대를 열었습니다. 언제, 어디서든 사람들과 다양한 방식으로 연결할 수 있게 되었습니다.

이러한 일련의 과정을 3차 산업혁명이라고 부르기도 합니다. 그런데 3차 산업혁명은 단순히 기술적인 변화를 뜻하지 않습니다. 삶의 방식을 근본적으로 바꾸는 문제이기 때문에 사회적인 이슈와 밀접한 관계가 있습니다.

새로운 기술이 등장할 때마다 각국 정부는 부작용에 대응하기 위해 강경책을 내놓곤 했습니다. 하지만 문제를 근본적으로 해결한 건 정부의 개입이 아니라 대중의 자연스러운 관심과 수용이었습니다. 이제 암호화폐를 보는 사람들의 시선도 점점 바뀌고 있습니다.

변동성의 두 번째 이유는 **혁명**에 있습니다. 암호화폐의 기반이 되는 블록체인은 4차 산업혁명의 핵심 기술이라고 불리고, 지금까지 존재하지 않았던 새로운 네트워크를 탄생시키고 있습니다. 데이터가 아닌 **가치**를 저장하고 교환하며 이동하는 네트워크입니다. 바로 지금까지는 없었던 **탈중앙화 인터넷**을 만드는 일입니다. 그리고 탈중앙화 네트워크를 움직이는 동력원이 **암호화폐**입니다. 현재 블록체인 위에서 세상을 바꿀 수많은 아이디어와 서비스가 태어나고 있습니다.

3차 산업혁명으로 성장한 애플, 아마존, 구글 같은 기업은 현재 미국 경제를 이끌고 있습니다. 만약 혁명의 가치를 빠르게 알아보고, 이 기업들에 일찌감치 투자했다면 어떻게 되었을까요? 상상을 초월하는 부를 축적했을 겁니다.

블록체인을 중심으로 한 화폐 혁명은 1~2년 안에 끝나지 않습니다. 5년, 10년, 그 이상이 걸릴지 모릅니다. 그동안 부의 이동은 계속 일어날 겁니다. 지금도 늦지 않았습니다. 투자자들은 세상을 바꿀 아이디어와 프로젝트를 미리 알아보고, 투자하고, 꾸준히 기다리면 됩니다.

물론 시장은 계속해서 암호화폐의 가치를 검증할 겁니다. 특히 기득권은 변화를 반기지 않아서 암호화폐의 존재를 의심하고 까다로운 시험대 위에 세울 겁니다. 암호화폐는 시험대를 하나둘 통과하면서 점차 자리를 잡을 겁니다.

그런데 놀라운 사실은 기득권의 생각이 조금씩 변하고 있다는 것입니다. 100~150년 가까이 미국 시장의 가장 주류였던 전통 은행들이 암호화폐 시장에 발을 들여놓고 있습니다. JP모건, 골드만삭스, 시티뱅크 등이 비트코인 관련 상품을 출시하거나 관련 견해를 밝혔습니다. 특히 암호화폐에 가장 적대적인 태도를 취했던 JP모건의 변화가 극적입니다. JP모건은 비트코인이 14만 6,000달러, 한화 약 1억 7,200만 원까지 상승할 수 있다고 예측했습니다. 또한 기관 고객과 초고액 자산가를 위한 비트코인 패시브 펀드를 출시한다고 밝혔습니다. 시티뱅크에서 유출된 보고서에는 '비트코인은 21세기 금'이라는 표현이 등장합니다. 뿐만이 아닙니다. 탈중앙화 금융 디파이에도 기관투자자의 참여가 증가하고 있습니다. 암호화폐는 그동안 진화가 가장 느렸던 금융 산업을 빠르게 변화시키고 있습니다.

결제 서비스 기업 역시 암호화폐를 적극적으로 수용하고 있습니다. 결제 서비스기업의 경우 블록체인 기술은 위기에 가깝습니다. 블록체인이 탈중앙화를 목표로 하기 때문에 카드 수수료나 결제 수수료로 돈을 버는 중개 기업은 존재에 위협을 받습니다. 하지만 스퀘어, 페이팔, 비자, 마스터카드 등의 기업은 암호화폐 결제가 가능한 생태계를 구성하려 하고 있고, 운영 중인 애플리케이션(캐시앱, 벤모 등)으로 암호화폐를 매매할 수 있게 하는 등 다양한 방법으로 암호화폐와의 동행을 모색하고 있습니다.

07 »»

일론 머스크가 암호화폐의 신뢰를 높였다고?

"프로그램 코드인 암호화폐는 실체가 없다. 따라서 화폐의 기능을 할 수 없다."

암호화폐 비관론자의 주장입니다. 그런데 실체가 없는 건 비단 암호화폐뿐만이 아닙니다. 현대를 살아가는 우리는 은행 애플리케이션으로 돈을 입금할 수 있습니다. 이때 내 계좌에서 다른 사람의 계좌로 이동하는 건 실제 돈이 아니라 숫자입니다. 카드를 결제할 때도 마찬가지입니다. 이런 숫자의 이동에는 과연 어떤 실체가 있을까요? 우리는 숫자가 오르내렸다는 걸 인지할 뿐입니다.

이번에는 우리가 화폐라고 믿는 종이돈을 보겠습니다. 종이돈은 그림과 도장이 인쇄된 종이에 불과한데, 왜 화폐의 기능을 할 수 있는 걸까요? 이는 사람들이 화폐를 발급한 국가와 중앙은행을 신뢰하기 때문입니다. 정부가 찍어냈기 때문에 모두가 돈이라고 믿는 것입니다.

탈중앙화를 핵심가치로 하는 비트코인은 탄생할 때부터 정부나 금융기관을 배제했습니다. 대신 전 세계에 퍼져 있는 참여자들이 그 역할을 대체합니다. 따라서 많은 사람의 신뢰와 참여가 비트코인의 핵심입니다. 지난 10년 동안 비트코인에 대한 신뢰는 꾸준히 높아졌습니다. 그 결과 천문학적인 가치 상승이 있었습니다. 2009년, 1비트코인은 0.000994달러에 거래되었습니다. 2021년에는 6만 달러 부근에서 거래되었습니다. 거의 6,000만 배가 올랐습니다.

테슬라의 대표이사CEO인 일론 머스크Elon Musk나 블록의 대표이사CEO 잭 도시Jack Dorsey 같은 인물도 비트코인의 신뢰를 높이는 데 기여하고 있습니다. 사실 투자자들은 머스크가 부적절한 트윗으로 암호화폐 시장의 하락을 유발했다며 원망합니다. 개발자들이 장난으로 만든 도지코인Dodge Coin의 가격을 폭등시켰다는 비판도 받고 있습니다. 일론 머스크의 행보가 단기적으로 불안감을 조성했을 수 있습니다. 하지만 장기적으로는 도움이 되는 일이라고 봅니다.

미래 산업을 대표하는 인물이 암호화폐를 지지할수록 대중의 관심은 높아집니다. 언론이 그 발언을 대서특필하면 대중의 관심은 더욱 높아지고, 이는 장기적으로 암호화폐에 대한 신뢰도 향상으로 이어집니다.

도지코인 열풍은 또 어떨까요? 주식투자자는 거대한 세력이나 기관투자

기관 및 기업의 비트코인 보유현황 추정치

BitcoinTreasuries.NET by @NVK		Symbol	Market Cap	% BTC	Purchases/Filings	Cost Basis USD	Today's Value	NgU	Bitcoin	/21M
MacroStrategy LLC	US	NADQ:MSTR	$7,121,223,236	68%	250M Aug.175M Sep 2020. Learn	√$2,740,000,000	$4,858,800,433	1.8×	Ƀ 105,084	.500%
Tesla, Inc.	US	NADQ:TSLA	$757,554,688,042	0.3%	Ann (estimate 48k btc)	√$1,500,000,000	$1,997,451,360	1.33×	Ƀ 43,200	.206%
Square inc.	US	NADQ:SQ	$123,033,525,925	0.3%	50M Bitcoin Investment Whitepape	√$220,000,000	$371,146,807	1.7×	Ƀ 8,027	.038%
Marathon Digital Holdings	US	NADQ:MARA	$3,392,043,092	7%	Jan25th Ann	√$161,539,500	$250,826,256	1.6×	Ƀ 5,425	.026%
Coinbase Global, Inc.	US	NADQ:COIN	$54,957,424,916	0%	S1 filling	? $250,826,256	$250,826,256		Ƀ 4,487	.021%

https://bitcointreasuries.net/

자에 의해서 특정 종목이 멋대로 좌지우지되는 걸 수없이 경험합니다. 하지만 도지코인은 다릅니다. 도지코인은 레딧이나 트위터 등의 커뮤니티를 통한 개인투자자의 자발적 참여로 상승한 것입니다. 일론 머스크의 전폭적인 지지가 영향이 있었겠지만, 결국 거대한 상승은 사람들의 신뢰가 이루어낸 것입니다. 이는 암호화폐가 바라는 방향성과 일맥상통합니다. 도지코인은 처음에는 장난스럽게 만든 밈Meme 코인이었습니다. 하지만 현재는 실질적인 용도가 계속해서 늘어나고 있습니다.

테슬라는 비트코인을 40,000개 이상 매입했습니다. 일론 머스크는 더 B워드 콘퍼런스에서 스페이스X도 비트코인을 매입했다고 밝혔습니다. 게다가 채굴이 지속 가능한 에너지로 전환되면 비트코인으로 테슬라를 살 수 있도록 하겠다고 밝혔습니다. 이는 비트코인의 활용도를 높이고, 암거래 등에 사용된다는 사회적 낙인을 없애는 데 도움이 될 뿐만 아니라 암호화폐를 더욱 더 신뢰하게 만듭니다.

테슬라 외에도 최근 메타로 사명을 바꾼 페이스북은 스테이블 코인 '디엠'의 발행을 준비 중입니다. 메타버스로 사업의 방향을 옮긴 것 역시 블록체인과 무관하지 않습니다. 메타버스는 NFT와 연결되며 최근 우리 사회를 뜨겁게 달구고 있습니다. 아마존은 비트코인 결제를 허용한다는 보도를 공식적으로 부인했지만, 암호화폐 및 블록체인 전문가 모집 공고를 연이어 올리고 있습니다. 애플의 경우도 팀 쿡Tim Cook 최고경영자CEO가 개인적으로 암호화폐를 보유하고 있으며 합리적 투자 방법 중 하나라는 뜻을 밝혔습니다.

IT산업의 대표 주자만 암호화폐 시장에 뛰어드는 건 아닙니다. 세계 경제를 좌지우지하는 헤지펀드의 큰손도 발을 들여놓고 있습니다. 월가를 대표하는 전설적인 투자자 레이 달리오와 조지 소로스George Soros의 펀드가 비트코인에 투자하는 것으로 알려져 투자자들을 설레게 했습니다. 결국 이 모든 움직임은 암호화폐를 제도권으로 유입시키는 힘이 됩니다.

암호화폐에 대한 믿음을 드리려다 보니 긍정적인 이야기만 한 것 같습니다. 물론 암호화폐 시장에 장밋빛 미래만 있는 것은 아닙니다. 한국 투자자에게 인기가 높은 리플XRP 코인의 창시자 브래드 갈링하우스Brad Garlinghouse는 암호화폐의 미래에 관해 이렇게 이야기했습니다.

"알트코인 가운데 99%는 앞으로 10년 이내에 사라지고 말 겁니다."

얼마나 많은 암호화폐가 사라질지는 아무도 모릅니다. 하지만 10,000개가 넘는 코인들의 상당수가 사라질 거라는 건 필자 역시 동의합니다. 따라서 투자의 핵심은 그냥 암호화폐가 아닌 향후 100배 상승할 좋은 암호화폐에 투자하는 것입니다. 이 책에서 좋은 코인을 선택하는 방법을 함께 공부할 겁니다.

챕터1에서 줄곧 믿음을 강조했습니다. 하지만 믿음은 누군가가 강요한다고 생기는 게 아닙니다. 아무리 설득해도 믿음이 생기지 않는 사람을 많이 보았습니다. 그런데다 모든 투자자에게 암호화폐 시장이 적합한 것도 아닙니다. 가격이 조금만 떨어져도 스트레스를 견디지 못하는 투자자는 다른 투자처를 찾는 게 현명합니다. 변동성을 활용하고, 하락장을 꿋꿋하게 견딜 수 있는 투자자만이 암호화폐 시장에서 장기적인 수익을 올릴 수 있습니다.

CHAPTER 2

비무장 상태로 암호화폐 시장에 뛰어들지 말라

노련한 투자자는 변동성을 효율적으로 활용합니다

01 ›››

초보 투자자들의 최다 질문 네 가지

Q. 비트코인은 왜 이렇게 비싸요? 하나도 못 사겠어요.

암호화폐 투자와 관련해서 가장 많이 받는 질문입니다. 2021년 11월을 기준으로 업비트 거래소 원화 마켓의 1비트코인 가격은 약 7,400만 원입니다. 가장 높이 올라갔을 때는 약 8,100만 원 정도였죠. 이렇게 비싼 비트코인에 투자하는 사람이 넘쳐난다니 '대한민국에는 정말 부자가 많구나!' 싶을 겁니다. 하지만 이는 암호화폐를 주식과 똑같이 생각해서 나온 오해입니다.

주식은 1주 단위로 구매할 수 있지만, 코인은 0.1개, 0.01개 등으로 쪼개서 살 수 있습니다. 비트코인은 0.0001개부터 매입할 수 있습니다. 따라서 원화 마켓 기준으로 현재의 가격이 7,400만 원이라면 약 8,000원 정도만 있어도 비트코인의 소유자가 될 수 있습니다. 참고로 비트코인의 1억분의 1을 1사토시Satoshi라고 부릅니다.

1사토시 = 0.00000001BTC

사토시는 비트코인의 창시자 사토시 나카모토Satoshi Nakamoto의 이름에서 따왔습니다.

Q. 암호화폐 시장은 365일, 24시간 돌아가나요?

주식은 시장이 열리는 시간이 명확히 정해져 있지만, 암호화폐 시장은 항상 열려 있습니다. 우리가 잠을 자는 동안에도 거래소는 계속 돌아갑니다. 이는 투자자로서는 장점이 될 수도 있고, 단점이 될 수도 있습니다. 자신이 원할 때 언제든 거래할 수 있는 건 장점입니다. 자본시장에 변수가 생기면 빠르게 대처할 수 있습니다. 외부 요인에 대한 반영이 빠르다 보니 주식시장의 향후 움직임을 예측하는 데 사용되기도 합니다.

반면 밤에 잠을 편히 잘 수 없는 치명적인 단점이 있습니다. 중·단기투자자는 중요한 이슈가 있을 때 더러 밤을 새우기도 합니다. 새벽에 몇 번씩 잠에서 깨 시세를 들여다본다는 투자자를 여럿 보았습니다.

따라서 24시간 돌아가는 시장에 일상이 잠식되지 않도록 자신만의 투자원칙을 세워야 합니다. 완벽한 방법은 아니지만, 매매 예약을 걸어놓고 자는 것도 나름대로 숙면에 도움이 됩니다. 그런데 장이 계속 돌아가더라도 일일 상승률을 고려해야 하므로 오전 9시를 기준으로 날이 변경됩니다.

Q. 거래소마다 코인의 가격이 왜 다른가요?

주식은 금융당국이 운영하는 중앙 거래소가 있습니다. 우리나라는 한국거래소입니다. 따라서 어떤 증권사의 거래 시스템HTS, MTS을 사용하더라도 같은 종목은 같은 가격에 거래됩니다.

하지만 암호화폐 거래소는 각자 개별적으로 운영됩니다. 같은 비트코인도 업비트에서 사는 가격과 빗썸에서 사는 가격이 다릅니다. 해외 거래소는 더욱 큰 차이가 납니다. 일반적으로 국내 거래소가 해외 거래소보다 비쌉니다. 이를 김치 프리미엄이라고 합니다.

Q. 비트코인과 알트코인의 차이는 뭔가요?

암호화폐는 크게 비트코인과 알트코인으로 분류합니다. 알트코인은 비트코인을 제외한 나머지 모든 암호화폐를 일컫는 용어입니다. 이더리움, 리플, 라이트코인처럼 유명한 코인들도 모두 알트코인입니다. 암호화폐 시장은 비트코인과 알트코인이 서로 다른 사이클로 상승과 하락을 종종 반복합니다. 대개 상승장이 시작되면 비트코인의 가격이 먼저 오릅니다. 비트코인의 가격이 충분히 오르고 나면 알트코인 상승장이 시작됩니다. 이후 암호화폐 시장은 가열돼 하락장으로 들어섭니다. 이것이 지금까지 시장이 보여준 사이클입니다.

02 ›››

나만의 스타일을 찾아야 투자에 성공한다

자본시장에서 투자 성과를 결정짓는 요소는 **종목 선택, 마켓 타이밍, 자산 배분**입니다. 이 세 가지는 우열을 가릴 수 없을 만큼 중요하고 어렵지만 그중에서도 가장 어려운 건 마켓 타이밍입니다.

필자는 암호화폐의 미래 가치를 믿는 장기투자자입니다. 따라서 마켓 타이밍보다는 좋은 코인을 선택해서 꾸준히 모으고, 기다리는 전략을 취합니다. 차트로 하는 마켓 타이밍 분석은 매도보다는 저렴한 가격에 사기 위한 매입 타이밍을 선정할 때 주로 활용합니다. 물론 당신에게도 장기투자를 권합니다.

하지만 암호화폐 시장이 신생 자본시장이다 보니 변동성을 무시하기 어렵습니다. 변동성을 활용한 단기투자자가 장기투자자 이상으로 많은 것이 이 시장의 현실입니다. 따라서 단기투자와 관련한 이야기도 함께 나누어 보아야 합니다.

투자에 앞서 나의 상황과 성향에 맞는 투자 스타일을 정하는 건 꽤 중요한 문제입니다. 투자 스타일에 따라서 투자의 방향성과 코인 선택, 수익률 등이 확연히 달라집니다. 투자 스타일은 크게 단기와 장기로 나누어집니다. 둘을 나누는 명확한 기준이 정해져 있는 것은 아닙니다. 기본적으로는 기간의 차이에 따른 분류이지만, 기간만으로 구분하기에는 모호한 부분이 있습니다. 예를 들어 누군가는 6개월을 장기라고 보지만, 다른 누군가는 단기로 봅니다. 단기와 장기는 오히려 투자의 방법론에서 차이가 납니다.

- **단기투자** 수요와 공급에 따라서 투자를 결정합니다. 투자의 심리적인 요인을 중요하게 여깁니다. 주로 **차트**를 활용합니다.
- **장기투자** 암호화폐의 내재적 **가치**에 따라서 투자를 결정합니다. 해당 블록체인 프로젝트가 세상을 어떻게 바꾸는지, 향후 성장성은 좋은지가 투자의 잣대입니다.

좀 더 세부적으로 나눌 수도 있습니다. 초단기, 단기, 중기, 장기, 초장기의 5단계입니다. 초단기, 단기, 중기가 큰 범주에서 단기투자에 해당합니다. 장기와 초장기는 장기투자입니다.

① 초단기: 스캘핑

스캘핑이 초단기투자에 해당합니다. 스캘핑은 하루에도 여러 번 코인을 사고파는 투자 방식입니다. 암호화폐의 가치나 미래 전망, 경쟁력은 중요하지 않습니다. 오직 차트의 등락과 패턴만으로 투자를 결정합니다. 수익률이 3% 정도만 나오면 감정을 배제하고 매도하는 방식을 씁니다. 스캘핑의 핵심은 작게, 여러 번 수익을 내는 것입니다.

② 단기: 데이 트레이딩

데이 트레이딩은 하루에 한두 번 정도 거래하는 방식입니다. 수익률이 5% 정도 나오면 매도합니다. 유의할 점은 하루 안에 트레이딩을 완전히 끝내야 한다는 것입니다. 스캘핑보다는 차트를 조금 더 긴 호흡으로 보지만, 마찬가지로 코인의 펀더멘탈은 철저히 배제합니다.

③ 중기: 스윙

스윙은 기본적으로는 단기투자이지만, 몇 주에서 몇 개월 이상 보유하는 사례도 있어서 중기투자에 들어가기도 합니다. 일반 투자자가 하기에 가장 적합한 단기투자로 지지선과 저항선을 비롯해 각종 지표를 종합적으로 판단합니다. 펀더멘탈이 튼튼한 코인으로 해야 성공 가능성이 큽니다.

④ 장기

최소 1년 이상을 기준으로 투자하는 것을 장기투자라고 합니다. 일반적으로는 5~6년 이상 보유하는 경우를 일컫습니다. 장기투자부터는 차트의 움직임보다 코인의 가치에 더 집중합니다. 변동성을 고려해야 하므로 시가총액 상위권에 있는 안정적인 코인과 성장성 높은 코인을 포트폴리오에 균형 있게 담아야 합니다.

⑤ 초장기

10년 이상을 두고 투자하는 걸 초장기투자라고 부릅니다. 초장기투자는 단기 등락에 개의치 않습니다. 시가총액 상위권 암호화폐의 비중을 장기투자보다 좀 더 늘려야 합니다. 특히 포트폴리오에 시가총액 1위 비트코인과 2위 이더리움 같은 가장 안전한 코인을 큰 비중으로 보유하는 게 좋습니다.

03 ›››

100배 상승을 위한 정답은 장기투자

단기투자의 장점과 단점

단기투자와 장기투자는 저마다 장·단점이 있습니다. 먼저 단기투자의 장점은 크게 세 가지로 볼 수 있습니다.

① 현금 흐름의 창출

단기투자는 매수와 매도를 반복하기 때문에 현금을 꾸준히 확보할 수 있습니다. 확보한 현금을 재투자해 단기적으로 장기투자보다 높은 수익을 낼 수도 있습니다.

② 기회비용 최소화

장기투자는 자금이 묶여 있지만, 단기투자는 상황에 따라 빠르게 옮겨타는 방식이라 기회비용을 최소화할 수 있습니다.

③ 변동성의 활용

가격 변동성과 유동성이 큰 시장일수록 단기투자에 유리합니다. 암호화폐 시장은 주식시장보다 변동성이 커서 단기투자에 매력적인 환경일 수 있습니다.

반면 단기투자의 단점은 무엇일까요?

① 꾸준한 수익을 내기 어렵습니다.

지속해서 성공하기 어렵고, 한 번의 실수로도 엄청난 피해를 볼 수 있습니다.

② 타고난 성향과 감각이 꽤 중요합니다.

시장의 변화를 빠르게 분석하고, 단호하게 대응해야 해서 감각적 판단이 중요합니다. 그리고 스트레스와 압박감을 잘 견뎌낼 수 있는 성향이어야 합니다.

③ 전업투자자가 아니면 여건상 어렵습니다.

본업이 있는 투자자가 종일 모니터를 바라보고 있는 건 현실적으로 불가능합니다. 섣불리 전업투자자가 되는 건 더욱 추천하지 않습니다. 전업투자를 위해서는 철저한 준비와 공부가 필요합니다.

④ 거래 비용이 계속 발생합니다.

하루에 몇 차례씩 거래하기도 하므로 매매 수수료와 세금 문제를 충분히 고려해서 목표 수익률을 정해야 합니다.

⑤ 대부분 준비가 안 된 채로 도전합니다.

충분한 공부와 훈련을 하지 않고 마음만 앞서서 도전하는 투자자가 많습니다. 대부분 실패하는 이유도 여기에 있습니다.

주변에서 단기투자로 수십배의 수익을 냈다는 이야기가 간혹 들립니다. 하지만 단기투자로 큰돈을 번 사람은 사실 극소수입니다. 경험이 부족한 투자자가 단기투자로 막대한 돈을 벌 수 있다고 막연히 믿는 이유는 생존자 편향 때문입니다. 극소수의 성공 사례를 일반화해서 인식하는 인지 오류입니다.

장기투자의 장점과 단점

그렇다면 장기투자의 장점은 무엇일까요?

① 복리효과를 누릴 수 있습니다. 투자를 일찍 시작하고, 오래 묵혀두는 게 좋은 이유는 **복리**에 있습니다. 워런 버핏Warren Edward Buffett은 이를 스노우볼이라고 표현했습니다. 눈사람을 만들 때처럼 주먹만 한 눈덩이를 계속 굴리고 뭉치다 보면 어느새 산더미처럼 커지는 현상을 빗댄 것입니다.

② **본업**과 **투자**라는 **두 마리 토끼**를 동시에 잡을 수 있습니다. 단기투자

자와 달리 장기투자자는 매분, 매시간마다 호가창을 확인할 필요가 없습니다. 단기적인 시세 변동에 일희일비하지 않는 만큼, 마켓 타이밍에 대한 부담이 덜하고, 그만큼 스트레스도 적습니다. 개인투자자에게 더욱 적합한 투자 방법입니다.

③ **세금 이연** 효과가 있습니다. 세금 이연이란 투자자가 누적된 수입을 점유하고 있는 동안에는 세금을 연기해주는 것입니다. 즉, 자산을 팔아서 현금화하기 전까지 세금을 내지 않습니다. 양도소득세를 이연시키면 세금으로 낼 돈을 계속 투자에 활용할 수 있어서 복리효과가 커집니다.

④ 상승 사이클의 모든 수익을 얻을 수 있습니다. 장기투자자는 상승하는 코인에 미리 투자하고 기다리고 있습니다.

단기적인 관점에서는 장기투자자의 수익률이 단기투자자보다 낮을 수 있습니다. 예를 들어 비트코인이 정체된 동안에도 다른 알트코인은 여기저기서 급격하게 오릅니다. 이를 장기투자의 단점으로 꼽는 투자자가 많습니다.

하지만 시간은 단기적인 기회비용을 모두 상쇄시킬 만큼 놀라운 힘을 지니고 있습니다. 장기투자의 눈부신 성과는 월가의 전설적인 투자자가 충분히 증명했습니다. 세계 최고의 부자 중 한 명인 워런 버핏은 젊은 시절부터 평생 투자를 해왔습니다. 하지만 막대한 부의 무려 90% 이상을 65세 이후에 이룬 것이라고 합니다. 장기투자의 힘이 바로 여기에 있습니다. 암호화폐 투자도 마찬가지입니다. 100배의 수익을 얻기 위해서는 충분한 시간이 필요합니다.

장기와 단기를 적절히 배분해서 가는 것도 좋은 전략입니다. 다만 안정적인 투자를 위해 장기의 비중이 높아야 하고, 단기는 10~20% 정도로 하는 게 적합하다고 봅니다. 물론 개인적인 생각입니다. 참고로 매매를 할 때는 반드시 **분할매매**로 접근해야 합니다. 개인투자자가 시장의 변동성을 이기는 사실상 유일한 무기는 마켓 타이밍이 아닌 분할매수와 분할매도입니다. 분할매매로 평균단가를 낮추고, 손해를 최소화할 수 있습니다. 단, 암호화폐의 장기투자를 위해서는 두 가지 전제조건이 있습니다.

① **장기적으로 우상향할 코인**에 투자해야 합니다. 시가총액이 높은 암호화폐가 장기적으로 우상향할 가능성이 큽니다. 하지만 100배의 상승률을 원한다면 좀 더 적극적인 방법으로 투자해야 합니다. 시가총액이 낮더라도 확실한 사용성과 수익 구조를 갖춘 프로젝트를 발굴해야 하죠. 물론 이럴 때에는 수많은 자료를 바탕으로 충분한 조사가 필요합니다. 구체적인 방법은 이 책을 통해서 함께 공부하시면 됩니다.

② 긴급하게 사용해야 할 돈이나 빌린 돈으로는 투자하면 안 됩니다. 장기투자를 이어갈 수 없습니다. 투자는 여유 자금으로 해야 합니다. 하지만 시드가 너무 적으면 수익도 적을 수밖에 없습니다. 따라서 여유 자금을 최대한으로 투입할 수 있는 계획과 원칙을 세워야 합니다.

04 »»

암호화폐 투자에서 반드시 지켜야 할 단 한 가지

장기투자는 보유 종목을 오랫동안 묵혀두는 개념이지만, 그렇다고 방치만 해서는 안 됩니다. 주기적으로 점검해야 합니다. 10년을 보유하는 게 부담스럽다면, 3~5년 정도의 주기로 포트폴리오의 리밸런싱Re-balancing을 고민하는 것도 좋습니다. 장기투자자는 다음의 세 가지 시기에 매도를 고려합니다.

① 성장이 멈추었다고 판단될 때

② 더 투자 가치가 높은 코인을 발견했을 때

③ 현금이 필요할 때

그런데 암호화폐 투자에서는 변동성 때문에 조금 더 고민해볼 문제가 있습니다. 암호화폐 투자자 사이에서는 '현금 보유를 늘리는 건 언제나 옳다'라는 격언이 존재합니다. 필자는 두 가지 경우에 부분 매도를 통한 **현금화**

를 조심스럽게 권합니다. 매도해서 다른 곳에 쓰라는 게 아닙니다. 적절한 시점에 재투자하라는 것입니다.

만약 장기적인 가치가 있는 코인을 발굴해 5년, 10년 꿋꿋이 보유하는 전략을 지닌 투자자라면 현재의 방법을 그대로 유지하면 됩니다. 필자 역시 비트코인, 이더리움, 카르다노, 리플 등의 코인은 하락장에서 꾸준히 매입했고, 1개도 팔지 않았습니다.

① 인위적인 가격변동이 의심될 때

암호화폐나 주식시장에서 가격이 급등한 후 다시 급락하는 패턴을 **펌프 앤 덤프**라고 합니다. 주로 작전 세력에 의해 인위적으로 발생하므로 일종의 주가 조작입니다. 암호화폐 시장에서 꽤 빈번하게 일어나고, 하룻밤 사이에 200~300%씩 급등하기도 합니다. 이런 급등하는 코인에 함부로 올라타는 초보 투자자가 꽤 많습니다. 이는 대단히 위험한 투자 방법입니다. 큰 상승이 일어나면 큰 하락이 따라오는 게 시장의 자연스러운 원리입니다. 시세차익을 얻기 위한 매도 물량이 쏟아지기 때문입니다.

호재가 있더라도 하루이틀 사이에 3~4배씩 급등하면 부분 익절을 고민해보아야 합니다. 다만 익절에는 자신만의 원칙이 필요합니다. 가령 필자는 초장기로 가지고 가는 코인이 아니면, 원금의 3배 이상 급등하면 원금의 일정량을 단계적으로 회수하는 방식을 사용합니다. 투자에서 원금 회수는 꽤 중요한 원칙입니다. 투자는 버는 것도 중요하지만, 잃지 않는 것이 더 중요합니다. 각자가 자신의 투자 상황에 맞게 원칙을 세우면 됩니다.

② 대세 하락장으로 접어들 때

암호화폐 시장에 발을 들여놓으면 큰 하락장 혹은 폭락장을 몇 번쯤 경험합니다. 마이너스 70~80%를 경험하는 투자자도 적지 않습니다. 아주 고통스럽죠. 하지만 이를 극복하지 못하면 암호화폐 투자를 이어나갈 수 없습니다. 주식이나 부동산 등 다른 자산을 찾는 게 현명합니다. 폭락장이나 대세 하락장에 접어들었다는 신호를 잡으면 부분 매도하여 현금을 확보하는 게 좋습니다. 현금이 많을수록 폭락장을 더 잘 견디고, 활용할 수 있습니다. 추가 매입으로 평균단가를 낮출 수 있기 때문입니다. 이른바 **물타기 전략**입니다.

상승과 하락 타이밍을 100% 정확하게 예측하는 건 인간의 영역이 아닙니다. 하지만 비트코인 도미넌스나 온체인 데이터 등 다양한 지표를 보고 어느 정도 대비할 수는 있습니다. 지표의 활용법은 뒤에서 차근차근 알려드리겠습니다. 참고로 암호화폐 시장은 점점 안정화 되어가고 있습니다. 폭락장의 빈도 역시 꾸준히 줄어들고 있죠. 이제는 악재가 전해져도 단기 조정으로 끝나는 일이 많습니다.

중요한 이야기라 다시 한번 말씀드립니다. 익절의 핵심은 **현금 확보**에 있습니다. 확보한 현금으로 하락장을 대비하자는 것입니다. 현금을 어느 정도 비중으로 보유할지는 자신의 투자원칙을 따라야 합니다. 개인적으로는 10~20% 사이가 적당하다고 봅니다.

05 ›››

국내 거래소, 어디를 선택해야 할까?

투자의 방향성이 정해졌다면, 다음은 거래소입니다. 2021년 9월 24일, 〈특정금융정보이용법(특정 금융거래정보의 보고 및 이용 등에 관한 법률)〉 개정안에 따라 금융당국의 암호화폐 거래소가상자산 사업자 신고가 마감되었습니다. 암호화폐 거래소의 제도권 편입이 이루어진 것입니다. 정부에 가상자산 사업자로 신고를 완료한 거래소는 총 10곳이고, 이 중에서 은행 실명계좌 인증까지 받은 거래소는 단 4곳입니다(2021년 12월 1일 기준). 바로 업비트, 빗썸, 코인원, 코빗입니다.

국내 4대 암호화폐 거래소

UPbit bithumb coinone korbit

이들 4개 거래소에서만 원화 마켓 거래가 가능합니다. 원화 마켓 거래란 한국 원화KRW를 기본 통화로 하여 거래하는 것입니다. 즉, 원화를 입금해서 암호화폐를 매매할 수 있습니다. 은행 실명계좌 인증을 받지 못한 나머지 거래소는 코인 마켓만 운영할 수 있습니다. 암호화폐끼리의 거래만 중개하고, 원화로는 매입할 수 없습니다. 국내 5대 거래소로 불리던 고팍스 역시 은행 실명계좌 인증에 성공하지 못했습니다. 향후 실명계좌를 획득하면 다시 원화 마켓 운영이 가능하지만, 될 수 있는 대로 안전한 4대 거래소를 이용하시는 걸 추천합니다.

거래소를 선택할 때는 다음의 다섯 가지를 고려하면 도움이 됩니다.

거래량 + 안정성 + 신뢰도 + 편의성 + 수수료

원활한 투자를 위해서는 풍부한 거래량이 중요합니다. 또한 해킹 등의 공격으로부터 나의 소중한 자산을 보호할 수 있어야 하고 매매와 차트 등의 핵심 기능을 편리하게 사용할 수 있어야 합니다. 공신력 있는 기관이 객관적인 평가를 해주면 선택이 좀 더 쉬울 겁니다. 아울러 수수료도 꼼꼼히 확인해야 합니다.

① 거래량과 사용자 수

국내 거래소 중 24시간 거래량이 가장 많은 곳은 단연 업비트입니다. 국내를 넘어 세계 순위에서도 5위권 내에 들어갑니다.

암호화폐 24시간 거래량

거래소	업비트	빗썸	코인원	코빗
24시간 거래량(원)	약 7조 3,000억 원	약 1조 3,260억 원	약 3,175억 원	약 347억 원

코인마켓캡 2021년 8월 2일 기준

업비트의 일일 거래량은 국내 2위 빗썸의 약 5.5배에 달합니다. 차이가 꽤 큽니다. 참고로 세계 1위 거래소 바이낸스는 같은 기간 약 20조 원 정도였습니다. 월간 순 사용자 수MAU, Monthly Active Users 역시 업비트가 국내 거래소 중 1위입니다. 그만큼 많은 투자자가 사용하고 있다는 의미입니다.

암호화폐 거래소 월간 순 사용자 수

거래소	업비트	빗썸	코인원	코빗
MAU	533만 5,000명	228만 4,000명	89만 5,000명	11만 7,000명

모바일인덱스 2021년 4월 기준

② 보안성

〈특정금융정보이용법〉 시행에 따라 거래소는 **정보보호 관리체계**ISMS 인증 획득을 위한 보안 강화에 주력했습니다. ISMS 인증은 기업이 주요 정보자산을 보호하기 위해 운영 중인 보안정책 등이 기준에 적합한지 검증하는 제도입니다. 거래소의 평균적인 보안 수준은 크게 높아졌습니다. 이후 고객확인제도를 도입했습니다. **고객확인제도**에 대한 상세한 설명은 바로 다음 장에서 하겠습니다.

보안과 관련해서 가장 좋은 평가를 받는 거래소는 코인원입니다. 빗썸은

2018년에 350억 원 규모의 암호화폐를 도난당한 적이 있습니다. 업비트는 2019년에 이더리움 34만 2,000개(약 580억 원)가 알 수 없는 지갑으로 전송되는 사고가 있었습니다. 하지만 코인원은 지금까지 보안 사고가 한 번도 없었습니다. 현재도 보안 차별화에 주력하고 있습니다.

③ 외부기관의 평가 등급

코인마켓캡 사이트는 웹 트래픽, 평균 유동성, 볼륨 및 교환 등의 지표를 이용해 거래소의 순위와 점수를 매기고 있습니다. 코인마켓캡의 점수는 국내 거래소 중 빗썸이 가장 높습니다. 참고로 304개 거래소의 순위입니다.

코인마켓캡 거래소 순위와 점수

거래소	빗썸	코인원	코빗	업비트
순위 / 점수	7위 / 8.2	13위 / 7.5	21위 / 6.5	23위 / 6.2

코인마켓캡 2021년 8월 2일 기준

④ UI 편의성

UI는 유저 인터페이스User Interface의 약자로, 사용자에게 시스템을 편리하게 사용할 수 있는 환경을 제공하는 것을 뜻합니다. 초보 투자자에게 암호화폐 거래는 자칫 딱딱하고 어려운 과정으로 보일 수 있습니다. 하지만 UI가 쉽고 효율적으로 구성되어 있으면 투자자는 더욱 빠르게 거래에 적응할 수 있습니다. 특히 차트와 매매 기능을 직관적이면서 편리하게 사용할 수 있는 거래소를 선택하는 게 중요합니다. UI의 편의성은 주관적이지만, 업비트가 가장 좋다는 사용자가 많습니다.

⑤ 거래 수수료

마지막으로 수수료입니다. 기본 수수료는 업비트가 가장 저렴합니다.

암호화폐 거래 수수료

구분	업비트	빗썸	코인원	코빗
거래 수수료	0.05%	0.25%	0.2%	0.15%

2021년 8월 2일 기준

다만 수수료는 이벤트 등을 통해 줄일 수 있습니다. 각 거래소의 홈페이지를 꼼꼼히 확인해서 잘 활용하시기 바랍니다.

이것만은 알아두자 국내 4대 거래소의 강점 알아보기

- **업비트** https://www.upbit.com/

풍부한 거래량, 편리한 UI가 강점입니다. 카카오의 계열사인 두나무에서 운영하고 있어서 로그인과 입출금 시 카카오 서비스를 연동합니다. 많은 사람이 이미 사용하고 있는 애플리케이션을 활용하기 때문에 편리하게 거래할 수 있습니다.

- **빗썸** https://www.bithumb.com/

안정성과 고객 편의성을 꾸준히 높이는 중입니다. 업비트와 더불어 투자자 자산의 70%를 거래소 자산과 분리된 콜드월렛에 보관하고 있습니다. 콜드월렛은 네트워크가 연결되지 않은 망 분리 하드웨어로 해킹의 위험이 적습니다. 암호화폐 거래소 중에서 유일하게 365일, 24시간 소비자 민원 창구를 운영합니다.

• **코인원**https://coinone.co.kr/

국내 거래소 중 유일하게 카카오 블록체인 플랫폼 클레이튼 기반의 클레이 코인을 상장했습니다. 코인원의 성장을 이끈 원동력이라고 볼 수 있습니다. 보안 강화에 총력을 기울이고 있으며, 가장 안정적인 거래소 중 한 곳입니다.

• **코빗**https://www.korbit.co.kr/

서버의 안정성과 보안 수준이 높은 것으로 인정받고 있습니다. 가장 적은 코인의 거래를 지원합니다. 양보다는 질로 경쟁하겠다는 전략입니다.

암호화폐 거래소별 상장 코인 수

구분	업비트	빗썸	코인원	코빗
상장 코인	154개	177개	170개	46개

2021년 8월 2일 기준

물론 이는 장점이면서 단점이기도 합니다. 코인의 종류가 적다 보니 거래량도 적습니다. 국내 암호화폐 거래소 최초로 NFT 마켓을 개시했습니다. 또한 메타버스 기반의 플랫폼 코빗타운을 운영합니다. 코빗타운은 아바타를 활용한 소셜 커뮤니티 역할을 합니다. 코빗의 최대 주주는 넥슨의 지주회사인 엔엑스씨NXC입니다.

06 »»

국내 거래소 제대로 이용하는 방법

회원가입과 고객확인

거래소 가입은 크게 세 가지 단계로 이루어집니다.

계좌 개설 ⇨ 회원가입 ⇨ 고객확인

① 계좌 개설

각 암호화폐 거래소는 지정된 은행 계좌를 통해서만 입출금이 가능합니다. 계좌가 없는 분들은 계좌부터 먼저 개설해야 합니다.

거래소별 입출금 가능한 은행

구분	업비트	빗썸	코인원	코빗
입출금은행	케이뱅크	농협중앙회	농협중앙회	신한은행

업비트(https://www.upbit.com/)는 케이뱅크 계좌를 비대면으로 개설합니

다. 나머지 3개 거래소는 은행을 직접 방문해서 계좌를 개설하는 이용자가 많으나, 비대면으로도 가능합니다. 빗썸, 코인원은 올원뱅크 애플리케이션, 빗썸은 신한은행 쏠 애플리케이션을 이용하면 됩니다.

② 회원가입

이메일 주소와 휴대전화 번호, 실명을 인증하면 바로 가입할 수 있습니다. 업비트는 카카오 계열사이기 때문에 카카오톡을 연동해서 가입합니다. 단, 4개 거래소 모두 외국인의 가입은 제한되어 있습니다.

③ 고객확인

고객확인절차란 암호화폐가 자금세탁행위 등에 이용되지 않도록 〈특정금융정보이용법〉에 따라 회원의 신원, 거래목적 및 자금출처, 실제 소유자 등을 확인하는 절차입니다. 업비트 거래소의 확인 절차를 예로 들어보겠습니다.

- 필요한 준비물: 신분증(주민등록증 또는 운전면허증), 본인 명의의 은행 또는 증권 계좌
- 고객 확인 절차
  1) 유의사항 확인 및 약관 동의
  2) 기본정보 입력(여권 영문 이름, 이메일, 거주지 주소, 생년월일, 휴대전화번호)

3) 필수정보 입력(직업/상세, 거래목적, 자금 원천)

기본정보 입력

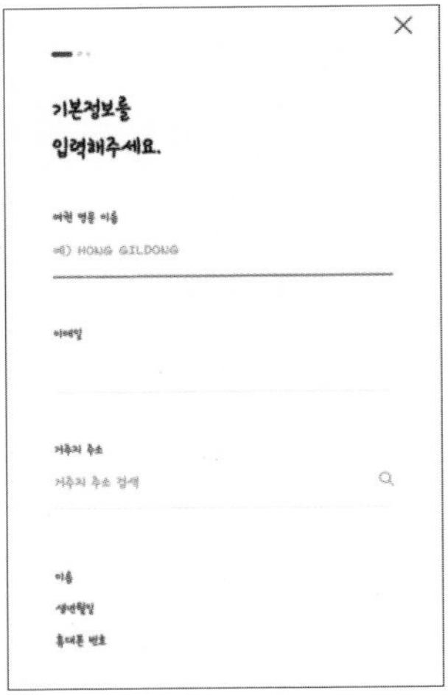

필수정보 입력

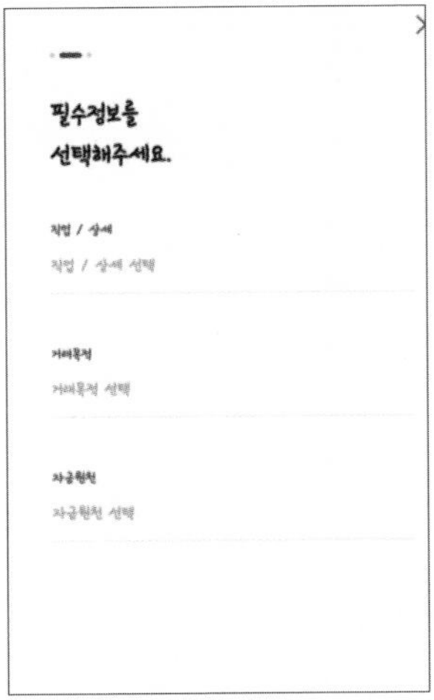

4) 신분증 등록(OCR) 및 정보 확인

신분증 인증

고객확인 완료

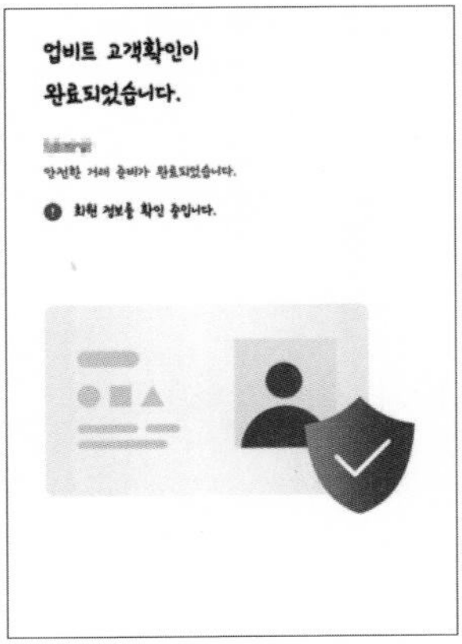

5) 본인 명의 계좌 확인(계좌 선택 및 인증번호 입력)

기존 사용자는 계좌확인이 면제되고, 신규 사용자는 절차에 따라 실명계좌를 인증하면 됩니다. 고객확인절차가 완료되면 내정보 메뉴에서 회원 등급과 입출금 한도를 확인합니다.

회원등급 확인

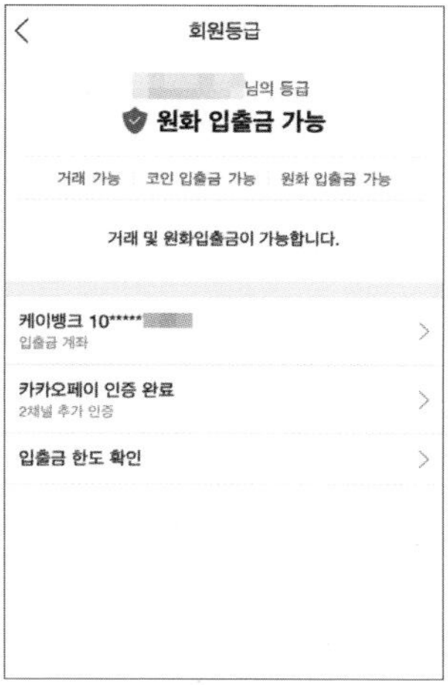

원화 입출금 한도

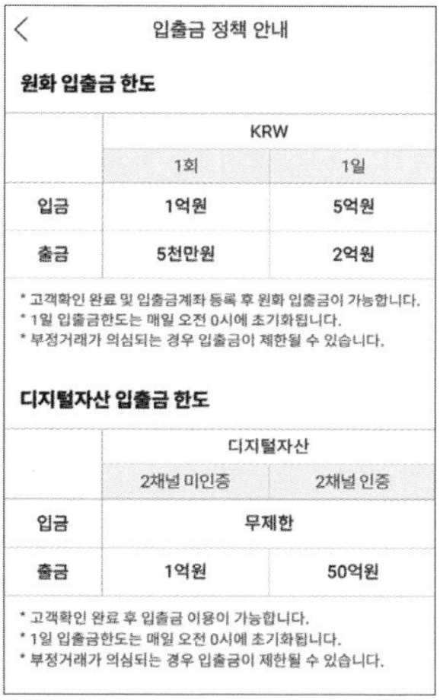

암호화폐 거래 방법

이번에는 매매 방법을 알아보겠습니다. 업비트의 화면을 예로 들어서 설명하겠습니다.

① 원화 입금

암호화폐 거래를 위해서는 거래소와 연동된 은행 계좌에 먼저 원화를 입금해야 합니다. 그런 뒤에 거래소로 이체합니다.

업비트에서는 원화KRW 충전을 선택하고, 입금 금액을 입력한 뒤 입금 신청 버튼을 클릭하면 케이뱅크 계좌에서 업비트 거래소로 원화가 이동됩니다. 반대로 출금 신청을 선택하면 업비트에서 케이뱅크 계좌로 원화를 보낼 수 있습니다.

업비트 거래소에서 원화 입출금하기

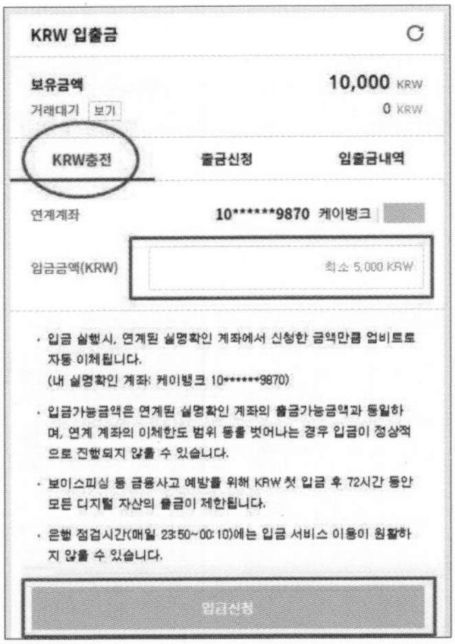

② 코인 매매하는 방법

매매 주문을 넣는 방식은 세 가지가 있습니다. 지정가, 시장가, 예약·지정가입니다.

- **지정가** 매매 가격과 원하는 수량 등을 직접 설정하는 방식입니다. 매매 가격은 좌측의 호가창(오더북)을 클릭하거나, 직접 입력할 수 있습니다. 매매 가격이 결정되면 주문 수량이나 주문 총액을 입력합니다. 퍼센티지로 간편하게 입력할 수도 있습니다. 참고로 코인은 소수점 단

위로 쪼개서 구매할 수 있습니다.

- **시장가** 매매 수량만 결정한 후, 시장 가격으로 즉시 체결하는 주문입니다. 암호화폐의 가격 변동성이 커서 지정가로는 거래가 잘 성사되지 않는 경우가 있습니다. 시장가로 변경해서 주문을 넣으면 빠르게 체결할 수 있습니다.
- **예약·지정가** 매매 가격을 예약 설정하고, 해당 가격에 도달하면 자동으로 매수 혹은 매도가 일어나는 거래입니다. 가격 변화를 계속 모니터링 하기 어려울 때 사용합니다. 주식투자자에게는 익숙한 기능입니다. 유의할 사항은 주식 거래에서는 날이 바뀌면 예약 주문이 자동으로 취소되지만, 암호화폐 거래에서는 한 번 주문이 들어가면 직접 취소하기 전까지 계속 유지된다는 점입니다.

업비트에서 암호화폐 주문하기

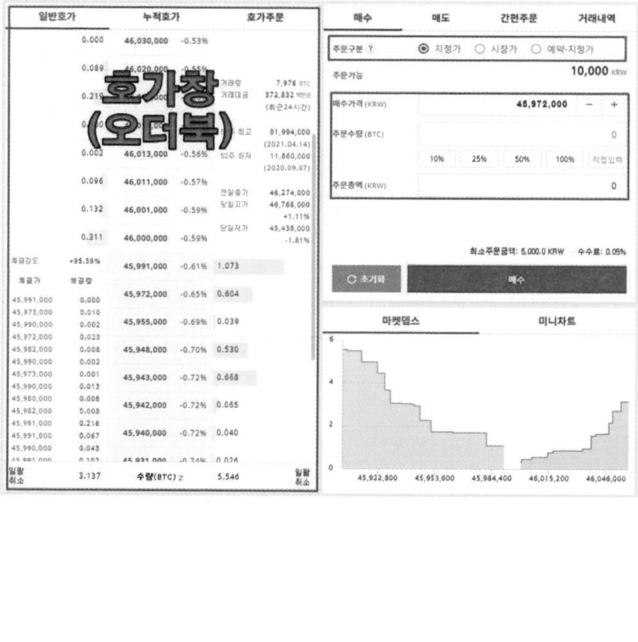

BTC 마켓 이용하기

국내 메이저 거래소는 원화KRW 마켓과 더불어 BTC 마켓, USDT 마켓 등을 함께 운영합니다. BTC 마켓은 원화가 아닌 비트코인으로 거래합니다. 따라서 비트코인을 먼저 보유하고 있어야 다른 코인의 매매가 가능합니다. USDT 마켓은 스테이블 코인인 테더Tether로 거래하는 마켓입니다.

BTC 마켓은 현재 가격이 사토시 단위로 표기돼 있습니다. 이더리움클래식을 예로 들어보겠습니다. 0.00130285라고 표기되어 있지만, 이해하기 쉽게 0.00100000BTC라고 가정해보겠습니다. 이는 1비트코인의 1000분의 1 가격이라는 의미입니다. 따라서 1비트코인이 4,000만 원이면 1이더리움클래식은 4만 원으로 거래됩니다.

BTC 마켓에서는 알트코인 자체의 가격이 변하지 않더라도 비트코인 가격 변동에 따라 원화 기준의 가치가 바뀝니다. 해외 주식을 거래할 때 환율

업비트 BTC 마켓 화면

에 따라 원화 가격이 변하는 것과 같은 이치입니다. 비트코인의 가격이 내려가면 BTC 마켓에 있는 알트코인들의 원화 환산 가격도 함께 내려갑니다. 참고로 BTC 마켓은 원화 마켓과 거래 규모에서 아주 큰 차이가 납니다. 원화 마켓의 100분의 1에서 1000분의 1 수준입니다.

07 ›››

해외 거래소를 함께 이용하면 수익이 달라진다

국내 거래소의 부족한 부분을 해외 거래소에서 보완할 수 있습니다. 필자는 업비트와 바이낸스 거래소를 함께 이용합니다.

바이낸스는 중국계 캐나다인 창펑 자오Zhao Changpeng가 2017년에 설립한 세계 최대 규모의 거래소입니다. 거래소와 더불어 자체 블록체인 플랫폼을 구축했고, 탈중앙화 거래소까지 사업 영역을 확장했습니다. 바이낸스의 강

바이낸스 거래소 홈페이지

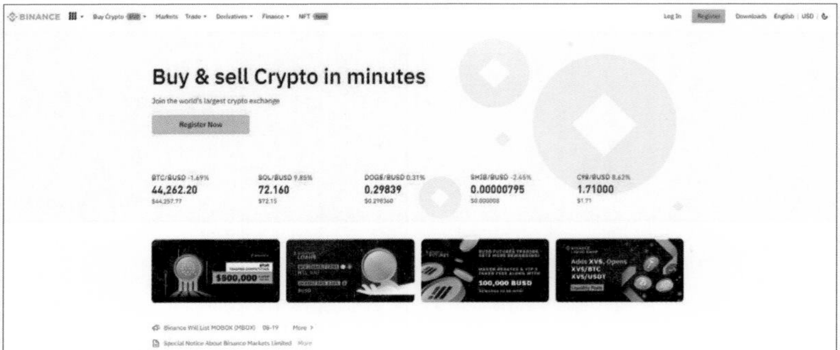

https://www.binance.com/

점을 알아보겠습니다.

① 풍부한 유동성

현물 및 선물거래량에서 모두 1위입니다. 유동성이 풍부하므로 필요한 순간에 빠르게 거래할 수 있습니다.

② 다양한 금융상품 제공

여러 가지 방법으로 수익을 낼 수 있습니다. 시장의 가격 변동이 없을 때도 자유예금, 고정예금, 스테이킹, 유동성 스왑Swap* 등을 활용해 수익 창출이 가능합니다.

③ 다양한 종목 선택지

총 365개의 코인(2021년 8월 기준)이 상장돼있어 국내 거래소에서 살 수 없는 다양한 코인을 거래할 수 있습니다. 대표적으로 다크코인은 익명성 때문에 국내 거래소에서 상장 폐지되었지만, 바이낸스에서는 거래할 수 있습니다. BTC 마켓에서만 거래되는 코인 역시 필자는 바이낸스 거래소에서 주로 매입하는 편입니다.

④ 자금 안정성

별도의 SAFU 보험기금을 운용하고 있고, 세계 1위 거래소답게 보안도

---

* 스와프가 규범 표기이나 탈중앙화 거래소에서는 스왑이라고 부르므로 이 책에서는 스왑으로 표기

뛰어난 것으로 알려져 있습니다.

⑤ 국내 커뮤니티

해외 거래소 중에서 한국 내 커뮤니티가 가장 잘 구축되어 있습니다. 그만큼 국내 사용자가 많다는 의미입니다. 문제가 발생했을 때 커뮤니티를 통해 도움을 받을 수 있습니다.

해외 거래소를 사용하더라도 국내 거래소 가입은 꼭 필요합니다. 현금이나 카드로 암호화폐를 살 수 없는 해외 거래소가 많습니다. 국내 거래소에서 매입해서 전송해야 합니다. 전송에 주로 사용되는 코인은 수수료가 저렴하고 빠른 리플XRP, 스텔라루멘XLM, 트론TRX 등입니다. 해외 거래소에서 매입한 암호화폐를 원화로 환전하고 싶을 때는 국내 거래소로 보내서 출금하면 됩니다. 조금 복잡해 보이지만, 익숙해지면 누구나 쉽게 할 수 있습니다.

08 ›››

암호화폐 문맹을 벗어나는 핵심 용어들

암호화폐는 4차 산업혁명의 핵심기술 중 하나인 블록체인 기술을 기반으로 합니다. 따라서 부득불 복잡한 용어가 나올 수밖에 없습니다. 용어가 익숙해지면 암호화폐의 원리를 더 잘 이해할 수 있습니다. 암호화폐 투자를 위해서 필수적으로 알아야 할 용어를 정리해보겠습니다. 이번 장에서는 편하게 읽으면서 전체적인 맥락과 대략적인 의미만 파악하시면 됩니다. 용어는 앞으로도 반복해서 등장합니다.

블록체인 용어

- **블록체인**Block Chain 블록에 데이터를 담아 체인 형태로 연결하고, 이를 수많은 컴퓨터에 복제해 저장하는 분산형 데이터 저장 기술
- **블록**Block 데이터를 저장하는 단위로 여러 개의 트랜잭션(계약)을 모아서 하나로 묶어놓은 개념
- **노드**Node 블록체인은 탈중앙화라는 특성상 중앙 서버가 없어서 네트워크를 연결해주는

수많은 서버가 존재하고 이를 노드라고 함

- **ICO**Initial Public Offering 프로젝트의 청사진과 로드맵을 공개한 후 코인을 발행해 판매하는 것으로 암호화폐 공개라고 지칭. 주식의 기업 공개 IPO에 빗대어 나온 용어
- **IDO**Initial Dex Offering 탈중앙화 거래소를 통해 토큰을 판매하고 자금을 모집하는 것
- **IEO**Initial Exchange Offering 중앙화 거래소를 통해 토큰을 판매하고 자금을 모집하는 것
- **백서**White Paper 암호화폐의 사업계획서. 주로 ICO를 통해 투자를 받기 위한 목적으로 작성. 프로젝트의 목적과 사업 방향성, 기술, 마케팅 등 전반적인 정보를 담고 있음
- **포크**Fork 기존의 소스 코드를 복사해 독립적이고 새로운 소프트웨어를 개발하는 것. 기존 소프트웨어와의 호환 여부에 따라 소프트와 하드로 구분
- **소프트포크**Soft Fork 이전 버전과 호환할 수 있는 포크를 지칭. 소프트웨어의 기능을 업데이트하는 개념에 가깝고, 이전 암호화폐가 지녔던 규칙을 그대로 따름
- **하드포크**Hard Fork 이전 버전과 호환이 되지 않는 별개의 새로운 블록체인으로 독립하는 개념. 대표적으로 비트코인을 하드포크 해 라이트코인과 비트코인캐시 등이 탄생했음
- **채굴**Mining 블록체인상의 거래 명세를 검증하는 데 참여하고, 참여에 대한 보상으로 암호화폐를 받는 것
- **해시레이트**Hashrate 얼마나 많은 채굴기가 암호화폐를 채굴하고 있는지 나타내는 수치 수치가 높을수록 채굴기의 숫자가 많거나, 각 채굴기의 연산 능력이 높다는 의미
- **합의 알고리즘**Consensus Algorithm 블록체인 네트워크 내의 노드마다 최종적으로 같은 기록을 채택하게 하는 방식. 대표적으로 작업증명 방식PoW, Proof of Work, 지분증명 방식PoS, Proof of Stake, 위임지분증명 방식DPoS, Delegated Proof of Stake이 있음
- **작업증명 방식**PoW 압도적인 컴퓨팅 파워를 이용해 연산을 풀고 블록을 생성. 막대한 전력을 사용해 에너지 소비가 발생하고, 환경에 악영향을 미친다는 비판이 있음

- **지분증명 방식**PoS 암호화폐를 보유한 지분에 비례해 의사 결정 권한을 부여
- **위임지분증명 방식**DPoS 대표 노드를 선정하고, 이 대표 노드끼리 합의하여 의사 결정을 내리는 방식
- **스마트 콘트랙트**Smart Contract 특정 조건에 맞으면 계약이 자동으로 실행되는 프로그램. 스마트 계약이라고도 함
- **메인넷**Main Net 자체 블록체인 플랫폼. 기존에 존재하는 다른 플랫폼에 종속되지 않고, 독립적인 생태계를 구성하는 것을 의미
- **디앱**DApp 메인넷 위에서 구동되는 탈중앙화 애플리케이션Decentralized Application. 댑이라고도 지칭. Dapp, dApp, dapp 등 다양하게 표기
- **코인**Coin 메인넷을 보유하고 있으면 코인이라고 지칭
- **토큰**Token 메인넷 없이 다른 플랫폼에서 만들어지면 토큰이라고 지칭
- **ERC-20**Ethereum Request for Comment 20 이더리움 네트워크에서 제공하는 가장 대표적인 토큰 발행 표준
- **ERC-721**Ethereum Request for Comment 721 이더리움 네트워크에서 대체할 수 없거나 고유한 토큰을 발행하는 표준. NFT의 표준안
- **토큰 이코노미**Token Economy 토큰을 보상으로 제공함으로써 참여자의 활동을 유도하고, 이를 통해서 블록체인 생태계를 확장하고 토큰의 가치 상승을 도모하는 경제 시스템
- **스테이킹**Staking 보유한 암호화폐의 일정량을 블록체인 네트워크에 예치해 데이터 검증에 기여하고, 그에 대한 보상을 받는 것
- **거버넌스 토큰**Governance Token 블록체인 네트워크의 주요 의사 결정에 참여해 의결권을 행사할 수 있는 토큰
- **암호화폐 지갑**Crypto Wallet 암호화폐를 보관하고 관리하기 위해 공개키와 개인키를 저장

하고 있는 지갑. 핫월렛과 콜드월렛으로 구분

- **핫월렛**Hot Wallet 온라인에서 동작하는 지갑으로 바로 입출금과 송금을 할 수 있는 암호화폐 지갑. 메타마스크, 트러스트월렛 등을 주로 사용
- **콜드월렛**Cold Wallet 오프라인 상태에서 작동하는 하드웨어 지갑. 인터넷이 연결되어 있지 않아 해킹이 거의 불가능함. 렛저나노Ledger Nano, 트레저Trezor, 디센트월렛D'cent Wallet 등을 주로 사용
- **에어드랍**Air Drop 투자자가 보유한 특정 코인에 대해 투자 비율에 따라 무상으로 새로운 코인을 지급하는 것
- **스냅샷**Snapshot 에어드랍 시 지급될 수량을 계산하기 위해 특정 시점에 보유하고 있던 코인의 잔액을 기록하고 백업하는 것
- **디파이**Decentralized Finance 탈중앙화된 금융 시스템을 일컫는 말로, 정부나 기업 등 중앙기관의 통제 없이 운영되는 금융 서비스
- **NFT**Non-Fungible Token 대체 불가능한 토큰이라는 뜻으로, 희소성을 갖는 디지털 자산을 대표하는 토큰을 지칭. 기존의 암호화폐와 달리 별도의 고유한 인식 값을 부여하고 있어 고유한 가치를 지님
- **민팅**Minting 해당 자산에 대한 소유권을 블록체인 기술을 이용해 거래 가능한 토큰으로 주조하는 것

커뮤니티 용어

① 코인 관련 용어

- **알트코인** 비트코인을 제외한 나머지 모든 코인
- **메이저 알트코인** 시가총액 1조 원 이상의 규모가 큰 알트코인

- **잡코인** 시가총액이 적고 거래소에 상장한 지 얼마 안 된 코인
- **스캠코인** 사기 가능성이 높아 투자자가 큰 피해를 볼 가능성이 있는 코인
- **김치코인** 국내 거래소에만 상장되어 있거나, 우리나라에서 발행한 코인. K-코인이라는 용어로 변경되는 추세
- **지폐** 코인 1개의 가격이 원화로 1000원 이상인 암호화폐
- **동전** 코인 1개의 가격이 원화로 10원 ~ 999원 사이의 암호화폐
- **엽전** 코인 1개의 가격이 원화로 10원 미만인 암호화폐

② 가격 및 거래 관련 용어

- **사토시** 비트코인 가격을 세는 최소 단위
- **김프** 김치 프리미엄의 줄임말. 국내 암호화폐 가격이 해외 시세보다 높게 형성될 때를 의미
- **역프** 역프리미엄의 줄임말. 김치 프리미엄의 반대로 해외 시세가 국내보다 높게 형성되었을 때를 의미
- **재정거래** 거래소마다 시세가 다른 점을 이용해 차익을 실현하는 거래
- **떡상** 코인의 가격이 빠르고 급격하게 상승할 때(비슷한 말: 급등)
- **떡락** 코인의 가격이 빠르고 급격하게 하락할 때(비슷한 말: 급락)
- **추매** 추가매수 혹은 추격매수. 가격이 급격히 오르거나 떨어질 때 추가로 코인을 더 사는 행위
- **뇌동 매매** 투자자의 독자적인 판단이 아닌 남을 따라 하는 매매
- **평단** 암호화폐를 구매한 평균단가(평균 가격)
- **물타기** 코인의 가격이 내려갔을 때 평단을 낮추기 위해 코인을 더 사는 행위

- **불타기** 코인의 가격이 급등할 때 추격 매수하는 행위
- **익절매** 이익을 보고 코인을 매도하는 경우 줄여서 익절이라고도 함
- **손절매** 손해를 보고 코인을 매도하는 경우 줄여서 손절이라고도 함
- **존버** 익절과 손절을 하지 않고 끝까지 버티는 것
- **매도벽 / 매수벽** 호가창의 특정 가격대에 많은 수량을 뚫기 힘든 벽처럼 쌓아놓은 것
- **전고점** 앞선 가격의 고점. 주가가 상승하면서 일정한 가격대까지 올랐다가 밀렸을 때 저항선이 될 수 있는 지점
- **전저점** 앞선 가격의 저점. 주가가 하락하면서 일정한 가격대까지 내려갔다가 올라갔을 때 지지선이 될 수 있는 지점
- **패닉셀링** 시장에 공포가 지배할 때 던지듯 팔고 나가는 행위(비슷한 말: 투매)
- **패닉바잉** 가격이 빠르게 오르면 더 올라갈까 봐 급하게 사는 행위
- **조정** 가격이 급하게 많이 오르면 파는 사람이 많아져 제자리로 돌아가는 성질

③ 투자자 관련 용어

- **코린이** 코인 + 어린이의 합성어로 코인 투자를 시작한 지 얼마 안 된 초기 투자자
- **고래** 큰 금액을 들고 있는 사람들로 세력, 큰손을 지칭(비슷한 말: 운전수)
- **개미** 고래의 반대로, 소액의 일반 투자자를 의미
- **김치** 한국인
- **버거** 미국인(버거 형님)
- **스시** 일본인
- **따거** 중국인(따거 형님)
- **흙두르미** 하락이 불 보듯 빤한데 투자하는 사람들을 놀리는 말(비슷한 말: 흑우, 호구)

④ 뉴스 관련 용어

- **호재** 시세 상승의 요인이 되는 조건
- **악재** 시세 하락의 요인이 되는 조건
- **오피셜** 실제 일어난 소식
- **뇌피셜** 추측과 상상으로 만들어낸 소식(비슷한 말: 루머)
- **재료** 가격을 움직일만한 뉴스

⑤ 기타 용어

- **돔황챠** 도망쳐를 재미있게 표현한 말
- **투더문** 가격의 급등을 기원하는 구호(비슷한 말: 가즈아)
- **DYOR Do Your Own Research** 스스로 알아보고 공부하라는 의미
- **UAYOR Use At Your Own Risk** 자신의 리스크는 스스로 감수하라는 의미

CHAPTER 3

암호화폐도
가치투자가 핵심인 이유

투자는 시간을 나의 편으로 만드는 것입니다

01 »»

100배 오를 암호화폐를 선별하는 분석법

암호화폐 투자를 결심했다면, 좋은 코인을 고르는 안목을 길러야 합니다. 그런데 코인의 종류가 많아도 너무 많습니다. 한 곳 이상의 거래소에서 정식으로 유통되는 코인의 수만 해도 10,000개에 달합니다. 투자자로서는 어떤 코인에 투자해야 할지 무척 고민이 될 수밖에 없습니다. 이번 장에서는 종목 선택을 잘하는 방법을 설명합니다. 정석에 가까운 방법부터 당신이 사용하기에 간편한 비결까지 차례로 다루겠습니다.

사실 암호화폐 투자는 체계적인 투자기법이 아직 확립되지 못했습니다. 주식은 매출과 수익부터 현금흐름, 부채 등 기업의 다양한 상황을 확인할 수 있는 지표가 투명하게 공개됩니다. 반면 암호화폐는 가치를 입증할만한 객관적 지표가 부족합니다. 그런데도 좋은 코인을 선택하기 위해서 반드시 확인해야 하는 항목은 있습니다.

프로젝트의 완성도 + 커뮤니티 활성화

프로젝트의 완성도를 확인하기 위해서는 공식 홈페이지와 백서White Paper, 공시 자료, 깃허브GitHub 등을 살펴보아야 합니다. 그리고 최신 뉴스에도 귀를 기울여야 합니다. 활발하게 진행 중인 프로젝트는 새로운 파트너와 협약을 맺고, 신규 서비스를 출시하며 지속적인 업그레이드를 하게 됩니다. 이 성과물은 보도 자료나 각종 커뮤니티를 통해 투자자에게 전해집니다.

커뮤니티는 주로 텔레그램, 레딧 등의 SNS에서 운영됩니다. 참여자가 많고, 정보가 실시간으로 업데이트되며, 활발한 소통이 일어나는 프로젝트를 눈여겨보아야 합니다. 프로젝트를 주도하는 인물이 누구인지도 아주 중요합니다. 암호화폐 업계에서 이미 성공을 경험한 적이 있거나, 시장에서 영향력을 발휘하는 리더가 이끌고 있다면 프로젝트의 신뢰도와 성장 가능성은 높아집니다. 암호화폐의 가격은 가치에 수렴하게 됩니다. 결국, 프로젝트의 완성도가 높고, 커뮤니티가 잘 형성된 코인이 장기적으로 10배, 20배, 100배의 가격 상승을 이루어낼 수 있습니다.

02 ›››

프로젝트의 완성도가 모든 것을 결정한다

백서를 잘 읽는 다섯 가지 가이드

프로젝트를 이해하기 위한 최고의 자료는 백서입니다. 백서는 일종의 사업계획서입니다. 개발 목적부터 로드맵, 사용 기술, 관련 생태계,

이더리움 백서의 일부

Ethereum Whitepaper

This introductory paper was originally published in 2013 by Vitalik Buterin, the founder of Ethereum, before the project's launch in 2015. It's worth noting that Ethereum, like many community-driven, open-source software projects, has evolved since its initial inception.

While several years old, we maintain this paper because it continues to serve as a useful reference and an accurate representation of Ethereum and its vision. To learn about the latest developments of Ethereum, and how changes to the protocol are made, we recommend this guide.

A Next-Generation Smart Contract and Decentralized Application Platform

Satoshi Nakamoto's development of Bitcoin in 2009 has often been hailed as a radical development in money and currency, being the first example of a digital asset which simultaneously has no backing or intrinsic value ↗ and no centralized issuer or controller. However, another - arguably more important - part of the Bitcoin experiment is the underlying blockchain technology as a tool of distributed consensus, and attention is rapidly starting to shift to this other aspect of Bitcoin. Commonly cited alternative applications of blockchain technology include using on-blockchain digital assets to represent custom currencies and financial instruments (colored coins ↗), the ownership of an underlying physical device (smart property ↗), non-fungible assets such as domain names (Namecoin ↗), as well as more complex applications involving having digital assets being directly controlled by a piece of code implementing arbitrary rules (smart contracts ↗) or even blockchain-based decentralized autonomous organizations ↗ (DAOs). What Ethereum intends to provide is a blockchain with a built-in fully fledged Turing-complete programming language that can be used to create "contracts" that can be used to encode arbitrary state transition functions, allowing users to create any of the systems described above, as well as many others that we have not yet imagined, simply by writing up the logic in a few lines of code.

투자 계획, 아이디어 등 프로젝트의 핵심적인 내용이 모두 들어 있습니다.

백서는 주로 신규 코인을 발행해 투자자로부터 자금을 모으는 ICOInitial Coin Offering에 사용하기 위해 작성하는 문서입니다. 프로젝트를 진행하는 측은 백서에 공을 들일 수밖에 없습니다. 그런데 투자를 받기 위한 목적이다 보니 장점만 부각하거나 허황한 청사진을 제시하는 경우가 더러 있습니다. 그러므로 백서는 곧이곧대로 받아들이지 말고, 분석하는 자세로 읽어야 합니다. 전문성을 띠는 글인 만큼 깊이 이해하는데 다소 어려움이 있을 수 있습니다. 아래에서 제시하는 다섯 가지 가이드를 참고하면 도움이 될 겁니다.

① 무슨 프로젝트를 진행하는가?

프로젝트의 목적과 핵심가치가 무엇인지 파악해야 합니다. 해당 프로젝트가 이루려는 것이 무엇인지 명확하지 않으면 투자를 보류해야 합니다.

② 이 프로젝트는 왜 필요한가?

암호화폐가 어떤 용도로 사용되는지, 사람들의 삶을 바꾸고 편리하게 만드는데 기여할 수 있는지 고민해야 합니다. 특히 누가 이 프로젝트를 이용할 것인지 파악해야 합니다.

③ 수익구조가 명확한가?

수익을 낼 수 있는 비즈니스 모델이 없으면 프로젝트는 성공하기 어렵습니다. 특히 공급을 조절하고, 수요를 늘릴 수 있는 구체적인 방안이 있는지 파악해야 합니다. 더불어 해당 프로젝트가 생태계를 꾸준히 확장할 수 있을지 고민해야 합니다. 수익구조가 명확해야 암호화폐의 가치가 장기적으로 상승합니다.

④ 구체적인 계획이 제시되고 있는가?

목적을 이루기 위한 청사진을 확인해야 합니다. 핵심자원을 활용해 프로젝트를 어떻게 운영하는지, 파트너는 누구인지, 비용은 어떻게 충당하는지 등 구체적인 방향성이 제시되어야 합니다. 특히 계획을 이룰 수 있는 역량을 보유하고 있는지 살펴보아야 합니다.

⑤ 어떻게 작동되는가?

기술이 어떻게 작동하는지, 기술적인 측면에서 구현 가능한지가 명확하게 제시되어야 합니다.

비트코인과 이더리움의 백서는 꼭 한 번 읽어보시기 바랍니다. 2008년에 공개돼 10년도 더 지난 비트코인 백서를 굳이 읽을 필요가 있느냐고 반문할 수도 있습니다. 하지만 사토시 나카모토가 비트코인 백서에서 구현하려던 세상은 아직 진행형입니다. 또한 비트코인 백서는 탈중앙화라는 핵심가치를 중심으로 암호화폐의 개념을 처음 제시했고, 백서의 기준을 만들었습니다.

이더리움 백서도 흥미롭습니다. P2P를 통한 개인 간 전자 화폐 시스템을 구현하려는 비트코인과 성격이 확연히 다른 블록체인 플랫폼의 가이드를 제시했습니다. 이후 수많은 블록체인 플랫폼이 세상에 태어나는 기반을 마련했습니다.

이더리움 백서는 비트코인과의 차별점을 중심으로 언어와 기술, 프로젝트 방향성을 명확하게 제시합니다. 또한 이더리움이 꿈꾸는 세상을 구현하기 위해서 왜 블록체인 기술이 필요한지, 블록체인 플랫폼이 어떻게 운영되는지 설명하고 있습니다. 참고로 백서의 방대한 양을 축약해서 라이트 페이퍼Light Paper를 발행하는 블록체인 프로젝트나 재단도 있습니다.

크롬 브라우저 한글 번역 설정하기

백서는 영어로 되어 있지만, 번역기를 사용해서 우리말로 번역할 수 있습니다. 크롬 브라우저는 바로 한국어로 전환해줍니다.

백서가 어렵다면 홈페이지를 먼저 둘러보는 것도 좋습니다. 홈페이지는 텍스트 위주의 백서보다 이미지 등을 활용해 조금 더 친절하게 프로젝트에 관해 설명합니다.

코인마켓캡

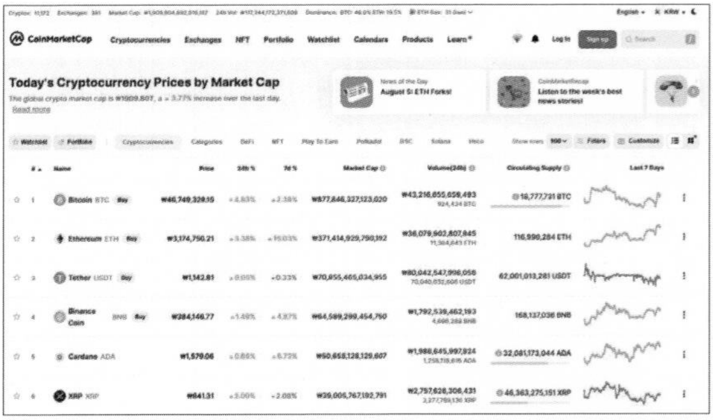

https://coinmarketcap.com/

코인게코

https://www.coingecko.com/

코인마켓캡 이더리움 상세화면

https://coinmarketcap.com/

암호화폐와 관련한 정보를 찾을 때 가장 많이 이용하는 사이트는 코인마켓캡과 코인게코입니다. 백서와 홈페이지는 이 2개 사이트에서 쉽게 찾아갈 수 있습니다. 코인의 상세 페이지에서 링크를 클릭하면 됩니다.

공시가 최고의 공신력을 가지는 이유

공시는 사업내용이나 재무상황, 영업실적 등 기업의 상황을 투자자에게 알리는 제도로 주식시장에서 운영됩니다. 가격과 거래에 영향을 줄 수 있는 중요 정보를 알림으로써 투자자에게 공정한 기회를 부여하자는 취지입니다.

안타깝게도 암호화폐 시장에는 아직 공식적인 공시 시스템이 없습니다. 공시 등록이 의무가 아닌 데다, 관리 감독 기관조차 명확하게 정해져 있지 않습니다. 〈특정금융정보법〉 도입으로 제도권에 한 발짝 진입한 만큼 공시제도가 생겨날 거라고 봅니다.

쟁글 공시화면

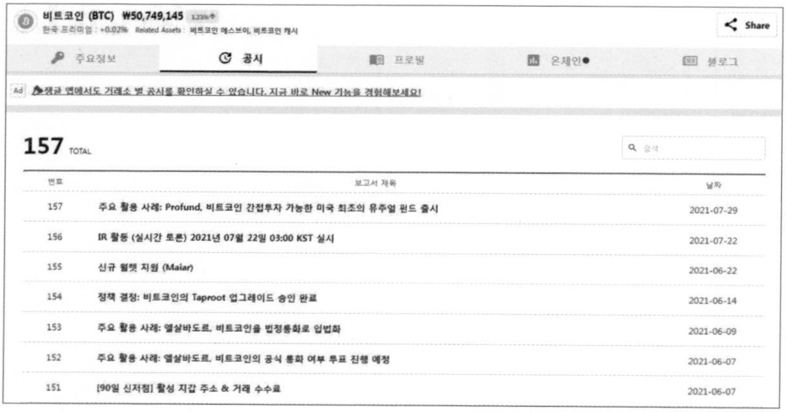

https://xangle.io/

현재는 쟁글(https://xangle.io/) 사이트가 사설 공시 플랫폼의 역할을 담당하고 있습니다. 공시는 프로젝트를 운영하는 재단이나 기업이 외부에 제공하는 유일한 공문서라고 할 수 있습니다. 쟁글 측은 3단계의 검증 절차를 통해 공시 자료를 게시합니다.

프로젝트 측으로부터 사실관계 확인 ⇨
프로젝트 측에서 추가 증빙 ⇨ 프로젝트에서 직접 발표

참고로 신용도 평가에서 코인별 등급을 확인할 수 있고, 상세한 분석 리포트를 읽을 수 있습니다. 유용한 자료이므로 코인을 거래하기 전에 한 번쯤 읽어보시기 바랍니다.

쟁글 신용도 평가 화면

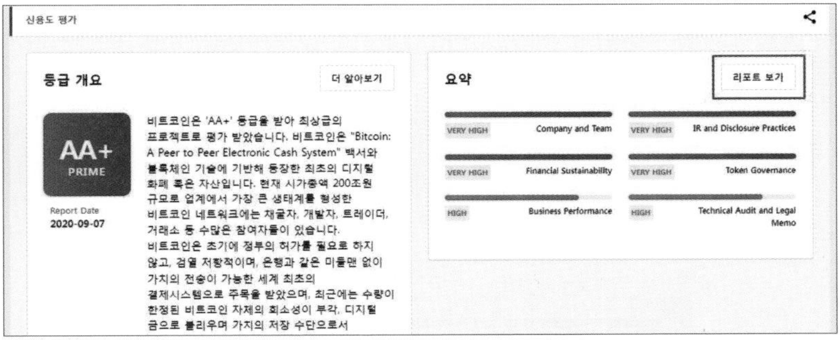

https://xangle.io/

쟁글 신용도 평가 상세 화면

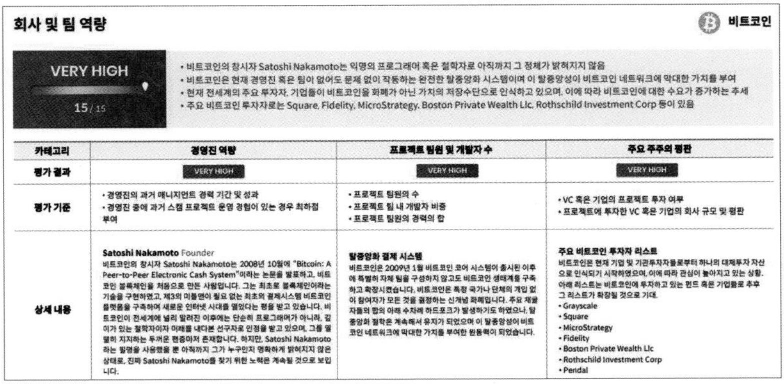

https://xangle.io/

깃허브는 개발자만의 영역이 아니다

깃은 컴퓨터 파일의 변경사항을 추적하고, 여러 사용자끼리 협업할 때 작업을 조율할 수 있는 분산형 버전 관리 시스템입니다. **깃허브**는 깃을 사용하는 프로젝트를 지원하는 웹 호스팅 서비스입니다. 쉽게 말해서 깃을 모아놓은 저장소입니다. 깃허브는 개발자의 놀이터라고도 불립니다. 깃허브에서 프로젝트의 개발 현황을 확인합니다. 각 프로젝트의 깃허브는 홈페이지에서 쉽게 찾아갈 수 있습니다.

폴카닷 프로젝트 홈페이지

https://polkadot.network/technology/

개발자가 활용하는 사이트라 개인투자자가 상세한 내용을 전부 이해하기는 현실적으로 어렵습니다. 투자자가 확인해야 하는 핵심 항목은 프로젝트의 업데이트 주기, 프로젝트 참여 인원, 이슈 등입니다. 폴카닷 프로젝트 깃허브 화면으로 예를 들겠습니다.

① Readme리드미: 개발자를 위한 프로젝트 설명서입니다. 개발의 핵심사항을 파악할 수 있습니다.

② 업데이트 주기: 기술 업데이트가 얼마나 자주 일어나는지 꼭 확인해야 합니다. 예로 든 폴카닷 프로젝트는 몇 시간 단위로 업데이트가 진행되고 있습니다.

폴카닷 프로젝트 깃허브 화면

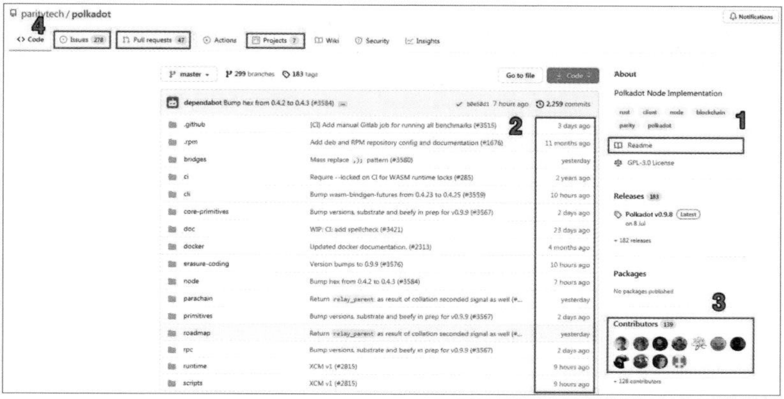

https://github.com/paritytech/polkadot/

③ 프로젝트 참여자: 프로젝트 참여자를 확인할 수 있습니다. 각 참여자를 클릭하면 상세한 활동 명세를 볼 수 있습니다.

④ 프로젝트 명세: 프로젝트의 이슈, 업무 단위 등의 상세 내용을 파악할 수 있습니다. 이슈는 개선사항이 생기면 주로 작성하므로 이슈가 많은 건 프로젝트가 활발히 진행 중이라는 의미로도 해석할 수 있습니다. 이슈의 내용으로 들어가면 담당 개발자의 댓글과 더불어 처리 현황이 있습니다.

깃허브는 다른 프로젝트와 비교해서 보면 더 도움이 됩니다. 한 번에 모든 걸 파악하기보다는 시간을 들여서 변화를 지켜보아야 합니다. 특히 깃허브는 스캠(사기)코인을 걸러내는 데 주로 활용됩니다. 깃허브 활동이 거의 없다면 사실상 프로젝트가 진행되고 있지 않다고 볼 수 있습니다.

03 ›››

암호화폐의 신뢰를 높이는 커뮤니티의 힘

백서, 공시 등으로 프로젝트의 완성도를 파악했다면, 다음으로는 커뮤니티를 확인해야 합니다. 커뮤니티가 중요한 이유는 프로젝트가 투자자로부터 얼마나 큰 신뢰를 얻고 있는지 확인할 수 있기 때문입니다. 또한 프로젝트의 진척 상황을 좀 더 실질적으로 확인하고, 관계자 및 참여자와 소통할 수 있습니다.

암호화폐의 가치는 사람들의 신뢰에서 비롯된다고 말씀드렸습니다. 카르다노라는 블록체인 플랫폼이 있습니다. 암호화폐의 이름은 에이다입니다. 카르다노는 6년이라는 긴 시간 동안 스마트 콘트랙트를 구현하지 못했습니다. 하지만 투자자의 신뢰는 변하지 않았고, 시가총액 기준으로 이더리움과 솔라나에 이은 블록체인 플랫폼의 빅3로 자리를 굳혔습니다. 그 원동력은 커뮤니티에 있습니다. 도지코인도 비슷합니다. 장난으로 만든 코인이지만, 커뮤니티의 적극적인 지지로 용도가 확장되고 있습니다.

코인마켓캡 카르다노 상세 화면

https://coinmarketcap.com/

코인마켓캡의 코인 상세 페이지에서 커뮤니티 경로를 확인할 수 있습니다. 각 프로젝트는 자체 커뮤니티 사이트 외에도 주로 4개의 커뮤니티 채널을 함께 운영합니다. 텔레그램, 트위터, 레딧, 미디엄입니다.

① 텔레그램

프로젝트에서 메인 커뮤니티로 활용하는 채널은 주로 텔레그램입니다. 텔레그램은 카카오톡, 라인과 같은 온라인 메신저인데, 익명성을 보장해주고 보안이 뛰어납니다. 관심이 있거나 보유 중인 코인이 있다면 해당 프로젝트의 텔레그램에 꼭 가입하는 게 좋습니다.

텔레그램 커뮤니티에 가입하면 진행 상황, 개발 이슈 등을 지속적으로 공유해줍니다. 커뮤니티에 소통이 뜸하다면 프로젝트가 잘 진행되고 있는지 추가 확인을 해야 합니다. 텔레그램은 메신저이기 때문에 궁금한 내용을 물어보고 답을 얻기 쉽습니다. 프로젝트의 공식 커뮤니티 외에도 양질의 정보를 무료로 전해주는 텔레그램 채널이 많습니다. 투자자가 주로 이용하는 채널을 몇 가지만 소개하겠습니다. 가입하면 유익한 정보를 받을 수 있습니다. 경로는 https://t.me/주소(다음 페이지 표 참조)입니다.

새우잡이어선 공지방	@shrimp_notice	코인코	@coinkokr
하양이아빠의 암호화폐 이야기	@xvgwhitedog2	에어드랍 코리아	@airdrop_kor
취미생활방	@enjoymyhobby	코인니스	@coinnesskr
쟁글 공식 정보공시 채널	@xangle_official_kr	크립토퀀트 알람	@cryptoquant_official

② 트위터

트위터는 텔레그램과 용도가 조금 다릅니다. 트위터는 암호화폐 시장에 큰 영향력을 미치는 인물들의 인사이트를 듣기 위한 목적으로 주로 이용합니다. 트위터에도 프로젝트의 공식 커뮤니티가 있지만, 재단의 창시자나 프로젝트의 리더, 혹은 유명한 투자자의 개인 트위터 계정이 더 인기가 많습니다.

텔레그램은 익명성으로 인해 진위를 판단하기 어려운 정보도 있습니다. 반면 트위터는 계정의 주인이 명확하여 더 공신력이 있습니다. 팔로우하고 있는 대표적인 계정을 소개하겠습니다.

암호화폐 창시자	이더리움 비탈릭 부테린(@VitalikButerin), 카르다노 찰스 호스킨슨(@IOHK_Charles), 폴카닷 개빈 우드(@gavofyork), 리플 브래드 갈링하우스(@bgarlinghouse), 트론 저스틴 선(@justinsuntron)
암호화폐 거래소 CEO	바이낸스 창펑 자오(@cz_binance), 코인베이스 브라이언 암스트롱(@brian_armstrong), 제미니 거래소 타일러 윙클보스(@tyler), 캐머런 윙클보스(@cameron) 형제, FTX 거래소 샘 뱅크먼 프라이드(@sbf_ftx)
자산운용사 CEO	DCG그룹, 그레이스케일 인베스트 베리 실버트(@BarrySilbert), 아크 인베스트 캐시 우드(@cathiedwood)
비트코인 보유기업 CEO	마이크로스트레티지 마이클 세일러(@michael_saylor), 테슬라 일론 머스크(@elonmusk), 블록 잭 도시(@jack)
기타	월가 출신 암호화폐 애널리스트 맥스 카이저(@maxkeiser), NBA 댈러스 매버릭스 구단주 마크 큐반(@mcuban)

이외에도 많습니다. 소개한 계정을 팔로우하면 관련 트위터 계정이 추천

됩니다. 유익한 정보를 제공하는 계정을 추가로 팔로우하면 됩니다.

③ 레딧 & 미디엄 & 디스코드

한국은 개인투자자를 개미라고 부르고 미국은 로빈후드라고 합니다. 로빈후드가 주로 애용하는 커뮤니티가 레딧입니다. 2021년 초, 게임스탑 사태가 월가를 뒤흔들었습니다. 기관투자자의 횡포에 맞서서 게임스탑을 지키겠다는 취지로 시작된 이 운동의 근원지가 바로 레딧의 커뮤니티 월스리트벳이었습니다.

- **레딧** 자산 투자 정보와 뉴스가 빠르게 업데이트되고, 다양한 토론과 논쟁이 일어납니다. 실시간 추천을 많이 받은 내용을 피드Feed 상단에 노출해서 유용한 정보를 쉽게 얻습니다.
- **미디엄** 인터넷 블로그로 전문적인 분석 글이 많고, 개발자 친화적이라 깃허브의 코드를 쉽게 불러올 수 있습니다. 블록체인 업계는 레딧보다 미디엄을 더 선호합니다.
- **디스코드** 음성, 채팅, 화상 통화 등을 지원하는 메신저입니다. 신규 프로젝트는 디스코드를 메인 커뮤니티로 활용하는 사례가 많습니다.

이외에도 코인판(https://www.coinpan.com/), 땡글닷컴(https://www.ddengle.com/), 디시인사이드의 비트코인 갤러리, 페이스북의 코인 갤러리 등 다양한 국내 커뮤니티가 있습니다. 커뮤니티에는 부정확한 정보가 올라오기도 하므로 신중하게 활용하시기 바랍니다.

04 ›››

시가총액으로 암호화폐 가치 판단하는 방법

시가총액이 큰 코인을 선택해야 하는 이유

프로젝트의 목적과 진행 상황을 정확히 이해하고 거래하는 것이 투자의 정석입니다. 그런데 시간이 많이 소요되는 작업인지라 개인투자자가 꼼꼼히 확인하기가 쉽지 않습니다. 따라서 좀 더 현실적인 방법을 고민해보겠습니다.

초보 투자자 중에는 코인의 가격이 저렴하면 덜컥 사는 경우가 있습니다. 가격이 싸기 때문에 더 많이 오를 거라고 착각한 것입니다. 더불어 시가총액의 개념을 몰라서 발생한 오해입니다. 코인의 개당 가격을 따지는 건 별 의미가 없습니다. 중요한 건 **시가총액**이기 때문입니다.

암호화폐 시가총액 = 시장 내 유통량 × 코인 가격

시가총액은 시장에 유통되는 코인의 전체 규모를 뜻합니다. 2021년 8월

기준으로 리플은 1개에 850원 정도입니다. 폴카닷은 2만 3,000원, 라이트코인은 17만 원가량입니다. 개당 가격은 리플이 가장 저렴하고, 라이트코인이 가장 비쌉니다. 하지만 시가총액으로는 반대입니다. 리플이 6위, 폴카닷은 9위, 라이트코인은 15위입니다(2021년 8월 기준).

시가총액이 높다는 건 자금 유입이 많고, 안정적인 암호화폐라는 의미입니다. 초보 투자자는 시가총액 상위권 코인부터 도전하는 게 좋습니다. 최우선 선택지는 단연 비트코인과 이더리움입니다. 이후 암호화폐 투자에 익숙해지면 시가총액 10위권, 30위권, 50위권, 100위권으로 조금씩 범위를 넓혀나가면 됩니다.

은퇴를 앞둔 투자자라면 특히나 시가총액 최상위권 코인 위주로 투자하는 게 좋습니다. 수익성도 중요하지만, 안전성은 더 중요합니다. 물론 시가총액이 높을수록 무겁기 때문에 가격 상승 속도는 더딜 수 있습니다. 하지만 암호화폐 시장의 전체적인 규모가 커지고 있는 만큼 여전히 훌륭한 수익률을 기대할 수 있습니다.

시가총액이 낮다고 무조건 나쁜 코인은 아니다

시가총액이 낮다는 건 자금 유입이 적고, 투자자 사이에서 인기가 적은 코인이라는 의미입니다. 그런데 시가총액이 낮다고 무조건 나쁜 코인은 아닙니다. 기술력과 성장성은 있지만, 아직 가치를 인정받지 못한 코인을 저평가되었다고 합니다. 저평가된 코인이 향후 가치가 증명되면 크게 상승할 수 있습니다. 100배 오를 암호화폐도 저평가된 프로젝트에서 발굴될 가능성이 큽니다. 시가총액이 높은 코인은 그 자체만으로도 투자 대상으로 고려할 수 있습니다. 반면 시가총액이 낮은 코인에 투자할 때는 훨씬 더 많은 공부와 조사가 필요합니다.

저평가된 코인을 찾기 위해서는 비슷한 프로젝트끼리 비교하는 게 좋습니다. 같은 목적으로 사용되고, 진행 상황과 성과도 비슷한데, 시가총액이 낮다면 투자 대상 리스트에 넣고, 프로젝트를 깊이 있게 따져보아야 합니다. 시가총액이 낮은 코인은 세력에 의해서 급등과 급락을 반복합니다. 그런 코인에 무모하게 올라타는 건 대부분 초보 투자자입니다. 가장 위험한 투자라고 볼 수 있습니다.

유통 물량과 발행 물량을 비교하라

시장의 가격은 수요와 공급으로 결정됩니다. 코인의 발행량이 유통량 대비 얼마나 남았는지 확인하면 향후 가치 변화를 가늠할 수 있습니다.

예를 들어 비트코인은 발행량의 90% 가까이 유통되었기 때문에 앞으로 희소성이 더욱 커질 가능성이 큽니다.

코인마켓캡 비트코인 상세화면

https://coinmarketcap.com/

반면 플로우는 전체 발행량의 4%만 공급되었습니다. 나머지 96%의 물량이 시장에 나오면 희소성 측면으로만 봤을 때는 가치가 하락할 수 있습니다. 최대 공급량이 모두 유통 중인 경우로 계산한 완전히 희석된 시가총액을 보면 현재 시가총액과 크게 차이가 납니다.

코인마켓캡 플로우 상세화면

https://coinmarketcap.com/

물론 공급량만으로 코인의 가치를 측정할 수는 없습니다. 코인이 시장에 공급되는 속도보다 프로젝트의 성장 속도가 빠르다면 문제되지 않습니다. 또한 코인의 가치를 제대로 파악하려면 앞서 말씀드렸던 프로젝트의 완성도와 미래 성장성 등을 종합적으로 보아야 합니다.

유통 물량의 관리 여부를 확인하라, 소각과 락업

이더리움, 도지코인, 트론 등의 암호화폐는 발행량이 정해져 있지 않습니다. 발행량이 무한대인 코인은 물량을 어떻게 관리하는지 확인해야 합니다. 아무런 대책 없이 공급을 쏟아낸다면 장기적으로 가치가 하락할 수밖에 없습니다.

유통 물량을 조절하기 위해 주로 사용하는 방법은 **소각**입니다. 소각은 재단에서 코인을 영구적으로 없애는 것입니다. 플랫폼에서 거둬들인 수익의 일부를 활용해 코인을 매입한 뒤 사용할 수 없게 만들죠. 소각하면 유통량이 줄어서 코인의 가치가 올라갑니다.

락업Lockup은 암호화폐가 상장한 후 일정 기간 매매를 금지하는 것입니다. 주식에서는 이를 보호예수라고 합니다. 락업은 개인투자자를 보호하는 목적이 가장 큽니다. 만약 초기 투자자나 기관들이 상장 직후 물량을 쏟아내면 그 피해는 개인투자자에게 고스란히 돌아갑니다. 이를 막기 위해 락업 기간을 별도로 지정해두는 것입니다.

락업이 해제되는 것을 **언락**Unlock이라고 합니다. 언락이 일어나면 시장에 유통되는 코인의 물량이 늘어나 일시적으로 가격이 하락할 수 있습니다. 투자자는 언락 일정을 미리 확인하고 있어야 합니다. 하지만 언락 일정만 별도로 정리해둔 사이트는 없습니다. 주로 커뮤니티에서 정보를 얻는 편입니다.

참고로 시가총액만을 투자의 기준으로 삼아서는 안 됩니다. 시가총액은 투자에 참고할 수 있는 여러 보조수단 중 하나입니다.

05 ›››

기관투자자의 포트폴리오를 훔쳐라

이번에는 공신력 있는 기관의 암호화폐 평가지표와 기관투자자의 포트폴리오를 참고해서 좋은 코인을 선택하는 방법을 알아보겠습니다.

암호화폐의 등급 확인하기

암호화폐의 가치를 평가할 때 활용하는 지표로 플립사이드크립토가 만든 FCAS가 있습니다. FCAS Fundamental Crypto Asset Score는 암호화폐의 기초점수 지표입니다. 지표를 측정하는 핵심 항목은 사용자 활동, 개발자 활동, 시장 성숙도 등입니다. 거래가 얼마나 일어나는지, 개발자가 어떤 소프트웨어를 개발하고 지원하는지, 확장성은 높은지 등을 다양하게 측정합니다. FCAS는 거래소와 깃허브 등에서 실시간으로 데이터를 취합하기 때문에 시시각각 바뀝니다. 등급은 S부터 F까지 총 5단계로 나뉩니다.

FCAS 등급별 점수표

S등급(Superb)	900~1,000점
A등급(Attractive)	750~899점
B등급(Basic)	650~749점
C등급(Caution)	500~649점
F등급(Fragile)	0~499점

총 438개의 코인을 평가했고, 이 중 S등급은 5개, A등급은 45개였습니다(2021년 8월 7일 기준).

FCAS 암호화폐 순위(2021년 8월 7일)

1	Ethereum ETH	S 971	$338,237,757,599.68	$2,890.94	
2	Cardano ADA	S 957	$44,992,820,384.01	$1.40	
3	Multi-collateral DAI DAI	S 950	$5,714,186,100.60	$1.00	
4	Uniswap UNI	S 934	$15,366,855,841.70	$26.16	
5	Chainlink LINK	S 930	$10,605,702,538.50	$23.86	
6	Decentraland MANA	A 899	$1,267,977,163.49	$0.75	
7	Algorand ALGO	A 898	$2,712,089,167.51	$0.85	
8	LUNA LUNA	A 896	$6,005,224,287.45	$14.50	
9	NEAR Protocol NEAR	A 893	$1,070,396,271.91	$2.52	
10	Stellar XLM	A 892	$6,673,745,976.00	$0.28	
11	Bitcoin BTC	A 891	$804,022,903,682.01	$42,816.50	
12	Polkadot NEW DOT	A 889	$20,022,520,893.16	$20.40	

https://www.flipsidecrypto.com/

FCAS 점수가 가장 높은 건 971점으로 이더리움입니다. 2위는 카르다노이고 비트코인은 11위입니다. 플립사이드크립토 이외에도 다양한 사이트에서 암호화폐의 등급을 확인할 수 있습니다.

암호화폐 등급 제공 사이트

- 시메트리 by 크립토브리핑 : https://simetri.cryptobriefing.com/
- 토큰인사이트 : https://www.tokeninsight.com/

해당 사이트의 등급 정보는 코인마켓캡이 취합해서 제공합니다. 코인의 상세페이지에서 등급 메뉴를 확인하면 여러 사이트에서 평가한 등급을 한 번에 확인할 수 있습니다.

암호화폐 등급 확인하기

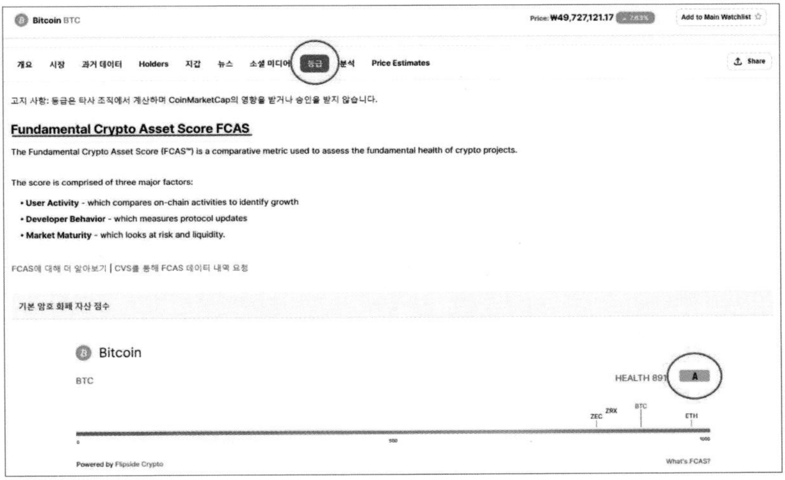

https://coinmarketcap.com/

금융기관이 담고 있는 포트폴리오 훔쳐보기

기관투자자는 개인투자자와 반대 개념으로 법인 형태의 투자자를 의미합니다. 대표적으로 증권사, 자산운용사, 은행, 보험사 등이 있고, 그 외에 각종 연금·기금과 재단 등도 포함됩니다. 기관투자자는 거대한 자금력과 정보력을 바탕으로 투자하기 때문에 가격 형성에 큰 영향을 미칩니다. 따라서 개인투자자는 기관투자자의 움직임을 주의 깊게 지켜보아야 합니다.

모든 기관투자자의 포트폴리오를 명확히 확인할 수는 없습니다. 다만 기관투자자의 펀드 상품에서 보유하고 있는 비트코인 물량은 비트코인 트레저리스에서 파악할 수 있습니다. 이는 추정치이고, 100% 정확한 것은 아닙니다.

기관투자자의 비트코인 보유현황 추정치

Grayscale Bitcoin Trust	US	OTCQX:GBTC	$26,566,240,000	118%	Info on AUM and Reports OCT 9th	$31,351,383,844	$31,351,383,844		฿ 654,885	3.12%
CoinShares / XBT Provider	EU	COINXBT:SS	Not on G.F.	-	Info on NAV and Reports OCT 9th	$770,170,932	$3,338,191,263	4.3x	฿ 69,730	.332%
3iQ The Bitcoin Fund	CA	TSX:QBTC.U	$663,218,500	169%	Info on NAV and Reports OCT 9th	$1,123,055,053	$1,123,055,053		฿ 23,459	.112%
Purpose Bitcoin ETF	CA	TSX:BTCC(U/B)	Not on G.F.	-	ETF Info	$968,044,770	$968,044,770		฿ 20,221	.096%
3iQ CoinShares Bitcoin ETF	CA	TSX:BTCQ	Not on G.F.	-	ETF Info	$873,301,090	$873,301,090		฿ 18,242	.087%

https://www.buybitcoinworldwide.com/treasuries/

1위는 **그레이스케일** 비트코인 트러스트입니다. 그레이스케일은 비트코인의 잠재력을 일찌감치 알아본 디지털커런시그룹DCG의 배리 실버트Barry Silbert가 2013년에 창업했습니다. DCG의 자회사는 그레이스케일과 더불어 미디어 업체인 코인데스크, 비트코인 OTC 트레이딩을 담당하는 제니시스

그레이스케일 포트폴리오

Grayscale Investments Holdings　GBTC Investor　Bitcoin Treasuries　Buy

Symbol	Total Holdings	Total Holdings($)	Holdings (Per Share)	Marker Price (Per Share)	Premium	Close Time	24H Change	7D Change	30D Change	Update Time
BTC GBTC	650.02K BTC	$28.89B	$38.93	$36	-7.53%	2021-08-07	+0	-249	-1034	2021-08-08 08:50
ETH ETHE	3.15M ETH	$9.94B	$28.68	$27.52	-4.04%	2021-08-07	+0	-1509	-6255	2021-08-08 08:50
ETC ETCG	12.3M ETC	$744.45M	$46.21	$35.05	-24.15%	2021-08-07	+0	-7081	-29363	2021-08-08 08:50
LTC LTCN	1.58M LTC	$246.18M	$13.41	$18.25	36.09%	2021-08-07	+0	-757	+32970	2021-08-08 08:50
BCH BCHG	319.32K BCH	$185.8M	$5.04	$5.5	9.13%	2021-08-07	+0	-79	+21076	2021-08-08 08:50
ZEC	333.29K ZEC	$44.73M	$11.06	-	-	2021-08-07	+0	+2898	+5827	2021-08-08 08:50
ZEN	617.93K ZEN	$41.55M	$60.32	-	-	2021-08-07	+0	+11955	+13365	2021-08-08 08:50
XLM	73.46M XLM	$22.53M	$26.14	-	-	2021-08-07	+0	+1228248	+1250543	2021-08-08 08:50
MANA	18.32M MANA	$14.08M	$7.27	-	-	2021-08-07	+0	+482998	+576006	2021-08-08 08:50
LPT	460.28K LPT	$7.79M	$16.7	-	-	2021-08-07	+0	+13961	+16541	2021-08-08 08:50
LINK	290.88K LINK	$7.16M	$2.34	-	-	2021-08-07	+0	+9716	+18647	2021-08-08 08:50
FIL	69.21K FIL	$4.8M	$59.65	-	-	2021-08-07	+0	+4029	+6113	2021-08-08 08:50
BAT	5.69M BAT	$4.1M	$6.73	-	-	2021-08-07	+0	+266415	+484176	2021-08-08 08:50

Total AUM:$40.15B

https://www.bybt.com/Grayscale/

가 있습니다. 그레이스케일은 2014년에 ETF와 비슷한 개념의 신탁펀드를 출시했습니다. 이후 암호화폐 시장에서 오랜 기간 독보적인 지위를 유지하고 있습니다. 그레이스케일의 포트폴리오는 개인투자자에게 가이드의 역할을 하고 있습니다.

그레이스케일은 총 13개의 신탁펀드를 출시했습니다(2021년 8월 기준). 상품을 살펴보면 비트코인, 이더리움, 이더리움클래식, 라이트코인, 비트코인캐시, 지캐시, 호라이즌, 스텔라루멘, 디센트럴랜드, 라이브피어, 체인링크, 파일코인, 베이직어텐션토큰이 있습니다. 신탁펀드에 추가를 고려하고 있는 암호화폐는 1인치, 아발란체, 코스모스, 플로우, 인터넷컴퓨터, 모네로, 니어프로토콜, 폴카닷, 폴리곤, 테조스, 테라, 더그래프, 카바, 루프링, 렌, 제로엑스 등입니다. 그레이스케일에 이어 2위는 코인셰어스입니다. 코인셰어스는 영국에 있는 디지털 자산 전문 운용사로 비트코인과 이더리움 기반의 ETN 상품을 출시했습니다. 3~5위는 캐나다에서 출시된 ETF 및 관련 상품입니다. 참고로 4위인 퍼포스 비트코인 ETF는 세계 최초의 비트코

제미니 거래소 메인화면

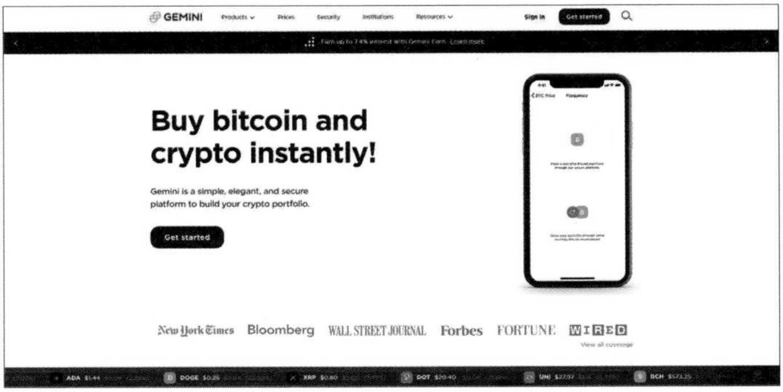

https://www.gemini.com/

인 ETF로 유명합니다.

참고로 기관투자자는 아니지만, 제미니 거래소(https://www.gemini.com/)에 상장된 종목을 투자의 가이드로 삼는 투자자도 있습니다.

제미니Gemini는 쌍둥이자리라는 의미가 있습니다. 거래소의 이름이 제미니인 이유는 설립자인 **윙클보스** 형제가 일란성 쌍둥이기 때문입니다.

윙클보스 형제

캐머런, 타일러 윙클보스 형제는 코인 시장에서 큰 영향력이 있습니다. 비트코인 전체 발행량 중 1% 이상을 보유하고 있다는 소문도 있습니다. 윙클보스 형제가 2014년에 설립한 제미니 거래소는 사이버 보안, 뉴욕 은행법 규정 등 금융 규제 준수 표준을 가장 잘 지키는 것으로 유명합니다. 상장 심사 조건이 워낙 까다로워서, 제미니 거래소에 상장되면 비교적 안전한 코인이라는 인식이 있습니다.

06 ›››

아무도 알려주지 않는 100배 수익률 공략법

상장 전에 노른자 코인 선점하기

투자자들이 암호화폐를 얻는 가장 일반적인 방법은 거래소에서 매매하는 것입니다. 그런데 ICO, IDO, IEO 등을 통해 아직 거래소에 상장하지 않은 코인을 사는 방법도 있습니다. 이 방법은 상장 전의 암호화폐를 저렴한 가격에 매입할 수 있고, 향후 거래소에 정식 상장하면 큰 시세차익을 얻을 수 있다는 장점이 있습니다.

토큰 세일 참여하기

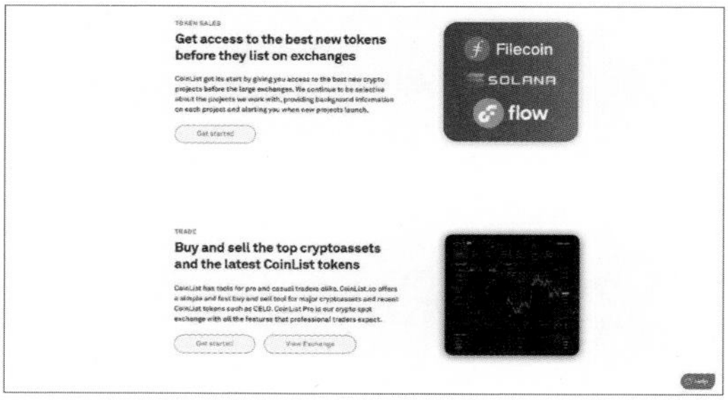

https://coinlist.co/

ICO와 토큰 세일을 이용할 수 있는 대표적인 플랫폼은 코인리스트(https://coinlist.co/)입니다. 코인리스트를 거쳐 간 대표적인 코인으로는 현재 큰 가치를 인정받으며 시가총액 5위(2021년 11월 20일 기준)에 이름을 올리고 있는 솔라나가 있습니다. 니어프로토콜, 알고랜드, 플로우 등 굵직한 프로젝트도 코인리스트에서 처음 거래되었습니다.

장외거래, 스테이킹, 디파이 등 다양한 서비스를 제공하지만, 핵심은 토큰 세일입니다. 토큰 세일 메뉴로 들어가 원하는 토큰을 선택하면 프로젝트의 청사진, 백서, 프리세일 일정, 향후 토큰 배분 계획 등 상세한 정보를 확인할 수 있습니다. 토큰 세일 참여는 일반적으로 3라운드로 진행됩니다. 각 라운드에 따라서 판매량과 구매 한도, 락업 일정 등이 달라집니다. 단계별로 잘 확인하고 참여해야 합니다.

2018년에 ICO 열풍이 있었지만, 지금은 잠잠한 편입니다. 이유는 ICO 투자의 위험성 때문입니다. ICO 투자는 암호화폐가 끝내 거래소에 상장하지 못하거나, 스캠코인으로 판명 나면 원금을 모두 잃을 수 있는 치명적인 단점이 있습니다. 현재는 IDO, IEO라는 조금 더 안전한 방법이 선호됩니다. ICO보다 조금 더 검증받은 코인을 사는 개념입니다.

IEO는 **런치패드**Launchpad 플랫폼을 통해서 참여할 수 있습니다. 런치패드는 로켓의 발사대를 의미하는 용어로 코인이 로켓처럼 높이 올라가기를 바라는 마음이 담겨있습니다. 가장 많이 이용하는 런치패드 플랫폼은 **바이낸스 런치패드**입니다.

바이낸스는 런치패드를 통해 직접 유망한 블록체인 프로젝트를 발굴하고, 이를 바이낸스코인BNB으로 살 수 있도록 했습니다. 바이낸스가 신중한 프로세스를 거쳐서 선별한 프로젝트인 만큼 투자자들은 ICO에 비해 안전하게 투자할 수 있습니다. 100배 오를 암호화폐에 투자하려면 바이낸스 런치패드를 눈여겨보아야 합니다. 저평가된 암호화폐를 발굴하는 좋은 방법이기 때문입니다.

바이낸스 런치패드에서 가장 성공한 사례는 엑시인피니티AXS와 루나MATIC입니다. 엑시 인피니티샤드토큰AXS의 경우 2020년 11월, 런치패드에서 0.1달러에 상장되었습니다. 현재는 바이낸스 거래소 기준으로 약 140달러에 거래되고 있습니다.(2021년 12월 1일) 1년 만에 1,400배 가까이 상승했습니다. 폴리곤MATIC은 약 1,000배의 가격 상승을 이루었습니다.

이 외에도 와지르엑스WRX 300배, 앨리스ALICE 300배, 세이프팔SFP 270배, 토코크립토TKO 100배, 라치오팬토큰LAZIO 100배 등 투자자에게 높은 수익을 안겨주었습니다.

바이낸스 거래소 메뉴

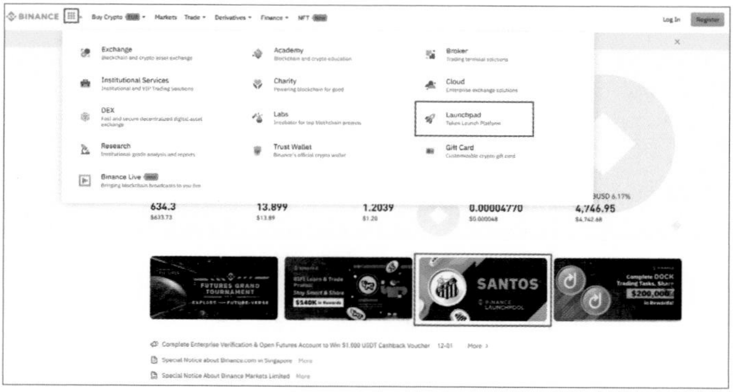

https://www.binance.com/

바이낸스 런치패드

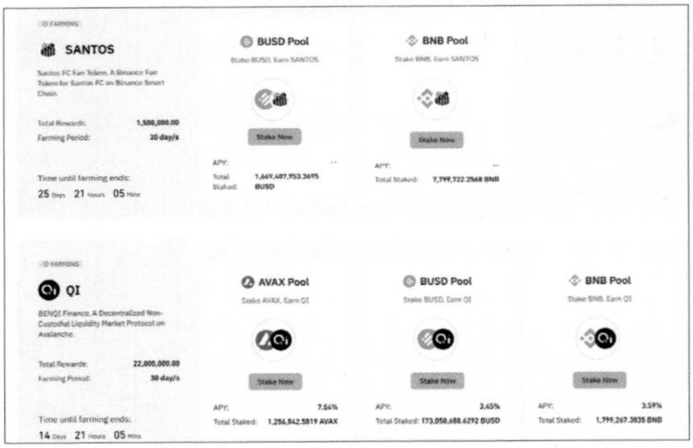

https://launchpad.binance.com/

바이낸스 런치패드는 바이낸스 거래소 홈페이지에서 이용할 수 있습니다. 투자자는 바이낸스코인만 보유하고 있으면 런치패드에 참여할 수 있습니다. 바이낸스 런치패드는 주식의 공모주 청약과 유사한 방식으로 운영됩니다. 정해진 기간의 바이낸스코인 보유량을 1시간 단위로 스냅샷한 평균량이 런치패드 청약 가능 금액이 됩니다. 참가 신청이 완료되면 바이낸스코인은 일시적으로 락업됩니다. 이후 토큰 배분이 마무리되면 바이낸스 거래소에 상장합니다.

상장 직후 가격이 급등하지만 순식간에 매도 물량이 나오면서 급락합니다. 매도 타이밍을 잘 잡으면 높은 단기 수익을 얻을 수 있습니다. 하지만 중·장기적으로 보유할 코인의 런치패드에 참여하는 것이 더 현명하다고 봅니다. 1,400배 상승을 이룬 엑시인피니티가 좋은 예입니다.

참고로 현재 바이낸스코인은 시가총액 3위입니다. 런치패드를 위해서 신규 매입해야 한다면 충분한 고민이 필요합니다. 상장되는 암호화폐의 미래가치를 잘 판단해보아야 합니다.

런치패드와 비슷한 개념으로 **런치풀**이 있습니다. 런치패드는 보유한 바이낸스코인으로 신규 상장 코인을 매입하는 것입니다. 스왑 거래라고 볼 수 있습니다. 반면 런치풀은 바이낸스코인이나 BUSD 등을 스테이킹한 이자로 신규 상장 코인을 지급받습니다.

에어드랍, 공짜로 코인 선물 받기

에어드랍AirDrop은 공중에서 투하한다는 뜻으로 투자자가 보유한 특정 코인에 대해 투자 비율에 따라 무상으로 새로운 코인을 지급하는 이벤트입니다. 주식으로 비유하면 무상증자나 배당과 비슷한 개념입니다. 신규 사용자를 모으기 위한 마케팅 용도로 주로 활용됩니다.

에어드랍은 호재로 인식되기 때문에 공지 후 가격이 급등하는 경향을 보입니다. 하지만 스냅샷 직후 가격 변동이 심하고, 큰 폭으로 하락하는 일도 빈번합니다. 2021년 11월, 리브랜딩을 목적으로 하는 오미세고OMG의 에어드랍이 있었습니다. 12일 9시 첫 블록이 생성되는 시점까지 오미세고를 보유하고 있으면 1:1 비율로 보바토큰BOBA을 제공했습니다. 즉, 오미세고 10개를 가지고 있으면 보바토큰 10개를 새로 주는 것이죠. 투자자의 입장에서는 상당히 매력적인 이벤트라고 볼 수 있습니다. 하지만 스냅샷이 끝난 직후 오미세고의 가격은 폭락했습니다. 에어드랍을 받으려다 오히려 단기적인 손실을 보게 된 것입니다. 따라서 장기적으로 보유할 가치가 있는 코인의 에어드랍에 참여하는 게 좋습니다.

참고로 런치패드나 에어드랍을 위해서는 스냅샷 시점까지 코인을 보유해야 합니다. 스냅샷은 지급할 수량을 계산하기 위해 특정 시점에 보유하고 있던 코인의 잔고를 기록하고 백업하는 것을 의미합니다.

에어드랍 관련 정보는 해당 프로젝트의 홈페이지에서 확인하는 게 가장 정확합니다. 에어드랍 정보를 전문적으로 제공하는 곳으로는 에어드랍 코리아가 있습니다. 텔레그램 커뮤니티를 이용하면 정보를 빠르게 받아보실 수 있습니다(@airdrop_kor).

참고로 에어드랍은 모든 거래소에서 동일하게 지원하지 않습니다. 거래소마다 지원 범위의 차이가 있기 때문에 공지를 잘 확인해야 합니다.

07 ›››

암호화폐 투자 시 이것만은 반드시 피하라

스캠코인을 피하는 방법

스캠코인은 사실과 다른 내용으로 투자자를 현혹하여 투자금을 유치하는 암호화폐입니다. 쉽게 말해서 사기 코인입니다. 스캠코인은 처음부터 사기를 목적으로 만든 코인부터, 백서대로 구현이 안 돼 중도에 개발을 포기한 경우까지 다양합니다. 거래소에 상장한 암호화폐 중에도 스캠코인은 생각보다 많습니다.

스캠코인을 피하기 위해서는 앞서 알려드린 가이드를 하나씩 점검해야 합니다. 프로젝트의 완성도와 커뮤니티의 운영 실태 확인이 핵심입니다. 프로젝트 구성원이 어떤 이력을 지녔는지, 어떤 벤처 펀드가 투자했는지, 파트너 기업은 어딘지를 확인하면 암호화폐의 신뢰도를 더 명확히 확인할 수 있습니다.

마지막으로 이즈디스코인어스캠(https://isthiscoinascam.com/) 사이트에서 검색하면 점수를 통해 스캠코인 여부를 확인할 수 있습니다.

이즈디스코인어스캠

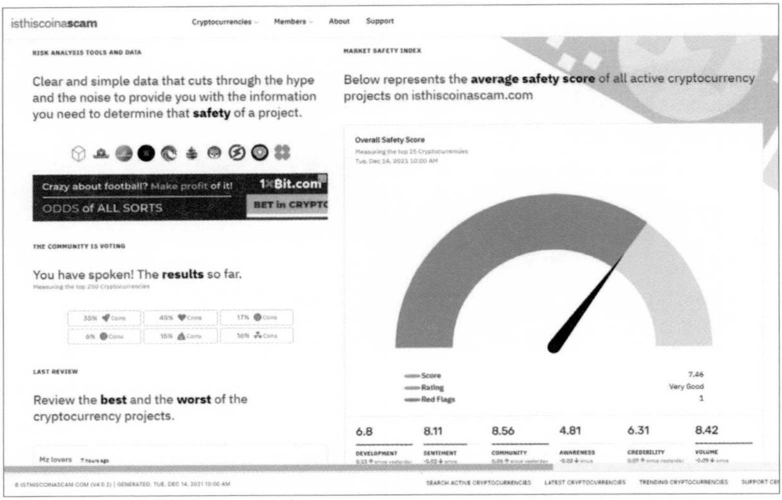

https://isthiscoinscam.com/

유의종목에는 절대 올라타지 마라

2021년 6월, 업비트가 5개 종목의 거래를 중지하고, 25개 코인을 유의종목으로 지정하면서 큰 논란이 있었습니다. 주식에도 유의종목 지정은 있습니다. 하지만 주식은 법제화되어 있기 때문에 금융당국의 조치에 대한 명확한 사유를 알 수 있습니다. 반면 암호화폐는 개별 거래소마다 유의종목 지정의 기준이 다르고, 정확한 이유 역시 밝히지 않습니다.

유의종목 지정은 사실상 상장 폐지의 전 단계입니다. 실제로 업비트가 유의종목으로 지정한 25개 중 24개는 상장 폐지로 이어졌습니다. 따라서 유의종목에 절대로 신규 진입하면 안 됩니다. 간혹 유의종목으로 지정되었는데도 가격이 오르기도 합니다. 이는 세력들이 원금 보전을 위해서 개미 투자자를 끌어들이는 것이라는 해석이 지배적입니다.

업비트가 상장 폐지한 29개 종목에는 유독 김치코인이라고 부르는 K-코인이 많았습니다. 투자자가 유의종목 지정을 예측하는 건 어렵습니다. 다만 국내 코인을 거래할 때는 프로젝트의 완성도를 조금 더 깊이 들여다봐야 합니다. 유의종목을 피할 수 있는 최소한의 조치는 프로젝트의 완성도를 심도 있게 들여다보고, 시가총액 상위권 코인 위주로 투자하는 것입니다.

CHAPTER 4

비트코인과 이더리움으로 큰 그림 보는 법

1원칙: 절대로 돈을 잃지 마세요

2원칙: 첫 번째 원칙을 절대 잊지 마세요

01 »»

비트코인과 이더리움이 최고의 자산인 이유

우연히 암호화폐 관련 커뮤니티에서 비트코인에는 투자하지 않겠다는 글을 본 적이 있습니다. 이유가 궁금해서 읽어봤더니, '고작 2~3배의 수익률을 거두려고 이 시장에 들어온 것이 아니다'라고 쓰여 있었습니다. 비트코인 대신 알트코인에 집중적으로 투자하겠다는 의미일 겁니다. 자본시장에 투자하는 건 수익을 올리기 위해서입니다. 따라서 많은 돈을 벌고 싶은 건 잘못된 바람이 아닙니다. 비트코인이 향후 100배 이상 오를 가능성은 크지 않습니다.

하지만 비트코인은 그보다 더 중요한 입지를 지니고 있습니다. 암호화폐 시장의 기축통화로서, 시장의 큰 흐름을 주도합니다. 이더리움도 마찬가지입니다. 뛰어난 기술력과 혁신으로 성장을 거듭하고 있습니다. 두 암호화폐는 모든 암호화폐 중 안정성도 가장 높습니다. 투자는 버는 것도 중요하지만, 잃지 않는 게 더욱 중요합니다. 무엇보다 중요한 건 비트코인과 이더리움을 공부하면 암호화폐 시장의 큰 그림을 볼 수 있다는 것입니다. 암호화폐 투자자라면 이 둘의 진정한 가치를 반드시 알아야 합니다.

비트코인이 여전히 가치 있는 이유

사람들은 비트코인이 오를 만큼 다 올랐다고 이야기합니다. 그 증거로 높은 시가총액을 들고 있습니다. 필자는 이 예측에 동의하기 어렵습니다. 만약 5년이나, 10년 후를 가정한다면 더욱 잘못된 판단이라고 봅니다.

우리는 대부분의 기관과 기업, 큰손이 비트코인을 집중적으로 매집하고 있다는 사실에 주목해야 합니다. 큰손은 이더리움을 제외하면 다른 알트코인에 크게 관심이 없습니다. 자산으로서의 가치는 비트코인이 압도적입니다.

세계 자산 순위(2021년 11월 2일 기준)

Rank	Name	Market Cap	Price	Today	Price (30 days)	Country
1	Gold GOLD	$11.323 T	$1,783	-0.38%		
2	Microsoft MSFT	$2.501 T	$333.13	1.14%		US USA
3	Apple AAPL	$2.461 T	$150.02	0.71%		US USA
4	Saudi Aramco 2222.SR	$2.008 T	$10.05	-0.53%		SA S. Arabia
5	Alphabet (Google) GOOG	$1.933 T	$2,917	1.45%		US USA
6	Amazon AMZN	$1.680 T	$3,313	-0.16%		US USA
7	Silver SILVER	$1.328 T	$23.60	0.40%		
8	Bitcoin BTC	$1.190 T	$63,101	-0.26%		
9	Tesla TSLA	$1.176 T	$1,172	-3.03%		US USA
10	Meta (Facebook) FB	$912.63 B	$328.08	-0.58%		US USA

https://companiesmarketcap.com/

디지털 금이라고 불리는 비트코인은 실제 금과 비교하면 아직 갈 길이

멉니다. 금의 자산 가치는 미국 1위 기업 애플의 약 5배 정도입니다. 반면 암호화폐 시장의 경우 시가총액을 다 합쳐야 애플과 비슷해집니다. 암호화폐 시장의 규모는 전체 자본시장의 0.3%가량이라고 합니다. 시가총액 대비로는 암호화폐 시장의 성장 여력이 여전히 충분합니다.

물론 비트코인이 얼마나 상승할지, 혹은 금을 뛰어넘을 수 있을지는 아무도 모릅니다. 시장에서는 비트코인이 희소가치로 인해 꾸준한 성장을 할 거라는 예측이 우세합니다. 한국에서 '돈 나무 언니'라는 애칭으로 불리는 아크 인베스트먼트의 CEO 캐시 우드Catherine Duddy Wood는 비트코인의 가격이 50만 달러까지 간다고 전망했습니다. 제미니 거래소의 윙클보스Winklevoss 형제도 50만 달러를 예측했습니다. 물론 이는 개인적인 예측이기 때문에 곧이곧대로 믿으면 안 됩니다.

결론적으로 큰손이 꾸준히 암호화폐 시장에 진입할 것이고, 그들의 선택지는 여전히 비트코인이 될 가능성이 큽니다. 자산의 가격이 크게 상승하려면 개인투자자보다 기관투자자나 큰손의 유입이 훨씬 중요합니다.

이더리움에 주목해야 하는 이유

미국을 대표하는 투자은행 JP모건은 이더리움이 비트코인을 능가할 것이라는 의견을 낸 바 있습니다. 이더리움이 암호화폐 시장에서 더 핵심적인 역할을 하고 있다는 이유에서입니다. 실제로 2020년부터 이더리움의 가격 상승률은 비트코인을 앞질렀습니다. 하락장에서의 가격 방어도 비트코인 못지않게 잘 해내고 있습니다.

이더리움은 암호화폐이자 블록체인 **플랫폼**입니다. 블록체인 네트워크에서 가장 크고, 가장 이용자가 많은 플랫폼입니다. 동시에 전 세계를 연결하는 컴퓨터이기도 합니다. 이더리움의 영향력이 얼마나 크냐면, 비트코인 같은 결제 및 거래용 코인을 제외하면, 새롭게 탄생하고 있는 대부분의 암호화폐가 이더리움을 토대로 태어났거나, 이더리움 위에서 움직인다고 보면 틀리지 않습니다. 기술적인 측면으로만 놓고 보면 비트코인은 이더리움의 경쟁 상대가 되지 않습니다.

02 ›››

비트코인 vs. 이더리움, 최종 승자는?

비트코인의 창시자는 사토시 나카모토입니다. 12년이 넘는 긴 세월 동안 베일에 싸여있고 현재까지도 이름 외에는 알려진 바가 없습니다. 하지만 최근 미국에서 벌어지고 있는 비트코인 110만 개의 소유권 소송으로 사토시 나카모토의 실체가 밝혀질지 관심이 집중되고 있습니다. 이더리움의 창시자 비탈릭 부테린Vitalik Buterin은 세계적인 유명 인사입니다. 구글에서 검색하면 수많은 행적과 사진이 나올 정도로 왕성하게 대외활동을 하고 있습니다. 콘퍼런스 참석차 한국에도 몇 차례 방문한 적이 있습니다.

한 명의 천재가 세상을 바꾸기도 합니다. 최근으로 보자면 애플의 스티브 잡스Steve Jobs나 테슬라의 일론 머스크가 대표적인 예입니다. 외계인이라고 불리는 비탈릭 부테린도 그런 천재로 인정받습니다. 그도 처음에는 비트코인 네트워크에서 활동했습니다. 하지만 비트코인으로는 자신의 원대한 목표를 이룰 수 없다는 걸 깨닫고 2015년에 이더리움을 탄생시켰습니다.

비트코인은 1세대 암호화폐로 자산 계열로 분류됩니다. 이더리움은 2세대 암호화폐의 대표 주자로 플랫폼 계열입니다. 흔히 비트코인은 2G폰 혹은 전화기, 이더리움은 스마트폰에 비유합니다.

비트코인과 이더리움의 결정적인 차이는 프로그래밍 언어에서 비롯되었습니다. 비트코인은 처음부터 조건문과 명령문의 반복 실행을 사용할 수 없도록 설계하여 복잡한 계약 조건이 필요한 거래를 지원할 수 없습니다. 이는 비트코인이 송금이나 결제 같은 금융거래 시스템에서 사용하도록 고안되었기 때문입니다. 비트코인은 향후 새로운 기능을 추가하기도 어렵습니다.

반면 이더리움은 역할을 금융거래에 한정하지 않고, 모든 종류의 시스템을 프로그래밍 할 수 있도록 설계되었습니다. 이를 튜링 완전성이라고 합니다. 이더리움은 특정 조건에 맞으면 계약이 자동으로 실행되는 프로그램인 스마트 콘트랙트(스마트 계약)를 통해 다양한 비즈니스에서 활용할 수 있습니다.

그러면 비트코인과 이더리움 중 어떤 게 더 좋은 암호화폐일까요? 확답을 드리기는 어렵습니다. 자산으로서의 가치 및 안정성, 혁신적인 기술 및 영향력 중 어디에 무게를 두느냐에 따라 평가가 달라지기 때문입니다.

비트코인의 기술적 구조가 단순한 건 안정성을 위한 자발적 선택입니다. 덕분에 12년의 운영 기간 동안 큰 오류도, 해킹을 당한 적도, 작동이 정지된 적도 없습니다. 반면 이더리움은 뛰어난 기술력으로 산업 생태계를 바꾸는 수많은 서비스를 탄생시키고 있습니다. 둘은 서로 다른 영역에서 확고한 위치를 점유하고 있습니다. 암호화폐 시장의 규모를 키운다는 측면에서 경쟁 관계가 아닌 상생 관계에 가깝습니다.

03 ›››

블록체인, 비트코인과 무슨 관계일까?

본격적으로 비트코인 이야기를 해보겠습니다. 비트코인을 이해하려면 **블록체인**이 무엇인지부터 알아야 합니다. 블록체인의 핵심은 **분산원장기술**Distributed Ledger Technology, DLT**과 전자서명**Digital Signature입니다. 벌써 어렵다 싶으신가요? 블록체인 기술이 탄생하게 된 배경을 알면 어렵지 않게 이해됩니다.

분산원장이란 무엇일까?

분산원장이란 비트코인 거래 명세가 담긴 장부인 원장을 분산해서 여러 명이 나누어 가지는 것입니다. 어디에다가 나누어 가지는 걸까요? 바로 전 세계에 흩어져 있는 여러 컴퓨터입니다.

여기서 '원장을 굳이 왜 나눠 가져야 할까? 한 곳에 보관하면 관리하기가 더 쉽지 않을까?' 하고 의문이 들 겁니다. 그 이유는 비트코인의 존재 목적에 있습니다.

블록체인 개념도

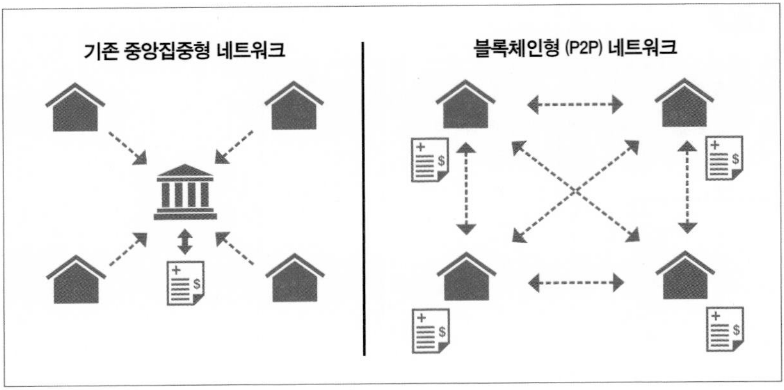

비트코인의 탄생 배경은 2008년에 닥친 금융위기입니다. 실제로 비트코인 블록체인의 첫 번째 블록인 제네시스 블록에는 이런 메시지가 담겼습니다. '2009년 1월 3일 더 타임즈: 은행들의 두 번째 구제금융을 앞두고 있는 U.K 재무장관.' 사토시 나카모토는 런던 타임즈의 헤드라인으로 글로벌 금융위기를 야기한 정부와 금융세력을 비판했습니다. 금융위기 당시 미국 정부는 금융기관에 유동성을 공급하기 위해서 달러를 대량으로 찍어냈습니다. 그런데 발행한 달러는 경제를 살리는 데 사용되지 않고, 자산시장에 모여들었습니다. 그로 인해 경제성장이 아닌 자산의 가치만 상승하였습니다. 결론적으로 부자는 더 부자가 되고, 가난한 사람은 더 가난해졌습니다.

사람들은 정부와 거대 금융기관이 주도하는 중앙화 금융 시스템에 불신이 생겼습니다. 그래서 누군가 멋대로 조작하고 움직일 수 없는 **탈중앙화** 시스템이 필요하다는 걸 깨닫게 되었습니다. 장부를 여러 명이 나누어 가지는 이유가 바로 여기에 있습니다. 탈중앙화 시스템에서는 모든 자료를 통합적으로 관리하고 저장하는 중앙기관이 존재하지 않습니다.

은행을 통해 거래한다고 가정해보겠습니다. A라는 사람이 B에게 100만 원을 송금했습니다. 그러면 이 절차는 은행이라는 중앙기관이 담보를 서고, 모든 책임을 지게 됩니다. 즉 100만 원이 숫자로 오갔다는 사실을 은행이 보증합니다. 거래 명세 역시 은행 서버에 보관됩니다.

하지만 탈중앙화 네트워크에서는 100만 원을 보냈다는 걸 검증할 기관이 없습니다. 따라서 은행을 대신할 제3자가 필요하겠죠. 그런데 단 한 명의 제3자가 계약의 정확성을 검증한다면 공정성을 확보하기 어렵습니다. 여러 명의 제3자가 계약의 유효성과 정확성을 검증해 기록한 후 원장을 나누어 가지도록 한 이유가 여기에 있습니다.

이렇게 검증에 참여하는 제3자를 **노드**Node라고 부릅니다. 모든 노드의 기록은 같고, 특정 노드를 없애도 다른 노드의 기록은 그대로 유지됩니다. 방대한 네트워크에 존재하는 수많은 노드의 데이터를 누군가 인위적으로 고친다는 건 굉장히 어려운 일입니다. 결론적으로 블록체인은 일정 시간 동안 발생한 거래 데이터를 수많은 네트워크에 공유해 위·변조를 할 수 없도록 하는 기술입니다.

이번에는 블록체인과 비트코인의 관계를 알아보겠습니다. 블록체인은 블록과 체인 2개의 단어를 합쳐서 만든 합성어입니다. 블록은 데이터를 담는 단위인데, 쉽게 계약서라고 보면 됩니다. 체인은 무언가를 묶는 도구이죠. 블록체인은 거래 데이터를 담아놓은 블록을 체인처럼 연결한 구조라는 의미에서 나온 이름입니다.

비트코인 네트워크에서는 매 순간 일어나는 비트코인 거래를 10분마다 하나의 블록으로 묶어 블록체인에 붙입니다. 그런데 블록은 마구잡이로 생성되는 게 아닙니다. 블록을 생성하기 위해서는 일정한 난이도의 문제를 풀어야 합니다. 정확히는 복잡한 수식을 풀어 조건에 맞는 **해시값**Hash Value을 찾는 것입니다. 그것을 위해 노드끼리 치열한 경쟁을 벌입니다. 10분 이내에 문제를 가장 빠르게 해결하고, 블록을 생성한 노드에 비트코인이 보상으로 지급됩니다. 이를 **채굴**마이닝이라고 부릅니다.

비트코인은 데이터 공간과 에너지를 제공해 네트워크 유지에 필요한 인프라 형성에 이바지한 것에 대한 보상입니다. 따라서 네트워크가 돌아갈 수 있게 하는 일종의 동력원입니다.

참고로 블록체인은 활용 목적에 따라서 크게 두 가지로 분류할 수 있습니다. 퍼블릭 블록체인Public Blockchain과 프라이빗 블록체인Private Blockchain입니다.

블록체인 분류

퍼블릭 블록체인	개방형 블록체인으로 누구나 트랜잭션을 생성할 수 있습니다. 우리가 흔히 이해하고 있는 블록체인이 여기에 속합니다. 누구나 참여할 수 있고, 모든 참여자의 상호 검증을 거쳐 신뢰도가 높습니다. 즉, 트랜잭션 명세가 모두에게 공개되고, 네트워크에 참여한 모든 노드가 이를 검증하고 거래를 승인합니다.
프라이빗 블록체인	폐쇄형 블록체인입니다. 주로 기업이나 기관에서 활용합니다. 서비스 제공자 즉 기업이나 기관의 승인을 받아야 참여할 수 있습니다. 승인받은 노드만 참여하고, 다른 노드의 검증을 구할 필요가 없어서 처리 속도가 훨씬 빠릅니다. 반면 서비스 제공자에 의존해야 하므로 신뢰성 확보에 한계가 있습니다.

거래의 진위여부를 검증하는 전자서명

네트워크 참여자인 노드는 거래 명세의 진위 여부를 어떤 방식으로 검증할까요? 이를 이해하려면 암호화 기술에 대해서 알아야 합니다. 암호화폐는 블록체인을 기반으로 암호화 기술Cryptography을 사용하는 전자 화폐라는 의미로 붙여진 명칭입니다. 블록체인의 암호화 기술은 크게 두 가지로 구분할 수 있습니다.

① 해시함수

블록체인과 암호화폐 기술에서 자주 등장하는 개념 중 하나가 해시함수Hash Function입니다. 앞서 채굴의 연산을 설명하면서 잠깐 언급했습니다. 해시함수의 해시Hash는 어떤 데이터를 고정된 길이의 데이터로 변환하는 것을 의미합니다. 해시함수를 거치면 원본 데이터를 알아볼 수 없도록 특수한 문자열로 변환이 됩니다. 이를 해시값이라고 합니다. 해시함수는 단방향 변환이기 때문에 해시값을 이용해 원본 데이터를 복원할 수는 없습니다.

해시함수를 이용하면 원본 데이터의 변화를 쉽게 확인할 수 있습니다. 원본 데이터에 작은 변화만 있어도 완전히 다른 해시값이 만들어지기 때문입니다. 따라서 해시함수를 통해서 데이터 조작 여부를 검증할 수 있습니다.

가령 원본 A를 받을 때 이에 대한 해시값 B를 함께 받습니다. 그리고 원본 A를 해시함수로 암호화했을 때 B와 같은 해시값이 나오는지 확인합니다. 해시값이 같으면 조작이 없었던 것이고, 다르면 원본이 조작된 것입니다.

② 비대칭 암호화

이번에는 쌍방향 암호화 기술인 비대칭 암호화Asymmetric Cryptography에 관해서 알아보겠습니다. 다른 말로 공개키 암호화Public-Key Cryptography라고도 부릅니다. 비대칭 암호화는 정보를 암호화하는 데 사용하는 키(개인키)와

블록체인 거래 명세 검증 절차

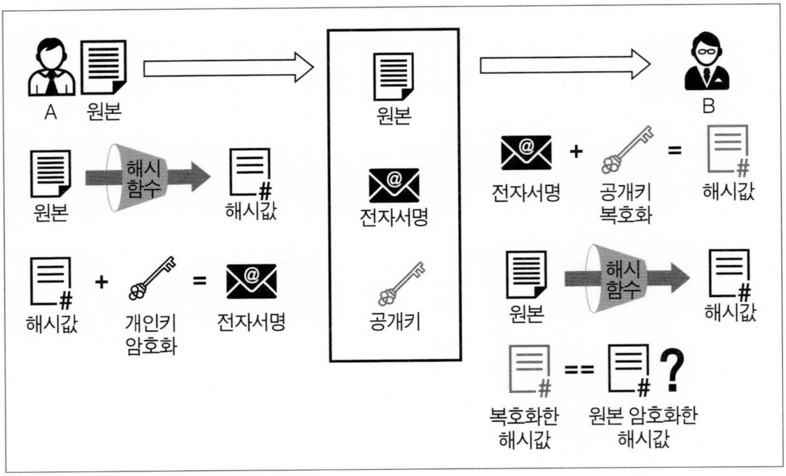

암호화된 정보를 복원하는 데 사용하는 키(공개키)가 서로 다른 암호화 방식입니다. 공개키를 지닌 사람은 누구든지 암호화된 원본을 복호화해서 메시지를 읽을 수 있습니다. 하지만 원본을 암호화하는 것은 개인키를 가진 사람만이 할 수 있습니다. 즉, 개인키를 이용해 원본을 암호화해서 보내면, 받는 사람은 공개키를 이용해 원본을 복호화할 수 있습니다. 해시함수와 비대칭 암호화를 합쳐서 전자서명Digital Signature이라고 합니다.

그러면 이 기술을 블록체인상에서 일어나는 거래에 적용해보겠습니다.

A가 B에게 비트코인을 송금한다고 가정하겠습니다. 거래 시 블록체인 네트워크에 세 가지 정보를 보냅니다. 바로 거래정보 원본, 전자서명, 공개키입니다. 네트워크 참여자인 노드는 이러한 정보로 거래 요청이 진짜인지 거짓인지를 파악합니다. 전자서명 값을 A의 공개키를 이용해 복호화하면 해시값이 나옵니다. 이와 별도로 거래정보 원본을 해시함수로 암호화해 해

시값을 얻습니다. 복호화한 해시값과 원본을 해시함수로 암호화한 해시값이 같은지를 확인하면 진위를 검증할 수 있습니다.

이것만은 알아두자 환경오염의 주범이라는 채굴, 꼭 필요한 이유

채굴은 합의 알고리즘 중 하나입니다. 탈중앙화 시스템에는 왕이나 대통령처럼 단독으로 의사 결정을 하는 존재가 없습니다. 따라서 참여자의 통일된 의사 결정이 가능하도록 합의 알고리즘을 채택하고 있습니다. 민주주의 사회의 투표와 비슷한 개념이라고 이해하시면 됩니다.

합의 알고리즘을 통해서 블록체인 네트워크 내의 노드는 최종적으로 같은 기록을 채택합니다. 노드의 의견이 맞지 않으면 거래 내용이 달라질 수 있고, 중복 지급이 발생할 수 있습니다. 이는 블록체인 네트워크의 신뢰도를 무너뜨릴 수 있습니다.

합의 알고리즘에는 대표적으로 작업증명PoW, Proof of Work과 지분증명PoS, Proof of Stake이 있습니다. 비트코인은 **작업증명 방식**입니다. 압도적인 계산력으로 연산을 풀고 블록을 생성합니다. 그런데 작업증명 방식은 막대한 전력을 사용해 에너지 소비가 발생하고, 환경에 악영향을 미친다는 비판이 뒤따릅니다.

그래서 나온 방식이 **지분증명 방식**입니다. 지분증명 방식은 힘든 연산이나 작업이 필요 없습니다. 그 역할을 돈이 대신합니다. 형편껏 돈을 넣고, 지분만큼 보상받으면 됩니다. 스테이킹이라는 용어를 들어보셨을 겁니다. **스테이킹**이 바로 지분증명의 대표적인 예입니다. 이더리움은 작업증명 방식을 사용했지만, 2.0부터 지분증명 방식으로 변경됩니다.

이 외에도 위임지분증명DPoS, Delegated Proof Of Stake 방식이 있습니다. 지분증명과 비슷하지만, 내 지분을 다른 참여자에게 위임할 수 있다는 차이가 있습니다. 간접 민주주의를 떠올리면 됩니다. 투표로 대표를 선정하고, 대표에게 권한을 위임하는 방식입니다. 위임지분증명 방식은 합의 절차가 간소해 전송 속도가 가장 빠릅니다.

그런데 작업증명은 무조건 나쁘고, 지분증명은 무조건 좋은 것일까요? 그건 아닙니다. 합의 알고리즘은 달성하고자 하는 목표에 따라서 선택된 것입니다. 비트코인이 채굴이라는 작업증명 방식을 선택한 건 신뢰도 높은 암호자산을 만드는데 가장 효율적인 방법이라고 판단했기 때문입니다. 채굴 활동은 보안을 크게 강화해서 외부의 비정상적인 공격이나 인위적인 변경을 막아주는 역할을 합니다. 결국 특정 국가나 정부의 통제를 벗어나 오랫동안 유지할 수 있는 내구성을 지니려면 그만큼의 에너지를 쓸 수밖에 없다는 뜻입니다. 이를 마이크로스트레티지의 대표이사CEO인 마이클 세일러Michael Saylor는 열역학적으로 최상위 자산이라고 표현한 바 있습니다.

04 »»

반감기로 비트코인의 주기를 예측하는 방법

지금까지 비트코인의 기술적인 측면을 알아보았다면, 이번에는 자산으로서의 가치를 고민해보겠습니다. 비트코인이 가치를 인정받는 중요한 이유 중 하나는 **2,100만 개**로 고정된 발행량에 있습니다. 현재까지 시장에 1,860만 개가량이 유통되었고, 나머지 240만 개는 대략 2140년경 채굴이 완료됩니다.

비트코인의 채굴은 2009년부터 시작되었습니다. 12년 동안 무려 90% 가까이 채굴되었습니다. 그런데 2140년에 끝난다니 좀 이상합니다. 이유는 **반감기** 때문입니다. 비트코인은 10분마다 블록이 형성되면 그에 대한 보상으로 주는 것이라고 했습니다. 그런데 반감기를 거치면 지급되는 비트코인의 양이 절반으로 줄어들게 됩니다. 비트코인은 지금까지 세 번의 반감기를 거쳤습니다.

2009년에 처음 비트코인의 채굴이 시작되었을 당시 1개의 블록을 생성할 때마다 50개의 비트코인을 보상으로 주었습니다. 하루에 7,200개의 비트코인이 발행된 것입니다. 첫 반감기는 2012년 11월 28일에 있었습니다. 반감기 이후 10분마다 25개의 비트코인이 지급되었습니다. 다음 반감기는 2016년 7월 9일로 12.5개를 지급했습니다. 세 번째 반감기는 2020년 5월 12일이었습니다. 따라서 현재는 6.25 비트코인이 제공됩니다.

다음 반감기는 언제일까요? 2024년 2월 26일경으로 예정되어 있습니다. 네 번째 반감기를 지나면 3.125 비트코인이 제공될 겁니다.

비트코인 반감기 내용

반감기	기간	블록생성 시 발행량	일일 발행량
1차	2012년 11월 28일 ~ 2016년 7월 8일	25개	3,600개
2차	2016년 7월 9일 ~ 2020년 5월 11일	12.5개	1,800개
3차	2020년 5월 12일 ~ 2024년 2월 25일	6.25개	900개
4차	2024년 2월 26일 ~	3.125개	450개

반감기를 거치면서 비트코인은 얼마나 올랐을까요?

1차 반감기 이후 2013년 말까지 약 90배가량 상승했습니다. 2차 반감기 후에는 2017년 말까지 약 31배 상승했습니다. 3차 반감기 이후의 최고점은 아직 확인되지 않았습니다. 반감기의 영향력을 조금 더 지켜보아야 합니다. 투자자가 반감기에 주목하는 이유는 비트코인이 반감기 4년을 **주기**로 움직여왔기 때문입니다. 세 번의 반감기를 거칠 때마다 1년에서 1년 반 정도 크게 오르고, 이후 정점을 찍고 다시 내려오는 패턴을 보였습니다.

비트코인이 90% 가까이 채굴되었기 때문에 반감기의 영향은 차츰 줄어

비트코인 1차 반감기와 가격 추이

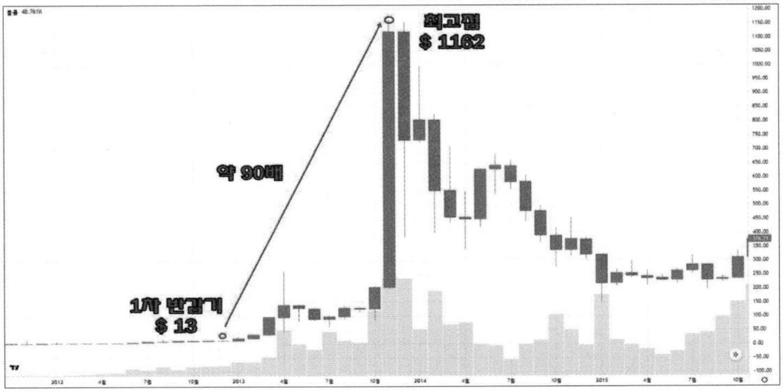

비트코인 2차 반감기와 가격 추이

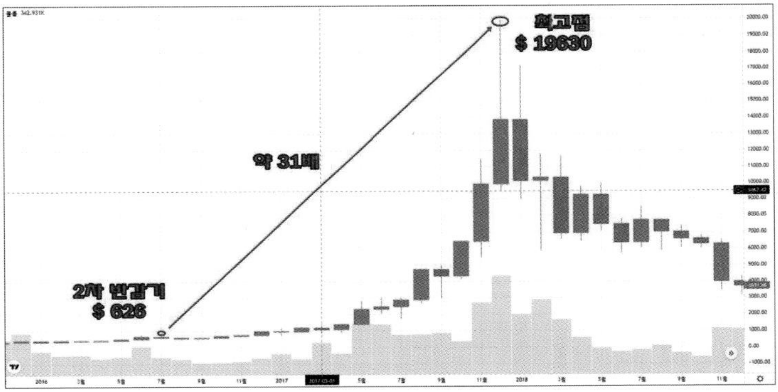

비트코인 3차 반감기와 가격 추이

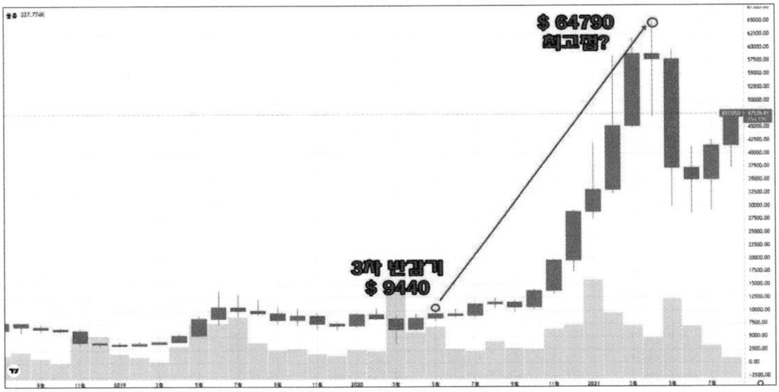

https://www.tradingview.com/chart/

들고 패턴의 변화도 조금씩 생길 겁니다. 하지만 4년 주기의 사이클은 여전히 유효하다고 봅니다. 반감기를 활용해서 장기적인 투자 전략을 세워보면 어떨까요?

05 ›››

비트코인은 인플레이션을 이길 수 있을까?

"현금은 쓰레기이다Cash Is Trash!"

헤지펀드의 제왕 레이 달리오가 2020년에 다보스 포럼 연사로 나와서 했던 말입니다. 발언의 수위가 상당히 셉니다. 레이 달리오가 현금 보유를 부정적으로 보는 이유는 **인플레이션** 때문입니다. 인플레이션이 실제로 올지 무척 궁금하실 겁니다.

팬데믹을 극복하고, 경제를 살리기 위해 각국 정부는 천문학적인 돈을 찍어내 유동성을 공급했습니다. 특히 기축통화국인 미국은 뉴딜 정책에 버금가는 대규모 부양책을 연이어 발표했습니다. 공급이 많이 늘어난 만큼 화폐의 가치는 하락할 수밖에 없습니다. 화폐의 가치가 떨어지는 만큼 물가는 오르고요. 이는 시장의 자연스러운 이치입니다. 미국의 금융기관이 비트코인을 선택하는 궁극적인 이유도 인플레이션에 따른 손해를 최소화하기 위해서입니다. 비트코인은 인플레이션 헤지에 최적화된 자산으로 평가받습니다. 발행량이 2,100만 개로 정해져 있기 때문입니다. 그뿐만이 아니라 발행량이 정해진 상태에서 반감기를 통해 공급량을 줄여나가 희소가치는 꾸준히 상승하게 됩니다.

그런데 인플레이션을 두려워하는 진짜 이유는 **금리 상승**에 있습니다. 미국의 통화금융정책을 결정하는 연방준비제도FED, Federal Reserve System는 2022년과 2023년에 각각 3차례가량의 금리인상을 예고했습니다. 또한 2022년 3월까지 테이퍼링을 마무리합니다. 금리를 올리면 어떤 상황이 벌어질까요? 우선 기업을 중심으로 한 시장 전반이 큰 부담을 느끼게 됩니다. 이자가 세졌기 때문에 기업이 부채 상환을 서두르게 되고, 신규 대출도 어려워집니다. 그러면 적극적인 사업 추진에 제약이 발생해 고용이 줄고, 성과도 줄어들게 됩니다. 투자자는 자본시장에서 조금씩 발을 빼게 되겠죠.

예금과 채권 시장은 이자율이 높아졌기 때문에 투자하기 좋은 환경이 됩니다. 돈의 이동이 발생하고 비트코인, 주식, 부동산 등 모든 투자자산의 가치는 단기적으로 하락하게 됩니다. 하지만 장기적으로는 우상향할 가능성이 큽니다. 테이퍼링과 금리인상은 경기가 회복되고 있다는 의미이기 때문입니다. 더 이상 돈을 풀지 않아도 경제성장이 가능하다는 것이죠. 이는 자본시장이 유동성 공급 없이 상승할 수 있다는 뜻이기도 합니다.

비트코인이 인플레이션 헤지에 최적화되었다는 평가를 받는 또 다른 이유는 금처럼 다른 자산과의 상관관계가 낮기 때문입니다. 하지만 최근 암호화폐 시장의 움직임은 나스닥NASDAQ의 성장주와 비슷한 양상을 보이는 일이 많았습니다. 이는 암호화폐가 전통 자산군과 동등한 반열에 올랐다는 의미로도 해석할 수 있습니다. 즉, 비트코인은 인플레이션 방어에 최적화되어 있으면서, 전통 자산과도 동등한 입지를 점유하고 있다는 것입니다.

06 »»

비트코인 돌풍의 핵 ETF

ETFExchange Traded Fund는 주식처럼 거래할 수 있고, 특정 주가지수의 움직임에 따라 수익률이 결정되는 금융 파생상품입니다.

특정 주가지수의 움직임을 따라 간다는 건 S&P 500, 나스닥 같은 지수 안에 포함된 모든 종목을 묶어놓았다는 의미입니다. 실제로 ETF라고 하면 많은 투자자가 세트 상품을 떠올립니다. 그런데 비트코인 ETF는 비트코인 딱 하나만 담아놓았습니다. 따라서 비트코인의 움직임에 따라 수익률이 결정됩니다. 더 중요한 건 **주식처럼 거래가 가능**하다는 것입니다.

비트코인을 얻는 방법은 크게 두 가지였습니다. 직접 채굴하거나, 암호화폐 거래소에서 매입하는 것이었죠. 비트코인 채굴은 개인투자자가 할 수 있는 영역이 아닌 만큼 거래소를 이용하는 게 사실상 유일한 방법이었습니다.

그런데 암호화폐 거래소를 신뢰하지 않는 투자자가 매우 많습니다. 자산이 많을수록 더 그렇습니다. 암호화폐 거래소는 주식과 달리 민간 기업에 의해 개별적으로 운영되고, 법적인 보호를 받지 못합니다. 해킹을 당하거나, 갑자기 폐쇄되더라도 아무런 보상을 못 받습니다.

거래소를 믿지 못해서 개인 지갑을 만들기도 합니다. 하지만 사용 절차가 복잡하고, 관리가 어렵습니다. 비밀번호를 잊어버리면 영원히 찾을 수 없는 단점도 있습니다.

비트코인 ETF가 출시되면 이런 고민은 모두 해결됩니다. 투자의 안전성과 편의성이 크게 높아집니다. 비트코인 ETF는 주식 거래소에서 주식과 같이 매매할 수 있습니다. 따라서 ETF가 출시되면 그동안 비트코인에 관심이 있었지만 주저하던 투자자의 유입이 늘어나게 됩니다. 공급량이 유지되는 상황에서 수요가 늘기 때문에 가격은 상승합니다.

2021년 10월 19일에 SEC는 비트코인 선물 ETF의 거래를 승인했습니다. 첫 승인을 받은 미국 프로셰어 자산운용사의 프로셰어 비트코인 스트레티지 ETF(티커: BITO)는 상장 첫날 거래량만 10억 달러(한화 약 1조 1,700억 원)를 넘겼습니다. 기대감에 의해 놀라운 상승을 했습니다. 하지만 기대만큼이나 불안 요소도 있는 게 사실입니다. 승인된 ETF가 현물이 아닌 선물 ETF이기 때문입니다.

선물은 미래 가치를 사고파는 거래로 미래 특정한 시간대의 가격이 얼마나 될지 약정하는 것입니다. 따라서 비트코인 선물 ETF는 비트코인을 실제로 매입하는 과정이 동반되지 않습니다. 시카고상품거래소CME에 존재하는 비트코인 선물을 추종합니다.

선물 ETF가 불안한 이유로는 크게 3가지 정도를 들 수 있습니다.

① 선물은 만기가 존재하기 때문에 만기 도래에 따른 롤오버Roll Over, 콘탱고Contango, 그리

고 이에 따른 현물과의 가격 괴리가 발생할 수 있습니다. 참고로 롤오버는 기존 선물을 새로운 만기일로 갱신하는 것이고, 콘탱고는 새로운 만기일로 갱신한 가격이 더 비싼 것을 의미합니다.

② 선물이 현물의 가격에 직접적인 영향을 주는 현상인 왝더독Wag The Dog이 일어날 수 있습니다.

③ ETF로의 신규 유입이 얼마나 꾸준히 이어질 것인가에 대한 의구심이 있습니다. 선물 ETF는 특성상 개인보다 기관투자자의 참여가 더욱 중요합니다.

여러 우려에도 기대감이 훨씬 높은 게 사실입니다. 비트코인 ETF의 승인은 암호화폐가 제도권에 진입했다는 상징적인 의미가 큽니다. 또한 선물 ETF가 현물 ETF의 가교 역할을 할 것이라는 전망이 지배적입니다. 비트코인 선물 ETF의 승인 직후 반에크 자산운용사가 신청한 현물 ETF의 승인이 무산되었습니다. 하지만 그레이스케일을 비롯한 여러 자산운용사가 현물 ETF에 계속 도전하고 있습니다. 피델리티, JP모건, 모건스탠리 등 미국을 대표하는 금융회사들도 비트코인 투자 상품을 준비하고 있습니다.

가장 큰 의미는 세계 최고의 금융 선진국인 미국의 증권거래소에 비트코인 ETF가 상장된 것입니다. 미국이 첫 승인을 한 만큼 한국을 비롯한 세계의 여러 나라가 비트코인 ETF를 승인할 가능성이 커졌습니다.

참고로 비트코인 ETF는 금 ETF와 비교되며 더욱 주목받고 있습니다. 금은 비트코인보다 투자 접근성이 더 떨어지는 자산입니다. 그런데 2004년 금 ETF인 GLD가 출시된 이후 투자 편의성이 크게 상승했습니다. 그 결과 금 ETF의 시가총액은 불과 8년 만에 4배 상승했습니다.

07 ›››

비트코인이 우리의 삶을 바꾼다

비트코인은 블록 크기가 1메가바이트MB로 매우 작아서 초당 약 7회의 거래를 처리할 수 있습니다. 비자나 마스터카드는 얼마나 가능할까요? 대략 1,500~2,000회입니다. 굉장히 차이가 큽니다. 비트코인이 화폐로써 적합하지 않다는 이유 역시 여기에 있습니다.

비트코인의 확장성 문제에 대한 해결책으로 등장한 것이 **비트코인 라이트닝 네트워크**입니다. 이는 비트코인의 느린 거래 속도와 높은 거래 비용을 줄여주는 기술로 비트코인을 일상 거래에 사용할 수 있도록 하는 솔루션입니다. 비트코인의 문제점을 해결하기 위한 하드포크는 몇 차례 있었습니다. 대표적으로 라이트코인과 비트코인캐시가 있습니다. 하지만 라이트닝 네트워크는 하드포크 없이 문제를 해결하는 것입니다.

방법은 비트코인 블록체인 위에 지급과 관련한 새로운 체인을 별도로 구축하는 것입니다. 이를 레이어2 솔루션이라고도 합니다. 라이트닝 네트워크는 모든 거래 명세가 블록 안에 기록될 필요가 없다는 아이디어에서 시작되었습니다.

라이트닝 네트워크는 **P2P 기반**으로 개인 간의 결제를 지원합니다. 라이트닝 네트워크를 사용하려면 거래자 사이에 결제 채널을 만들어야 합니다. 거래자는 채널에 일정량의 비트코인을 예치하고, 거래를 진행하면 됩니다. 채널이 열려 있는 동안 발생하는 결제 명세는 블록체인에 기록되지 않습니다. 채널이 닫힐 때 최종적인 결제 결과가 블록체인에 기록됩니다. 즉, 실제 결제는 외부에서 진행하고 최종적인 결과만 블록체인에 기록해 네트워크 속도를 대폭 향상하는 것입니다. 라이트닝 네트워크는 초당 10만 건의 결제 처리를 목표로 합니다. 거래 수수료 역시 제로에 가깝게 줄일 수 있습니다.

라이트닝 네트워크는 소액 거래를 처리하는 역할을 주로 합니다. 이는 비트코인을 일반 화폐처럼 사용할 수 있다는 것을 의미합니다. 앞으로 마트나 식당, 영화관 등에서 비트코인을 자유롭게 결제할 수 있는 시대가 올 것입니다. 현재 비트코인 결제를 할 수 있는 지갑은 스트라이크Strike, 브리즈Breez, 잽Zap 등이 있습니다.

비트코인 네트워크는 2017년 8월에 세그윗SegWit 업그레이드에 이어 2021년 11월, 약 4년 만에 탭루트Taproot 업그레이드를 성공적으로 완료했습니다. 이번 업그레이드에서는 슈노르Schonorr 서명을 도입해 다수의 서명을 하나의 서명으로 합쳐서 검증할 수 있도록 했습니다. 이를 통해 개인보안과 확장성이 강화됩니다. 더불어 스마트 콘트랙트 기능이 향상되었습니다. 디파이 생태계에서 비트코인의 존재감이 상승할 것이라는 전망이 나옵니다. 장기적으로 비트코인 네트워크의 생태계 확장에 큰 도움이 될 전망입니다.

08 ›››

4개의 키워드로 이해하는 이더리움

최초의 블록체인 **플랫폼**인 이더리움은 **스마트 콘트랙트** 기능으로 **애플리케이션**을 개발하고, **토큰**을 발행할 수 있는 환경을 제공합니다. 비트코인보다 기술적으로 우위에 있는 만큼 더 복잡하지만, 플랫폼, 스마트 콘트랙트, 애플리케이션, 토큰을 순서대로 이해하면 이더리움이라는 큰 그림을 볼 수 있습니다.

① 플랫폼

플랫폼이라는 용어는 여러 비즈니스에서 다양한 의미로 사용되고 있습니다. 플랫폼 하면 유튜브, 아마존, 에어비앤비 등이 떠오를 겁니다. 그런데 플랫폼은 운영체제OS, Operationg System라는 뜻을 포함합니다. OS는 컴퓨터의 하드웨어를 제어하고, 응용 소프트웨어를 위한 기반 환경을 제공해 사용자가 컴퓨터를 사용할 수 있도록 해주는 프로그램입니다. 간단히 마이크로소프트의 윈도우, 구글의 안드로이드, 애플의 iOS 등을 떠올리면 됩니다. 실제로 이더리움을 만든 부테린은 구글의 모바일 운영체제 안드로이드를 본보기로 생각했고, 암호화폐 분야의 안드로이드가 되기를 희망하였습니다.

이더리움이 플랫폼이라면 암호화폐와는 무슨 관계일까요? 이더리움 플랫폼에서 응용 프로그램을 구동하기 위해서 코인이 사용됩니다. 이더리움 네트워크 위에서 사용하는 코인의 이름도 이더리움ETH이고 줄여서 '이더'라고 부릅니다. 이더리움 코인은 이더리움 블록체인 네트워크가 돌아갈 수 있도록 하는 에너지이고, 이더리움 플랫폼의 입장권이자 이용권입니다. 그리고 투자자에게는 자산의 역할을 합니다.

② 스마트 콘트랙트

스마트 콘트랙트는 코드에 적힌 계약 조건을 만족하면 그 즉시 자동으로 계약이 성사되도록 설계된 프로그램입니다. 스마트 콘트랙트에 의해서 각 비즈니스의 다양하고 복잡한 계약 패턴을 처리할 수 있습니다. 따라서 스마트 콘트랙트가 이더리움 플랫폼의 근간이라고 볼 수 있습니다.

스마트 콘트랙트를 처리하는 컴퓨터는 이더리움 **가상장치**EVM, Ethereum Virtual Machine라고 부릅니다. 스마트 콘트랙트에 기반한 모든 디앱은 EVM 환경에서 구동됩니다.

- 개발자는 이더리움 가상머신으로 이더리움 네트워크 위에서, 이더리움이 제공하는 스마트 콘트랙트를 활용해, 정해진 규정에 따라 자유롭게 프로젝트를 진행하고 **수수료를 지급**합니다.
- 네트워크의 모든 노드는 블록 검증을 위해 EVM을 구동합니다. 여기서 같은 계산을 수

행해 같은 값을 저장합니다. 그리고 **수수료를 받습니다.**

③ 애플리케이션

이더리움 네트워크에서는 다양한 서비스가 애플리케이션 형태로 제공됩니다. 스마트폰 사용자는 이미 애플리케이션 개념에 익숙합니다. 안드로이드나 iOS 위에서 돌아가는 여러 소프트웨어를 다운로드 해서 사용하고 있으니까요. 메신저 애플리케이션으로 지인들과 안부를 전하고, 카드 애플리케이션으로 결제를 하고, 거래소 애플리케이션으로 자본시장에 투자합니다. 그 외에도 지하철 애플리케이션, 내비게이션 애플리케이션, 택시 호출 애플리케이션 등 수많은 애플리케이션이 우리의 삶을 편리하게 해주고 있습니다.

그런데 이더리움 플랫폼에서 구현되는 애플리케이션은 우리가 일반적으로 사용하는 스마트폰 애플리케이션과 다릅니다. 탈중앙화되어 있기 때문입니다. 국민 메신저 카카오톡을 떠올려보겠습니다. 카카오톡은 카카오라는 IT기업이 운영합니다. 카카오가 메인 서버를 제공하고, 고객들이 편리하게 사용할 수 있도록 지속적인 관리와 업그레이드를 합니다. 이렇게 운영 주체가 정해져 있는 애플리케이션을 중앙화 애플리케이션이라고 합니다. 유튜브, 인스타그램, 페이스북, 라인 등 우리가 자주 사용하는 애플리케이션의 대부분이 중앙화 애플리케이션입니다.

반면 이더리움 네트워크에서 돌아가는 애플리케이션은 운영 주체가 없습니다. 카카오 같은 중개인의 자리는 프로그램 코드가 대신합니다. 이를 **탈중앙화 애플리케이션**Decentralized Application이라고 하고 **디앱**DApp 혹은 **댑**

이라고 부릅니다. 이더리움 플랫폼 위에서 수많은 탈중앙화 애플리케이션이 구동되고 있습니다. 이더리움은 **오픈소스** 기술이기 때문에 누구나 새로운 애플리케이션을 만들 수 있습니다. 현재 가장 주목 받는 건 디파이와 NFT입니다. 디파이DeFi, Decentralized Finance는 탈중앙화 금융 서비스이고, NFTNon-Fungible Token는 대체 불가능한 토큰입니다. 자세한 개념은 챕터8과 챕터9에서 자세히 설명하겠습니다.

④ 토큰

암호화폐를 코인이라고 합니다. 그런데 투자를 하다 보면 토큰이라는 용어를 심심치 않게 접하게 됩니다. 코인과 토큰은 어떻게 구별할까요? 자체적인 프로토콜인 **메인넷**을 보유하고 있는 지로 판단합니다. 즉, 기존에 존재하는 다른 플랫폼에 종속되지 않고, 독립적인 생태계를 구성하면 코인이고, 다른 플랫폼 위에서 만들어지면 토큰입니다. 따라서 이더리움은 코인이고, 이더리움에서 돌아가는 디앱에서 발행한 암호화폐는 토큰입니다.

토큰은 이미 만들어진 플랫폼 위에서 생성하기 때문에 코인보다 쉽게 만들 수 있습니다. 이더리움은 **ERC-20** 프로토콜을 기반으로 누구나 자신만의 토큰을 발행할 수 있도록 했습니다. 토큰 역시 코인처럼 다양한 서비스를 운영하는 데 사용됩니다.

처음에는 토큰이었다가 코인으로 진화한 암호화폐도 있습니다. 현재는 독자적인 메인넷을 구축한 이오스, 트론 등이 이더리움 기반의 토큰이었습니다. 바이낸스 거래소에서 발행하는 BNB 코인 역시 이더리움 기반의 토큰이었다가 바이낸스 스마트 체인이 구축되면서 코인으로 바뀌었습니다.

09 »»

이더리움 2.0은 게임체인저가 될 수 있을까?

① 확장성 문제는 어떻게 해결할까?

초기 이더리움 생태계에서 가장 성공한 디앱은 고양이 육성 게임 크립토키티였습니다. 크립토키티는 이더리움을 세상에 알리는 데 공헌했지만, 이더리움이 가진 한계점 역시 고스란히 노출시켰습니다. 크립토키티의 인기로 이더리움 네트워크에는 전에 없던 트래픽이 쏠렸고, 이로 인해 서비스를 제대로 제공할 수 없는 상황이 발생했습니다. 상황을 더욱 악화시킨 건 탈중앙화 금융 디파이였습니다. 디파이의 수요가 폭증하면서 이더리움은 근본적인 변화가 필요하다는 걸 깨닫게 됩니다.

이더리움의 문제점 역시 비트코인과 마찬가지로 느린 **전송 속도**와 비싼 **가스비**입니다. 이더리움의 스마트 콘트랙트에서 계약이 성립되면 지갑 간 코인의 이동이 일어납니다. 이때 **트랜잭션**이 발생합니다. 1초당 처리할 수 있는 트랜잭션의 개수를 TPSTransaction Per Second라고 합니다. 이더리움은 약 15~45TPS입니다. 신용카드는 1,500~2,000TPS 정도입니다. 이더리움의 속도 역시 비트코인 못지않게 느립니다.

더욱 심각한 문제는 가스비입니다. 트랜잭션이 일어나면 전송 수수료인 가스비가 발생하는데, 사용자가 많아질수록 가스비가 천정부지로 상승합니다. 이더리움 네트워크가 높은 가스비를 제출한 트랜잭션을 먼저 처리하는 경매 방식을 채택했기 때문입니다.

물론 트랜잭션이 늘어날수록 가스비가 커지는 게 단점만 있는 건 아닙니다. 블록체인에 기록하는 거래의 양만큼 수수료를 지급하기 때문에 누군가 이더리움에 무한 반복 코드 공격을 하면 지급하는 수수료 역시 크게 상승합니다. 덕분에 DOS 공격을 막을 수 있습니다. 하지만 비싼 가스비가 단점으로 더 크게 작용하는 건 분명해 보입니다.

참고로 이더리움 블록체인에서 일어나는 모든 활동과 정보는 **이더스캔**(https://etherscan.io/) 사이트에서 확인할 수 있습니다. 이더리움의 블록 생성 명세, 트랜잭션, 지갑 정보 등을 조회하고, 이더리움 기반의 토큰 검색 등을 할 수 있습니다.

② 이더리움의 하드포크란?

이더리움의 확장성 문제로 카르다노, 폴카닷, 솔라나, 트론 등 수많은 경쟁자가 등장하여 압도적이었던 이더리움의 지위에 균열이 발생했습니다. 이더리움은 확장성 문제를 근본적으로 해결하기 위해 2022년을 목표로 2.0 업그레이드를 결정했습니다. 업그레이드는 한 번에 진행되지 않고, 4단계 로드맵에 따라 여러 차례의 하드포크를 통해 이뤄집니다. 2017년부터 2021년까지 비잔티움, 콘스탄티노플, 이스탄불, 뮤어 빙하, 베를린, 런던 하드포크 등이 진행되었습니다.

하드포크는 기존 소프트웨어의 소스 코드를 복사해 새로운 프로토콜을 만드는 것입니다. 쉽게 말해서 블록체인을 2개로 나누는 것입니다. 대개 하드포크는 참여자 간의 합의가 이루어지지 않아서 일어나고, 갈라진 2개의 블록체인은 독립적으로 운영됩니다. 비트코인에서 라이트코인과 비트코인캐시가 나누어진 것이 대표적인 예입니다.

반면 이더리움은 합의를 통해 하드포크를 결정하고, 새롭게 갈라져 나온 프로토콜로 함께 옮겨가는 방식을 사용합니다. 이를 구현하기 위해 이더리움의 코드에는 난이도 폭탄이 매립돼 있습니다. 하드포크가 일어나면 난이도 폭탄이 실행되고, 기존 체인의 채굴 난이도는 폭발적으로 증가합니다. 채굴이 불가능해지면서 참여자가 자연스럽게 새로운 이더리움으로 옮겨갑니다. 마치 행성 이주와 비슷합니다. 하필 이더리움의 창시자 비탈릭 부테린의 별명이 외계인입니다.

이더리움은 새로운 체인을 덧대는 레이어2 솔루션과 이를 강력하게 확장한 롤업으로 전송 속도와 가스비 문제를 일정 부분 해결했습니다. 런던 하드포크의 EIP-1559 업데이트를 하면서 가스비 지급 방식도 크게 개선했습니다. 이더리움은 기존 경매 방식을 버리고 기본 수수료 개념을 도입했습니다. 기본 수수료로 사용된 이더리움의 일부는 소각합니다. 이더리움의 거래가 많아질수록 소각되는 이더리움이 많아지고, 그에 따라 공급이 줄어들게 되는 구조입니다.

③ 이더리움 2.0의 핵심

이더리움 2.0 업그레이드의 핵심은 합의 알고리즘을 작업증명 PoW에서 지분증명 PoS로 변경하는 것입니다. 앞으로는 32이더를 예치하면 채굴기 없이 스테이킹으로 누구나 이더리움 네트워크의 검증에 참여할 수 있습니다. JP모건은 2.0이 출시되면 이더리움의 스테이킹 규모가 2025년까지 400억 달러(한화 약 45조 원)에 이를 것으로 전망했습니다. 그만큼 많은 사용자가 이더리움 2.0 업그레이드를 기대하고 있다는 의미입니다. 참고로 스테이킹 참여자를 밸리데이터Validator라고 합니다.

확장성 문제를 해결하는 근본적인 방안은 샤딩Sharding 기술입니다. 샤딩 기술이 적용된 블록체인은 샤드 체인이라고 부릅니다. 샤드 체인은 일종의 분산 저장기법으로 한 노드에서 모든 트랜잭션을 처리하던 것을 샤드 체인에서 나눠서 처리해 초당 트랜잭션 수를 늘리는 것입니다. 기술의 상세한 내용은 이 책에서는 다루지 않겠습니다. 결론적으로 이더리움 2.0으로 네트워크의 기능성이 크게 상승하고, 환경보호에 기여하게 됩니다. 이더리움의 다섯 가지 원칙인 간소성, 견고성, 지속성, 보안성, 탈중앙화도 강화됩니다.

이것만은 알아두자 이더리움, 이더리움클래식, 다오

블록체인을 활용하는 사업은 대표자, 경영자 및 이사회가 없는 새로운 형태의 탈중앙화 자율조직 다오DAO, Decentralized Autonomous Organization를 운영합니다. 다오에는 조직을 운영하는 중앙 주체가 없습니다. 대신 스마트 콘트랙트를 통해 거버넌스와 디지털 자산에 대한 소유권을 관리합니다. 쉽게 말해서 소수의 관리자가 아니라 모든 참여자에게 의사 결정권과 조직 통제력을 분산시키는 것입니다.

디파이 2.0과 NFT 열풍으로 다오도 큰 관심을 받고 있습니다. 미국의 경우 주 정부 차원에서 다오에 법적 지위를 부여하는 방안을 모색하고 있습니다. 와이오밍 주는 2021년 7월 다오를 유한책임회사로 인정하는 법안을 시행했습니다.

이더리움의 창시자 비탈릭 부테린은 2016년 3월에 투자자 주도의 벤처캐피탈 더다오The DAO를 설립합니다. 그런데 더다오는 몇 개월 뒤 해커들의 공격을 받습니다. 해커들은 더다오의 취약점을 이용해 약 520억 원가량의 이더리움을 부정하게 이동시킵니다. 이게 바로 유명한 더다오 사건입니다. 다행히 해커들이 훔쳐 간 이더리움은 출금되기 전에 발견되었고, 사건은 큰 피해 없이 마무리됩니다.

사건 이후 부테린은 취약점을 보완하고, 더다오 사건 이전으로 데이터를 되돌려 새로운 체인을 만들자고 제안합니다. 대부분이 찬성했지만, 10%가량은 기존 거래 기록을 인위적으로 수정하면 안 된다며 반대했습니다. 결국 하드포크를 반대하던 약 10%의 참여자가 업데이트하지 않고 기존 체인에 잔류합니다. 난이도 폭탄은 없애고, 블록생성을 계속해나갑니다. 그리고 **이더리움클래식**으로 이름을 바꾸고 거래소에 상장합니다. 이더리움클래식은 이더리움이 유일하게 합의를 이루지 못한 하드포크입니다.

따라서 이더리움클래식이 원래의 이더리움이고, 현재의 이더리움은 과거의 이더리움에서 하드포크 해 만든 것입니다. 이더리움과 달리 이더리움클래식은 작업증명 알고리즘을 고수하고, 발행량이 2.3억 개로 한정되어 있습니다.

10 »»

이더리움 생태계가 무한한 가치를 지닌 이유

투자자로서는 기술도 중요하지만, 이더리움이 높은 수익을 안겨 줄 수 있을지가 더 중요합니다. 이번 장에서는 이더리움의 가치가 꾸준히 상승할 수밖에 없는 이유를 알아보겠습니다.

① 독보적인 네트워크 생태계의 구축

플랫폼과 디앱의 관계는 백화점과 브랜드의 관계에 비유할 수 있습니다. 플랫폼은 물건을 판매할 수 있는 인프라를 지닌 백화점의 역할을 합니다. 디앱은 백화점에 입점한 브랜드가 됩니다. 백화점에 유명한 브랜드가 많이 입점해 있으면 고객이 늘어나고, 매출도 올라갑니다. 백화점의 가치 역시 자연스럽게 높아질 겁니다.

이더리움도 마찬가지입니다. 이더리움 생태계에서 돌아가는 디앱의 숫자가 늘어나면 사용자의 유입이 늘어나고, 그만큼 이더리움의 가치는 상승하게 됩니다. 이더리움은 블록체인 플랫폼 분야의 압도적인 1위입니다. 시가총액 100위 이내에 있는 토큰 대부분이 ERC-20 기반으로 이더리움 생태계에서 돌아갑니다. 이더리움 플랫폼에 등록된 애플리케이션 수는 2021년 8월 기준으로 약 2,380개에 달하고, 2위인 트론과도 1,000개 이상의 격차가 납니다.

블록체인 플랫폼별 운영 중인 디앱 수(2021년 8월 1일 기준)

플랫폼	이더리움	트론	이오스	스팀	온톨로지
디앱 수	2,380개	1,289개	575개	77개	55개

https://dappradar.com/

2.0 업그레이드가 완료되면 생태계 확장은 더욱 가속됩니다. 지금까지는 높은 가스비 때문에 개발자가 이더리움을 사용하고 싶어도 하지 못하는 경우가 있었습니다. 가스비 문제가 해결되면 그동안 개발이 지연되었던 프로젝트가 재개됩니다. 디앱의 수는 가파르게 늘어나고, 이는 이더리움과 더불어 알트코인의 상승까지 이끌게 될 겁니다. 이더리움 네트워크의 상승효과는 메트칼프 법칙Law of Metcalfe으로도 설명할 수 있습니다. 메트칼프의 법칙은 네트워크의 규모가 커짐에 따라 그 비용은 직선적으로 증가하지만, 네트워크의 **가치는 기하급수적으로 증가**한다는 것입니다.

② 공급 대비, 수요의 급격한 증가

블록체인 플랫폼에서 가장 많은 수익을 발생시키는 건 탈중앙화 금융 디파이입니다. 디파이펄스에 따르면, 시장 규모를 나타내는 이용자 예치금TVL, Total Value Locked은 2020년 6월 1일 기준으로 8억 3,000만 달러(한화 약 9천억 원) 수준이었습니다. 그런데 1년만인 2021년 6월 1일에는 624억 달러(한화 약 70조 원)로 75배 이상 증가했습니다.

디파이 예치금 현황

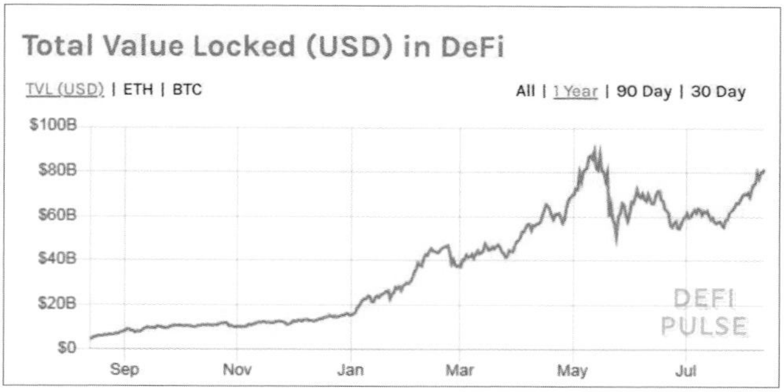

https://defipulse.com/

시장에는 이더리움 기반의 디파이가 가장 많고, 이들은 이더리움을 기축 통화로 사용합니다.

이더리움 예치금 TOP5 디파이

DEFI PULSE	Name	Chain	Category	ETH ▼	1 Day %
1.	Maker	Ethereum	Lending	2.3M	0.22%
2.	Aave	Multichain	Lending	1.8M	-0.61%
3.	InstaDApp	Ethereum	Lending	1.4M	-4.62%
4.	Compound	Ethereum	Lending	1.4M	0.50%
5.	Uniswap	Ethereum	DEXes	776.4K	-0.97%

https://defipulse.com/

예치금 최상위권 메이커, 컴파운드, 유니스왑 등이 모두 이더리움 기반입니다. 디파이 수요가 늘어날수록 이더리움의 수요 역시 증가합니다. NFT 시장의 급격한 성장도 이더리움의 호재입니다. 블록체인 데이터 플랫폼 디앱레이더에 따르면 2021년 3분기 NFT 거래액은 106억 7,000만 달러, 한화 약 12조 6,500억 원입니다. 이는 지난해 같은 기간 대비 704%가량 성장한 것입니다. 크립토펑크CryptoPunks를 비롯한 주요 NFT는 대부분 이더리움 기반의 ERC-721 토큰입니다. 더불어 이더리움은 소각으로 공급량을 꾸준히 줄여나갑니다. 따라서 이더리움의 가치는 상승하게 됩니다.

③ 기관투자자의 꾸준한 유입

비트코인 다음으로 기관투자자가 주목하는 암호화폐는 이더리움입니다. 북미 1위 거래소 코인베이스에 따르면 디파이가 기관투자자의 관심을 기반으로 급성장하면서 2021년 상반기 동안 이더리움에 대한 기관투자자의 수요 역시 크게 늘었다고 합니다. 그레이스케일 인베스트먼트와 코인셰어스 역시 결산 보고서에서 이더리움의 기관투자자 수요가 늘어났다는 분석을 내놓은 바 있습니다.

비즈니스에서 이더리움을 사용할 수 있도록 지원하는 이더리움 기업연합EEA, Enterprise Etherum Alliance이 있습니다. 마이크로소프트, 인텔, JP모건, SAP 등의 글로벌 기업들이 EEA의 이사회 멤버입니다. 현재 EEA의 이사회 멤버가 꾸준히 늘어나고 있습니다.

이더리움의 성장에는 **전제 조건**이 있습니다. 탈중앙화 애플리케이션이 많은 사람으로부터 가치를 인정받아야 합니다. 탈중앙화 애플리케이션은 중앙화 애플리케이션이 제공하는 모든 서비스를 구현할 수 있습니다. 그런데 중앙화 애플리케이션처럼 중개인이 있으면 서비스를 더 편리하게 이용할 수 있는 것도 사실입니다. 머지않은 미래에 카카오톡이나 유튜브, 배달의 민족 같은 애플리케이션을 대체할지도 모르지만, 아직은 초기 단계입니다. 그러면 탈중앙화 애플리케이션이 지닌 확고한 강점은 무엇일까요?

① 중개 수수료를 사용자가 가지고 올 수 있습니다.
② 소중한 개인정보를 넘겨주지 않아도 됩니다.
③ 거대 조직의 정책에 휘둘리지 않아도 됩니다.

결국, 탈중앙화 애플리케이션의 핵심은 사용자가 서비스와 정보의 주도권을 가질 수 있다는 것입니다. 참고로 개인이 자신의 정보에 대한 완전한 통제권을 갖도록 하는 기술을 탈중앙화 신원증명DID, Decentralized Identifier, 분산 아이디이라고 합니다. 탈중앙화 신원증명은 기존의 신원 확인 방식과 달리 중앙 시스템에 의해서 통제되지 않습니다. 사용자가 퍼블릭 블록체인에 연동된 디지털 지갑에 자신의 개인정보를 담아서 필요할 때마다 개인키를 입력해 인증하는 방식입니다.

사실 중앙화된 시스템에 방대한 양의 개인정보를 보관하면 상당히 위험합니다. 한 번의 해킹 공격으로도 개인정보가 대량으로 유출될 수 있기 때문입니다. 우리는 수없이 많은 개인정보 유출을 경험하고 있습니다.

11 ›››

블록체인 플랫폼은 얼마나 많은 수익을 창출할까?

예치금 TVL(Total Value Locked) 확인하기

디파이의 규모를 가늠하는 척도로 활용되는 TVL은 디파이에 예치된 자산 규모의 총합계를 뜻합니다. 예치된 코인이 많을수록 투자자의 관심이 높다는 것을 의미합니다.

디파이펄스 메인화면

https://defipulse.com/

디파이라마 메인화면

https://defillama.com/home/

TVL은 디파이펄스와 디파이라마 사이트에서 확인할 수 있습니다. 일반적으로 TVL이 클수록 시가총액도 큽니다. 하지만 모든 지표가 마찬가지이듯 TVL만으로 투자 여부를 판단해서는 안됩니다. 프로젝트의 사업 성장성을 고려해서 종합적으로 검토해야 합니다.

멀티플(PSR / PER) 확인하기

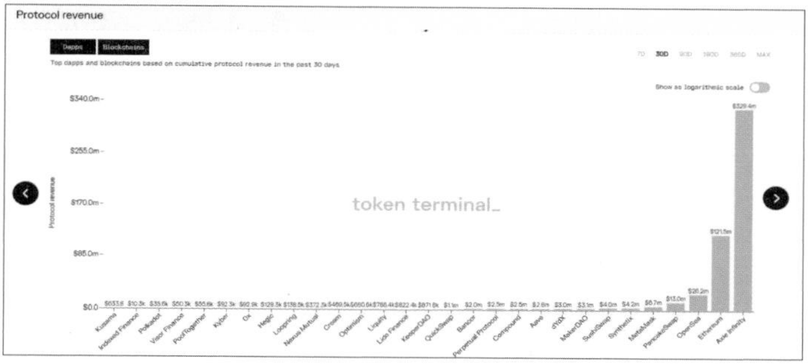

https://www.tokenterminal.com/

프로토콜에서 발생한 매출과 수익, PSR, PER 등의 지표로 투자를 결정할 수도 있습니다. 주식의 기업 가치 평가와 가장 유사한 방식입니다.

프로토콜 세부 성과 현황

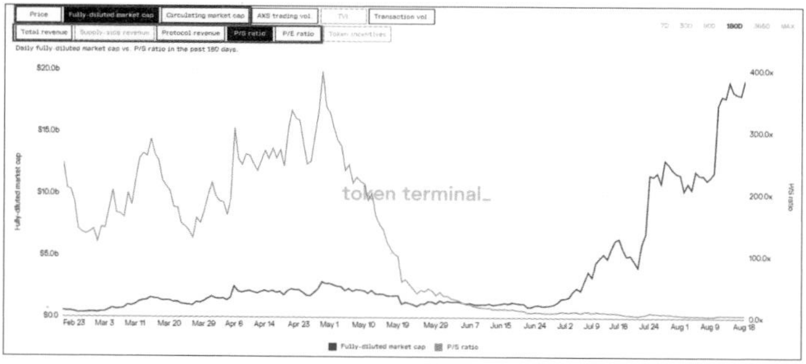

https://www.tokenterminal.com/

- Price: 토큰의 가격 • Fully-diluted Market Cap: 완전히 희석된 시가총액(발행량 기준 시가총액)
- Circulating Market Cap: 시가총액(유통량 기준 시가총액) • Total Revenue: 총 수익(매출)
- Protocol Revenue: 수익 • P/S Ratio: PSR, 주가 매출 비율 • P/E Ratio: PER, 주가 수익 비율

복잡해 보이지만 엑시인피니티를 예로 들어 단순하게 설명하겠습니다.

2021년 7월, 게임의 수익이 약 5.5배가량 증가하자 업비트 기준으로 3,000~4,000원이었던 엑시인피니티샤드AXS 토큰의 가격은 무려 8만 원 이상으로 20배 가까이 상승했습니다. 200위권이었던 시가총액은 순식간에 35위권으로 올라섰습니다(2021년 8월 15일 기준). 통상 토큰의 가격이나 시가총액은 프로토콜의 수익이 커질수록 동반 상승합니다. 따라서 매출의 상승과 하락 추이를 관찰하면 향후 코인의 가격 움직임을 어느 정도 예측할 수 있습니다. 물론 수익과 코인의 가격이 같은 비율로 상승하는 건 아닙니다.

다음으로 PER과 PSR입니다. 주식투자에서 멀티플은 가장 중요한 지표 중 하나입니다. 멀티플은 우리말로 배수이고, 무엇의 몇 배라는 뜻으로 사용됩니다. 대표적인 멀티플로는 PER, PBR, PSR 등이 있습니다. 주가수익비율PER, Price Earning Ratio이란 주식의 가격이 1주당 수익의 몇 배가 되는가를 나타내는 지표입니다.

PER = 주가 / 1주당 당기순이익 = 시가총액 / 총수익

예를 들어보겠습니다. 어떤 기업의 주식 가격이 1만 원입니다. 그런데 1주당 수익이 1,000원이라면 PER은 10,000 / 1,000으로 계산해서 10이 됩니다. 공식에서 유추할 수 있듯 시가총액의 상승률보다 수익의 상승률이 높을수록 PER은 내려갑니다. PER이 높으면 창출하는 순이익에 비해 가격이 높은 것이고(고평가), PER이 낮으면 순이익에 비해 주식 가격이 낮은 것(저평가)입니다. 가치투자에서는 PER이 낮은 종목을 안정적으로 보는 편입니

다. 토큰의 PER은 희석된 시가총액 / 프로토콜 수익으로 산출됩니다.

주가 매출 비율PSR, Price Selling Ratio은 수익이 아닌 매출을 기준으로 산출하며 주식을 기준으로 설명하면 아래의 공식으로 산출됩니다.

PSR = 주가 / 1주당 매출액 = 시가총액 / 총매출

토큰의 PSR은 희석된 시가총액 / 총 수익(매출)으로 산출됩니다. 나머지 원리는 PER과 동일합니다. 주식시장에서는 섹터별로 적정 PER과 PSR이 형성되어 있습니다. 이를 이용해서 적정 주가를 계산하기도 합니다. 하지만 암호화폐 시장에는 적정한 멀티플이 아직 형성되지 않았습니다. 게다가 유의미한 수익을 올리는 프로토콜이 많지 않습니다.

따라서 절대적인 수치는 큰 의미가 없습니다. 다른 토큰과의 상대적인 비교를 통해서 저평가 여부를 확인하는 게 좋습니다. 그리고 수익 대비 가격의 변화 추이를 살펴보면서 단기·중기·장기 전략을 세우면 투자에 도움이 됩니다.

CHAPTER 5

100배 오를 알트코인에 주목하라

모두가 두려워할 때 욕심을 내고,

모두가 욕심을 낼 때 두려워하세요

01 ›››

알트코인을 분류하는 세 가지 기준

비트코인을 제외한 나머지 모든 코인을 **알트코인**이라고 부릅니다. 알트코인의 알트 Alt는 얼터너티브Alternative에서 따온 것으로 **대안**이라는 뜻입니다. 비트코인을 대신하는 암호화폐라는 의미에서 붙여진 이름입니다. 비트코인과 다른 저마다의 가치와 방향성을 추구하겠다는 것이죠. 알트코인의 핵심은 **미래 비전**과 **성장 가능성**입니다. 참신한 아이디어와 과감한 실행력으로 세상을 바꾸어 나가는 알트코인 프로젝트가 다수 존재합니다. 이러한 프로젝트들이 향후 가치를 인정받으면 100배 이상의 가격 상승을 이룰 수 있습니다. 물론 미래에 대한 기대감이 너무 커서 가치가 과대평가된 측면도 있습니다. 따라서 알트코인에 투자할 때는 비트코인보다 더욱 철저하게 투자원칙을 세워야 합니다.

알트코인의 종류가 너무 많다 보니 적절한 기준으로 분류할 필요가 있습니다. 분류를 통해 같은 카테고리에 속한 코인을 한 번에 파악할 수 있고, 서로의 장·단점을 비교할 수 있습니다. 공인된 분류 방법은 없습니다. 언

타이틀드 주식회사Untitled INC에서 만든 다섯 가지 관점의 분류가 인터넷상에서 자주 보입니다. 언타이틀드 주식회사는 암호화폐를 주요 목적, 유용성, 법적 지위, 근본적 가치, 기술 계층에 따라 구분합니다. 단점은 복잡해서 개인투자자가 이해하기 쉽지 않다는 것입니다.

스위스의 금융시장감독청 핀마FINMA는 암호화폐를 기능에 따라서 세 가지 유형으로 분류했습니다. 지급형, 유틸리티형, 증권형입니다. 기능별 분류라는 면에서 효율적이지만, 이 분류에도 결점은 있습니다. 블록체인 기반의 서비스에 활용되는 모든 암호화폐를 유틸리티형에 담아서, 사실상 대부분의 암호화폐가 여기에 포함됩니다. 암호화폐의 기능 분류는 개인적으로 다음의 세 가지가 적합하다고 봅니다.

① 결제 및 거래 암호화폐

② 플랫폼 암호화폐

③ 유틸리티 암호화폐

이 중 가장 주목해야 하는 건 ②번 플랫폼 암호화폐입니다. 플랫폼 암호화폐를 중심으로 블록체인 생태계가 구성됩니다. 생태계 위에서 수많은 프로젝트가 태어나고, 함께 성장합니다. 참고로 암호화폐는 기능별 분류 외에도 계열별, 세대별, 국가별, 산업별 등으로 다양하게 나눌 수 있습니다.

이번 장에서는 각 카테고리에서 관심이 집중되는 코인을 최대한 많이 다루었습니다. 하지만 **절대 종목 추천은 아니라는 점**을 미리 알려드립니다. 투자는 반드시 자신의 판단으로 해야 합니다.

02 »»

제2의 비트코인을 꿈꾸는 결제 및 거래 암호화폐

결제 및 거래를 위한 코인은 대부분 1세대 암호화폐입니다. 1세대 암호화폐의 대장은 단연 비트코인입니다. 앞서 비트코인은 가치저장수단, 즉 자산의 용도라고 했습니다. 그런데 비트코인의 최초 탄생 목적은 금융거래였습니다. 결제 및 거래 암호화폐에는 비트코인에서 하드포크 한 코인이 많습니다. 라이트코인, 비트코인캐시 등이 이에 해당합니다. 용도 역시 비트코인과 비슷합니다.

비트코인 계열은 아니지만, 한국 투자자들 사이에서 인기가 좋은 코인 중 하나인 리플도 같은 분류에 포함할 수 있습니다. 리플은 은행 간 국제 송금을 위해서 태어났습니다. 가격 변동성이 거의 없는 안정적인 암호화폐 스테이블 코인도 결제 및 거래용으로 분류됩니다. 스테이블 코인은 이번 장에서 다루지 않고, 8장 디파이 편에서 설명하겠습니다. 그러면 대표적인 결제 및 거래 암호화폐를 알아보겠습니다. 참고로 비트코인은 앞장에서 충분히 설명했기 때문에 생략합니다.

비트코인 계열, 비트코인을 기반으로 태어나다

라이트코인 (LTC)	비트코인에서 하드포크 한 코인입니다. 비트코인과 본질이 같다고 평가되는 암호화폐로 은색 비트코인 혹은 디지털 은이라고 불립니다. 자산 계열에서는 비트코인 다음으로 시가총액이 높습니다. 비트코인과의 차이는 속도입니다. 라이트닝 네트워크라는 저장 방식을 도입해 비트코인보다 거래 명세 처리 속도가 빠릅니다. 발행량은 8,400만 개로 정해져 있습니다. 채굴 난이도 역시 비트코인보다 낮습니다. 그레이스케일에서 투자한 암호화폐 중 하나입니다.
비트코인 캐시 (BCH)	라이트코인과 마찬가지로 비트코인에서 하드포크 했습니다. 비트코인 거래량이 증가하면서 저장 용량의 문제가 발생하자 이에 대한 해결 방식을 논의하는 과정에서 분리되었습니다. 비트코인과 기술 구조가 거의 같지만, 기술적인 장점은 좀 더 많습니다. 블록 용량이 크고, 송금 속도가 빠르며, 거래 수수료도 저렴합니다. 세계 최대의 암호화폐 채굴업체 비트메인의 회장이자 시장에서 큰 영향력을 지닌 우지한(Wu Jihan)이 만든 코인입니다. 그레이스케일에서 투자하는 주요 코인 중 하나입니다.
비트코인 SV (BSV)	비트코인캐시에서 하드포크 해서 나왔습니다. 블록체인 진영의 의견 차이로 분리되었고 비트코인의 원형을 복원하기 위한 목적이 강합니다. 사토시 나카모토가 처음 내놓은 비트코인 백서의 정신을 계승해야 한다고 주장합니다.
이캐시 (XEC)	비트코인캐시에서 하드포크 했으며, 원래의 명칭은 비트코인캐시에이비시(BCHA)였습니다. 이후 이캐시라는 새로운 이름으로 리브랜딩했습니다. 리브랜딩 과정에서 1:1,000,000 비율로 물적 분할을 했습니다. 비트코인캐시에이비시 1개에 이캐시 100만 개로 전환 지급되었습니다. 소액 투자를 유도하려는 목적이 성공했고, 2021년 8월 중순 이후 급격한 가격 상승을 이루었습니다.
비트코인 골드 (BTG)	비트코인에서 하드포크 했습니다. 기존 비트코인 채굴은 ASIC 채굴기라는 장비가 있어야 하지만, 비트코인골드는 GPU로도 가능하도록 해서 개인에게도 채굴의 기회를 주었습니다.

리플 계열, 은행의 역할을 대체하다

리플 (XRP)	해외 송금을 위해서 탄생한 암호화폐입니다. 국제 은행 간 결제 시스템 스위프트(Swift)를 대체하는 게 주요 목적입니다. 스위프트를 이용하면 송금 시간이 3~4일 정도 걸리고 수수료도 비쌉니다. 반면 리플은 P2P(개인 간 거래)로 환전 거래가 이루어지기 때문에 중개 기관이 필요 없고, 시간과 비용도 크게 절약할 수 있습니다. 리또속이라는 용어가 있습니다. '리플에 또 속았다'의 약자인데요. 그만큼 한국 투자자 사이에서 애증의 코인이라고 볼 수 있습니다. 2020년 말, 리플은 미국 증권거래위원회 SEC로부터 미등록 증권이라는 이유로 소송을 당했습니다. 현재 소송은 진행 중이고, 승소하면 큰 폭의 가격상승이 기대됩니다.

스텔라루멘 (XLM)	리플에서 하드포크 했습니다. 간단히 스텔라라고 부릅니다. 리플과 같이 국제 송금 및 개인 간의 빠른 송금을 목표로 합니다. 수수료가 거의 없고, 자금의 이동이 빠릅니다. 스텔라의 창시자는 리플을 함께 개발한 제드 맥케일럽(Jed McCaleb)이고, 그는 세계 최초의 암호화폐 거래소 마운트곡스를 만든 암호화폐 업계의 유명 인사입니다(마운트곡스는 2014년에 해킹 사건으로 파산했습니다). 스텔라는 리플과의 차별화 전략으로 개발도상국의 금융 시스템 개발에 초점을 두고 있습니다.
나노코인 (NANO)	리플보다 처리 속도가 빠른 국제 송금용 암호화폐입니다. 제2의 리플이라고 불립니다. 전송 수수료가 없고, 빠른 거래가 가능하며, 무한한 확장성이 있습니다. 총발행량은 1억 3천만 개이고, 2017년에 모두 배포 완료되었습니다. 인플레이션 이슈가 없다는 장점이 있습니다.

결제용 코인, 화폐 본연의 역할을 꿈꾸다

도지코인 (DOGE)	2013년, 당시 인터넷에서 인기를 끌던 일본의 시바견 이미지로 개발자들이 장난삼아 만들었습니다. 일론 머스크 코인으로 유명합니다. 머스크의 예찬과 관련 트윗으로 가격이 급등했고, 머스크를 중심으로 커뮤니티가 탄탄하게 형성되었습니다. 처음에는 장난으로 만들었지만, 현재는 진짜 사용처가 늘어나고 있습니다. 참고로 무한 발행 코인입니다.
크립토닷컴 체인 (CRO)	암호화폐 결제 서비스가 거의 없었던 시절부터 개발에 착수해 독보적인 위치를 구축했습니다. 모나코(Monaco)라는 이름을 사용하다가 크립토닷컴으로 변경했습니다. 카드, 거래소, 송금 등으로 서비스를 확장했습니다. 비자 선불카드를 만들어서 전 세계 비자카드 가맹점에서 암호화폐로 결제할 수 있는 환경을 구축했습니다. 크립토닷컴 코인(CRO)이 기축통화로 사용됩니다.
펀디엑스 (PUNDIX)	일상생활에서 암호화폐를 손쉽게 사용할 수 있도록 하는 블록체인 결제 시스템 프로젝트입니다. 싱가포르에서 시작되었고, 현재 필리핀, 인도네시아 등 8개국에 지사를 두고 있습니다. 펀디엑스가 자체 제작한 포스 시스템과 연동해 펀디엑스 암호화폐가 결제됩니다. 9.5원이라는 저렴한 가격으로 국내 투자자들 사이에서 인기가 높았지만, 1000 대 1 스왑을 단행하면서 가격이 1000배나 올라 신규 투자자의 유입이 줄었습니다.
오미세고 (OMG)	'은행에서 벗어나자'는 슬로건을 내걸고 탈은행화를 추구하는 프로젝트로 시작했습니다. 이후 2020년 레이어2 솔루션 'OMG 네트워크'로 리브랜딩했습니다. 그리고 2021년 11월 보바 네트워크와 파트너십을 맺으며 다시 한 번 리브랜딩을 했습니다.

※ 도지코인은 밈(Meme)코인으로 분류됩니다. 밈은 리처드 도킨스(Richard Dawkins)의 저서 《이기적 유전자》에서 처음 등장한 단어로 문화적 진화를 이끄는 새로운 복제자라는 의미입니다. 현재는 인터넷에서 모방을 통해 유행처럼 번지는 문화적 현상이나 콘텐츠를 지칭합니다. 결론적으로 밈코인은 인터넷에 유행하는 사진이나 영상 등을 기반으로 만들어진 암호화폐입니다. 장난으로 시작되었고, 기술적으로 큰 가치는 없습니다. 하지만 밈코인은 거래자와 커뮤니티가 존재의 가치를 증명합니다. 대표적으로 도지코인, 시바이누, 진도지 등이 있습니다.

다크코인, 범죄의 도구인가? 프라이버시의 보호인가?

비트코인을 비롯한 일반적인 암호화폐는 누가 누구에게 보냈는지, 얼마의 돈을 보내는지 확인할 수 있습니다. 반면 다크코인은 발신자의 지갑 주소와 송금액 등을 블록체인 상에서 확인할 수 없도록 처리한 익명성 암호화폐입니다. 프라이버시 코인이라고도 부릅니다.

자금 세탁을 비롯한 각종 범죄와 관련이 있다는 이유로 여러 국가에서 퇴출 움직임이 있습니다. 다크코인이라고 불리는 이유도 여기에 있습니다. 한국은 〈특정금융정보법〉에 의해 거래가 금지되었습니다. 국내 암호화폐 거래소에 상장했던 다크코인은 모두 상장 폐지 되었습니다. 바이낸스, 후오비, FTX, 오케이이엑스 등의 거래소에서 매매할 수 있습니다.

모네로 (XMR)	일회용 서명과 일회용 주소를 활용해 개인 정보를 보호합니다. 다크코인 중 시가총액이 가장 높습니다. 실제로 범죄에 여러 번 연루되었고, 국내에서는 N번 방 사건에서 운영자들이 회원들로부터 가입비를 받을 때 일부를 '모네로'로 받았다는 사실이 알려지며 유명해졌습니다.
대시 (DASH)	처음 명칭은 X코인이었고, 이후 익명성을 강조하기 위해 다크코인으로 바꾸었다가 지금에 이르게 되었습니다. 개인 정보를 보호하는 프라이빗샌드, 빠른 결제를 지원하는 인스턴트샌드, 블록체인 기록 위·변조 방지를 위한 체인락스 기능으로 나누어져 있습니다.
지캐시 (ZEC)	투명과 방패라는 두 가지 전송 방법을 사용합니다. 투명은 일반적인 암호화폐처럼 명세를 확인할 수 있고, 방패는 익명 거래입니다. 이를 위해 영지식 증명(Zero-Knowledge Proof)이라는 특수한 기술을 사용합니다. 비트코인과 같이 발행량은 2,100만 개이고, 4년이라는 반감기를 가집니다. DCG 그룹의 베리 실버트가 가장 적극적으로 지원하는 코인 중 하나입니다. 그레이스케일 자산운용사의 주요 포트폴리오 중 하나입니다.
호라이즌 (ZEN)	본래 젠캐시(Zencash)라는 이름으로 시작했고, 2018년에 리브랜딩을 통해 호라이즌으로 변경했습니다. 지캐시와 마찬가지로 영지식 증명 기술로 개인 정보를 보호합니다. 지캐시와 마찬가지로 DCG 그룹의 베리 실버트가 가장 적극적으로 지지하는 코인입니다. 그레이스케일 자산운용사가 투자하고 있습니다.

03 ›››

이더리움의 왕좌를 넘보는 플랫폼 암호화폐

플랫폼 암호화폐의 개념은 이더리움을 설명하면서 알려드렸습니다. 바로 블록체인 플랫폼에서 기축통화의 역할을 합니다. 플랫폼의 궁극적인 지향점은 이더리움과 같습니다. 독자적인 블록체인 생태계를 구축하고, 스마트 콘트랙트를 활용해 다양한 서비스를 지원하는 것입니다. 이더리움이 2세대 암호화폐라면, 이후 등장한 플랫폼 암호화폐는 3세대입니다. 이더리움의 전철을 밟지 않기 위해 설계할 때부터 확장성을 고려했습니다.

이더리움의 강력한 경쟁자 TOP 4

블록체인 플랫폼의 경쟁이 치열합니다. 이 중에서도 제2의 이더리움이라고 불리며 시장에서 큰 주목을 받는 블록체인 플랫폼은 카르다노, 솔라나, 바이낸스 스마트 체인, 폴카닷입니다.

① **카르다노(ADA)**

이더리움의 공동 창업자 출신인 찰스 호스킨슨Charles Hoskinson이 2015년에 설립했습니다. 3세대 암호화폐의 대표주자 중 하나로 꼽히고, 시가총액 역시 이더리움과 솔라나 다음으로 높습니다(2021년 11월 2일 기준). 카르다노는 블록체인 플랫폼이고, 에이다는 플랫폼 위에서 작동하는 암호화폐의 이름입니다. '카르다노'라는 명칭은 의사 겸 수학자 지롤라모 카르다노Girolamo Cardano에서 따왔습니다. 에이다는 인류 역사상 최초의 프로그래머로 평가받는 에이다 러브레이스Ada Lovelace의 이름에서 차용했다고 전해집니다.

채굴 없이 우로보로스 **지분증명** 방식으로 신규 코인을 발행합니다. 뛰어난 안정성과 친환경성을 자랑합니다. 카르다노는 지지하는 사용자와 비판하는 사용자가 가장 뚜렷하게 갈리는 암호화폐입니다. 카르다노가 과대평가 되었다고 주장하는 진영은 6년 넘게 스마트 콘트랙트를 갖추지 못했다는 걸 문제 삼습니다. 반면 지지하는 진영은 찰스 호스킨슨의 통찰력과 리더십을 굳게 신뢰하고 있습니다.

카르다노는 2021년 9월 13일, 메인넷에 스마트 콘트랙트 기능을 적용하는 **알론조** 업그레이드를 완료하며 영향력을 다시 한 번 증명했습니다. 카르다노는 금융이 낙후된 아프리카 지역의 발전에 기여하기를 원하고, 실제로 호스킨슨은 아프리카가 디파이 개발의 미래가 될 수 있다고 주장한 바 있습니다.

② **솔라나(SOL)**

이더리움의 TPS가 약 15~45인데 반해 솔라나는 5만을 웃돕니다. 거기다 수수료는 무료에 가깝습니다. 이더리움의 확장성 문제로 가장 많은 혜택을 얻은 프로젝트 중 하나입니다. 기존의 플랫폼은 확장성 문제를 해결하기 위해 샤딩 기술을 도입하는데, 솔라나는 역사증명 합의 알고리즘으로 이를 해결했습니다. 솔라나 생태계는 대단히 빠르게 성장하고 있고, 프로젝트 간 시너지도 증가하고 있습니다. 현재 시가총액 5위입니다(2021년 11월 2일 기준). 암호화폐 거래소 FTX의 적극적인 지원을 받으며 크게 성장했습니다. FTX는 솔라나를 기반으로 탈중앙화 거래소 세럼Serum을 출시했습니다.

솔라나에도 아킬레스건은 있습니다. 이더리움을 포함한 대부분의 플랫폼 블록체인이 **솔리디티**Solidity라는 언어를 사용하지만, 솔라나는 뛰어난 보안성을 이유로 **러스트**Rust를 사용합니다. 블록체인 플랫폼은 좋은 개발자의 풀을 확보하는 게 중요합니다. 그래야 생태계가 성장할 수 있습니다. 하지만 솔리디티에 비해 러스트는 사용성이 부족합니다.

③ 바이낸스 스마트 체인(BNB)

바이낸스에서 구축했지만, 이더리움 가상머신EVM과의 연동으로 이더리움 기반의 툴과 디앱을 모두 지원할 수 있습니다. 이더리움의 사용자를 그대로 불러올 수 있는 환경을 구축한 것입니다. 다른 지분증명 기반의 블록체인과 달리 새롭게 생성되는 토큰은 없습니다. 바이낸스 코인BNB을 기축통화로 삼아 생태계를 구축했습니다. 각 노드가 3초마다 블록을 생성하고, 이에 대한 대가로 BNB 코인을 보상받습니다. 그러나 노드가 아니더라도 스테이킹을 통해 BNB 코인을 보상받을 수 있습니다.

바이낸스 스마트 체인은 지분권위증명PoSA이라는 독특한 합의 과정을 채택했고, 검증된 21개의 노드만이 블록을 생성하도록 설계했습니다. 이를 통해 이더리움보다 처리 속도를 향상하면서 가스비는 낮췄습니다. 참고로 바이낸스 코인은 매 분기 꾸준한 소각으로 유통량을 조절합니다.

④ 폴카닷(DOT)

이더리움의 공동 창업자 개빈 우드Gavin Wood가 로버트 하버마이어Robert Habermeier와 함께 개발했습니다. 폴카닷에는 이더리움의 대항마, 블록체인의 인터넷 등 화려한 수식 어구가 붙습니다. 폴카닷의 핵심은 상호운용성으로, 블록체인을 연결하는 **인터체인** 역할을 합니다. 폴카닷을 통해 서로 다른 블록체인끼리 정보와 데이터를 공유할 수 있습니다. 이런 특성으로 폴카닷은 이더리움과 가치를 교류하며 함께 성장할 수 있습니다. 더불어 웹 3.0 생태계 구축의 기반을 마련하였습니다. 참고로 웹3.0은 개인화, 지능화, 상황인식 등을 통해 내게 지금 필요한 정보와 지식만을 추출해서 보여주고, 각종 권한을 구글, 메타 같은 플랫폼에서 개인 이용자로 분산시키는 3세대 인터넷 서비스입니다.

폴카닷에는 2개의 체인이 있습니다. 중앙 관리자 역할을 하며 거래 여부를 결정하는 **릴레이체인**과 거래를 수집하고 처리하는 **파라체인**입니다. 릴레이체인이 더 중요해 보이지만, 폴카닷이 주목받는 이유는 사실 파라체인 때문입니다. 각 파라체인이 전문화된 하나의 작업에 최고가 되면 전체적인 성능을 향상해 블록체인의 확장을 이끕니다. 폴카닷은 현존하는 블록체인 중 가장 미래 지향적이라는 평가를 받습니다. 참고로 플랫폼에서 사용되는 코인은 닷DOT 코인입니다.

시장의 주목을 받는 플랫폼 암호화폐

트론 (TRON)	알리바바 창업자인 마윈(Jack Ma)의 제자이자, 워런 버핏과의 식사 경매를 낙찰받은 것으로 유명한 청년 사업가 저스틴 선(Justin Sun)이 개발했습니다. 콘텐츠 기반의 엔터테인먼트 시스템을 목적으로 이더리움 블록체인에서 시작했습니다. 현재는 중국의 블록체인 플랫폼 중 가장 큰 규모로 성장했습니다. 빠른 거래 처리 속도와 저렴한 수수료가 장점입니다. 비트토렌트, 저스트 등 굵직한 블록체인 관련 사업을 인수해 외형을 확장했습니다.
이오스 (EOS)	플랫폼 암호화폐의 대표 주자 중 하나였고, 이더리움 킬러라고 불렸습니다. 이더리움과 기술적으로 흡사하지만, 월등히 빠르고, 수수료가 없다는 장점 덕분입니다. 이오스의 창시자 댄 라리머(Dan Larimer)는 코인 계에서 천재라고 불리며 스팀, 비트쉐어 등의 암호화폐도 개발했습니다. 위임지분증명 합의 알고리즘을 채택했는데, 위임받은 거래소가 자신의 수익만 챙긴다는 비판을 받은 바 있습니다. 수수료가 없는 만큼 보상이 적은 단점이 있습니다. 현재 댄 라리머는 이오스를 떠난 상태입니다.
폴리곤 (MATIC)	이더리움의 확장성 문제를 해결하기 위해 등장했습니다. 기존 이더리움 블록체인에 새로운 블록체인을 덧대서 속도를 빠르게 해주는 역할을 합니다. 이때 이더리움을 레이어1, 새로운 블록체인을 레이어2라고 지칭해서 '레이어2 솔루션'이라고 부릅니다. 매틱(MATIC)은 폴리곤 생태계 내에서 상호 작용하는 참여자 간의 결제를 위해 제작된 유틸리티 토큰입니다. 총발행량은 100억 개이고, 현재 48억 개가량이 유통되었습니다. 폴리곤 외에도 레이어2 솔루션에는 스케일네트워크(SKL)와 셀러네트워크(CELR) 등이 있습니다.
코스모스 (ATOM)	대표적인 인터체인 플랫폼 중 하나로 상호운용성을 가장 중요한 가치로 보고 있습니다. 모든 블록체인을 통합해 인터넷처럼 만들겠다는 구호 아래 등장했습니다. 폴카닷이 코스모스를 참고해서 만들어졌습니다. 폴카닷보다 제약이 적어서 개방성이 더 높습니다. 폴카닷은 인터체인 상에서 데이터 교환에 중점을 두는데 반해, 코스모스는 토큰 전송에 중점을 두고 있습니다.
아발란체 (AVAX)	코넬 대학교 컴퓨터공학 교수인 에민 군 시러(Emin Gün Sirer)가 설립한 아바 랩스(Ava Labs)에서 개발했습니다. 디파이나 기업형 블록체인 솔루션을 제공합니다. TPS는 약 4,500 정도이고, 이더리움 기반의 디앱을 쉽게 사용할 수 있도록 했습니다. 총공급량은 7억 2,000만 개로 제한됩니다.
테조스 (XTZ)	블록체인 거버넌스 문제를 해결하기 위해 탄생했습니다. 거버넌스는 의사 결정에 따른 통치방식을 의미합니다. 다른 블록체인과 달리 커뮤니티의 요구에 따라 거버넌스 규칙을 바꿀 수 있는 프로토콜을 설계했습니다. 유동지분증명 합의 알고리즘 LPoS를 사용합니다.
알고랜드 (ALGO)	인공지능계의 노벨상이라고 불리는 튜링상을 수상한 저명한 MIT 컴퓨터공학 교수 실비오 미칼리(Silvio Micali)가 만들었습니다. 뛰어난 실력과 명성을 자랑합니다. 이 암호화폐는 플립사이드크립토에서 904점을 받으며 모든 암호화폐 중 6위를 차지했습니다(2021년 8월 기준). 탈중앙화, 확장성, 보안성 세 가지를 모두 잡을 수 없다는 것을 블록체인 트릴레마라고 합니다. 알고랜드는 트릴레마를 해결하기 위해 태어났습니다. 이를 위해 순수지분증명(PPoS) 방식이라는 독창적인 합의 알고리즘을 도입했습니다.

니어프로토콜 (NEAR)	웹에서도 사용이 가능한 애플리케이션을 만들 수 있도록 지원하는 플랫폼입니다. 나이트셰이드라는 지분증명 합의 알고리즘을 사용합니다. 이를 통해서 확장성과 안정적인 수수료 지급이 가능합니다. 니어(NEAR) 코인은 거래 처리 및 데이터 저장을 위한 수수료로 활용됩니다. 또한 거버넌스 토큰의 역할을 합니다.
질리카 (ZIL)	현존하는 가장 빠른 블록체인 플랫폼을 목표로 하고 있습니다. 싱가포르 국립대학교 컴퓨터과학과 조교수 프라틱 삭세나(Prateek Saxena)가 2017년 6월 출시했습니다. 샤딩 기술을 활용해 더 많은 트랜잭션을 처리할 수 있도록 고안했습니다. 코인 총 발행 한도는 210억 개입니다.
퀀텀 (QTUM)	비트코인의 보안성과 이더리움의 확장성을 동시에 지닌 차세대 하이브리드 블록체인을 표방하고 있습니다. 투자자들 사이에서 유명해진 건 인공위성을 발사하면서부터입니다. 2018년 중국에서 발사한 장형 1호 인공위성에 퀀텀의 블록체인 노드가 탑재되었습니다.
네오 (NEO)	중국 최초의 암호화폐이자 국민 코인입니다. 중국의 이더리움이라고 불립니다. 거래 수수료로 네오가스라는 토큰이 쓰입니다. 네오를 보유하고 있으면 보유량에 따라 투자자에게 네오가스를 에어드랍 형태로 뿌려 줍니다. 이를 통해 네오 코인을 오래 보유하도록 유도합니다. 총공급량은 1억 개이고, 현재 7,500만 개가량 유통되었습니다.
스팀 (STEEM)	블록체인 기반의 SNS 커뮤니티 사이트인 스팀잇에서 사용하는 암호화폐입니다. 이용자는 플랫폼에 콘텐츠를 올리거나, 타인의 글에 댓글, 추천, 공유 등을 통해 코인을 분배받을 수 있습니다. 블록체인 기반 SNS 중 가장 많은 사용자의 참여를 이끌어 낸 바 있습니다. 위임지분증명(DPoS)과 두뇌증명(PoB) 합의 알고리즘을 따릅니다.
쿠사마 (KSM)	폴카닷의 개빈 우드가 만든 플랫폼 암호화폐입니다. 폴카닷과 코드 구조가 같아서 폴카닷의 사촌이라고 불립니다. 폴카닷에 프로젝트를 정식으로 출시하기 전에 테스트하기 위한 목적으로 구축되었습니다. 폴카닷에 배포될 새로운 기능에 대한 실험 및 개발 환경을 제공합니다. 진입 장벽이 낮고, 검증 조건도 덜 까다로워서 스타트업과 예비 사업자가 많이 이용합니다.

※ 한국을 대표하는 프로젝트로는 테라와 클레이튼을 들 수 있습니다. 테라는 금융 인프라를 블록체인 기술로 간편화하겠다는 포부로 탄생했습니다. 스테이블 코인인 테라(UST)와 테라의 가격 안정화를 위해 고안된 루나(LUNA) 이중 토큰 시스템을 기반으로 하고 있습니다. 실생활에서 사용 가능한 결제 애플리케이션의 기반을 마련하기 위해 독자적인 메인넷 콜럼버스를 구축했고, 현재 거대한 생태계를 형성했습니다.

클레이튼은 카카오의 자회사 그라운드X가 출시했고, 카카오 코인으로 유명합니다. 클레이튼은 블록체인 플랫폼이고, 클레이튼에서 기축통화로 사용하는 코인은 클레이(KLAY)입니다.

04 ›››

100배 오를 플랫폼 암호화폐 고르는 가이드

이더리움은 블록체인 플랫폼에서 독보적인 위치에 있습니다. 시가총액이 2위로 매우 높지만, 성장 동력은 여전히 강력합니다. 미국의 투자은행 골드만삭스는 이더리움의 시가총액이 비트코인을 추월할 것이라는 전망을 내놓은 바 있습니다.

2021년에는 이더리움 이후 등장한 3세대 암호화폐들이 주목받았습니다. 가장 크게 성장한 블록체인 플랫폼은 솔라나입니다. 솔라나는 올 한 해 동안 12,000%의 상승률을 기록했습니다. 120배 가까운 가격 상승이죠. 이 외에도 아발란체, 니어프로토콜, 알고랜드, 코스모스 등이 시장의 관심을 받았습니다.

레이어1의 경우 이더리움, 솔라나, 카르다노 등이 탄탄한 생태계를 구축하고 있지만, 초기 시장이라 게임체인저가 될 새로운 블록체인 플랫폼은 언제든 등장할 수 있습니다. 더욱이 기관을 비롯해 많은 이용자가 신규 유입되면서 블록체인 플랫폼은 영역을 더 확장해가고 있습니다. 향후

100배 이상 상승할 가능성이 있는 플랫폼 암호화폐를 선택하는 기준은 무엇일까요?

① 강력한 커뮤니티와 지지 기반

블록체인은 4차 산업혁명의 핵심 기술입니다. 따라서 기술력에 의해서 프로젝트의 성패가 판가름 난다고 생각하는 분들이 많습니다. 이는 일정 부분 사실입니다. 하지만 현재 탄생하고 있는 암호화폐 대부분은 뛰어난 확장성을 자랑합니다. 빠른 속도와 저렴한 수수료를 전면에 내세우고 있죠. 기술적인 측면에서 상향평준화되었다는 의미입니다. 따라서 블록체인 암호화폐의 운명을 좌우할 더 중요한 변수는 강력한 커뮤니티와 프로젝트를 이끌 주체들입니다.

대표적으로 솔라나를 들 수 있습니다. 솔라나는 뛰어난 확장성을 자랑하지만, 그것만으로는 설명하기 어려운 급성장을 했습니다. 솔라나 성장의 가장 큰 원동력이 FTX 거래소의 설립자이자 알라메다 리서치의 전 CEO인 샘 뱅크먼 프라이드라는 사실을 부인하기는 어렵습니다. 따라서 암호화폐 시장에서 큰 영향력을 발휘하는 인물들의 커뮤니티 형성에 주목해야 합니다.

② 뛰어난 확장성

물론 솔라나의 성공을 단순히 커뮤니티의 힘만으로 해석할 수는 없습니다. 솔라나는 현존하는 블록체인 플랫폼 중 가장 빠른 속도를 자랑합니다. 솔라나의 TPS는 약 50,000입니다. 수수료는 무료에 가깝고, 확장성도 무척 뛰어납니다. 특정 프로젝트를 평가할 때는 다른 플랫폼과의 성능 차이를 비교해 보아야 합니다.

개발자에게 최적의 개발 환경을 제공하는지도 점검해야 합니다. 블록체인 플랫폼의 성장을 위해서는 뛰어난 개발자의 유입이 관건입니다. 가령 폴카닷의 경우 가장 미래지향적이고, 개발자 친화적이라는 평가를 받고 있습니다. 이는 인터체인과 더불어 폴카닷의 가치를 높이는 핵심적인 이유 중 하나입니다.

③ 탄탄한 생태계 구축

주가가 꾸준히 올라가는 기업들의 공통점은 성장성에 있습니다. 플랫폼 암호화폐도 마찬가지입니다. 생태계를 꾸준히 확장해 나가는 블록체인 플랫폼이 꾸준히 가치가 상승합니다. 밸리데이터나 디앱의 성장 속도를 보면 생태계가 얼마나 잘 자라고 있는지, 탈중앙화 수준은 얼마나 되는지 확인할 수 있습니다.

그중에서도 핵심은 디파이라고 봅니다. 디파이는 스마트 콘트랙트의 영향력을 증명하는 가장 중요한 영역입니다. 주요 지표로는 TVL이 있습니다. 예치금이 많다는 건 많은 투자자들이 해당 프로젝트를 신뢰한다는 의미입니다. 일반적으로 TVL이 높으면 암호화폐의 가격도 비례해서 상승하는 일이 많습니다.

④ 저평가 여부

TVL을 비롯한 객관적인 지표가 높지 않은데도 가격이 상승하는 상황이라면 원인을 추적해보아야 합니다. 대개 호재에 의한 기대감이 반영된 경우가 많습니다. 이는 가치가 고평가되었다는 의미로 볼 수 있습니다. 향후 100배 상승할 암호화폐에 투자하려면 저평가된 코인을 발굴하는 게 관건입니다.

최근 인터넷상에서 카데나KADENA, KDA 프로젝트가 회자하고 있습니다. 이 프로젝트는 시작한 지 꽤 오래되었고, 기술력과 리더의 역량도 뛰어나다고 평가받지만 큰 폭의 가격 상승은 없었습니다. 이러한 코인이 저평가된 암호화폐의 한 예입니다. 하지만 저평가되었다고 반드시 장기적으로 상승하리라는 보장은 없습니다. 가격 상승으로 이어질 호재가 꾸준히 있는지 관찰하고 점검해야 합니다.

무엇보다 프로젝트의 완성도가 높은지, 커뮤니티가 견고한지를 확인하는 게 투자의 기본입니다. 장기투자의 관점에서는 블록체인 플랫폼에 주목해야 한다고 봅니다. 세상을 바꿀 새로운 아이디어들이 유틸리티 암호화폐에 의해 구현된다면, 그 기반이 되는 플랫폼은 동반 성장할 수밖에 없습니다.

확장성 문제로 강력한 경쟁자들이 나타났지만, 이더리움의 가치는 여전히 높습니다. 성장성과 더불어 안정성까지 고려한다면 이더리움이 최고의 선택지라고 봅니다. 이더리움은 주식으로 치면 우량주입니다.

05 ›››

세상을 편리하게 만드는 유틸리티 암호화폐

섹터별 유틸리티 암호화폐 분류

유틸리티 암호화폐는 플랫폼 위에서 돌아가며 특정한 서비스를 제공하는 암호화폐를 의미합니다. 쉽게 말하자면 토큰입니다.

대부분의 플랫폼 암호화폐는 블록체인 생태계를 구축한다는 같은 목표가 있습니다. 저마다 차별화 전략은 있지만, 최종 목적지가 같습니다.

반면 유틸리티 암호화폐는 저마다 제공하려는 서비스가 명확해서 목표 지점이 다릅니다. 유틸리티 암호화폐를 자세히 분류해보겠습니다.

구분	암호화폐
탈중앙화 금융 (디파이)	유니스왑(UNI), 체인링크(LINK), 팬케이크스왑(CAKE), 에이브(AAVE), 컴파운드(COMP), 메이커다오(MKR)
콘텐츠	쎄타토큰(THETA) , 쎄타퓨엘(TFUEL)
분산형 클라우드	인터넷컴퓨터(ICP), 시아(SC), 골렘(GLEM)
사물인터넷	아이오타(OTA), 헬리움(HNT), 이오스트(OST)

데이터 및 파일 공유	파일코인(FIL), 비트토렌트(BTT), 덴트(DENT)
신원 인증	온톨로지(ONT), 시빅(CVC)
게임	디센트럴랜드(MANA), 샌드박스(SAND), 엔진코인(ENJ), 플로우(FLOW), 엑시인피니티(AXS), 왁스(WAX)
브라우저	베이직어텐션토큰(BAT)
자산관리	스위스보그(CHSB), 레이븐코인(RVN)
물류	비체인(VET)
스포츠	칠리즈(CHZ)

탈중앙화 금융 디파이는 별도의 파트인 8장에서 알아보겠습니다. 콘텐츠, 게임, 스포츠 등으로 분류된 토큰들은 NFT로도 분류됩니다. NFTNon-Fungible Token는 우리 말로하면 대체 불가능한 토큰입니다. 역시나 중요한 내용이므로 9장에서 별도로 다루겠습니다.

각 섹터를 대표하는 유틸리티 암호화폐

다음 표는 디파이와 NFT를 제외한 유틸리티 암호화폐 중에서 대표적인 시가총액 상위권 코인입니다.

인터넷 컴퓨터 (ICP)	디피니티는 전 세계의 여러 컴퓨터를 블록체인 기반의 네트워크로 연결해 분산형 클라우드 시스템을 구현하는 프로젝트입니다. 블록체인 기반의 슈퍼컴퓨터를 목표로 합니다. ICP는 디피니티를 메인넷으로 하여 발행되는 토큰입니다. 세계의 컴퓨터를 목표로 하고 있다는 점에서 이더리움과도 비슷합니다. 이더리움보다 빠르게 블록을 생성할 수 있고, 기술력도 높아서 빠르게 시가총액 상위권을 차지했습니다(2021년 8월 17일 기준, 21위).
아이오타 (OTA)	블록체인이 아닌 탱글(Tangle)이라는 독자적인 기술을 사용합니다. 블록체인을 발전시켜 만든 새로운 구조의 플랫폼입니다. 탱글은 거래 수수료가 없고, 많은 트랜잭션을 빠르게 처리할 수 있어서 사물인터넷에 적합합니다. 아이오타는 사물인터넷에서 사용되는 최소 단위의 화폐를 목표로 만들어졌고, 사물인터넷 소액 결제에 특화돼 있습니다.

비체인 (VET)	블록체인을 활용해 물류 시스템을 구현하려는 목적을 지닌 프로젝트입니다. 제품 출하에서부터 이동, 판매 등 모든 물류 과정을 실시간으로 추적하는 장부를 제공합니다. 비체인을 이용하면 각 제품에 고유한 아이디가 부여되고, 생산과 유통 및 거래에서 발생하는 모든 정보가 블록체인에 저장돼 위조품 거래를 방지할 수 있습니다. 중국 코인 중에서 시가총액이 가장 높습니다.
파일코인 (FIL)	IPFS 기술로 파일을 공유하는 탈중앙화 클라우드 시스템입니다. IPFS는 여러 개로 나눠진 시스템에 파일 데이터를 저장한 뒤 이를 인터넷으로 공유하는 기술입니다. 파일코인 사용자는 다른 사용자의 컴퓨터의 남는 하드디스크 공간을 활용해 파일을 저장하고 열람할 수 있습니다. 암호화폐 FIL은 파일 공유 시 쓰이는 토큰입니다.
비트토렌트 (BTT)	음악, 영화, 문서 등 다양한 데이터 파일을 인터넷에서 P2P 방식으로 전송하고 공유하는 서비스입니다. 전 세계에서 10억 명이 사용하고, 매달 1억 7,000만 명 넘는 활성 사용자가 있습니다. 트론이 인수한 후 BTT 토큰이 발행되었습니다. 비트토렌트를 오래 켜두거나, 희소성 높은 자료를 공유하면 BTT 토큰을 보상으로 지급합니다.
덴트 (DENT)	모바일 네트워크의 데이터 거래를 목적으로 탄생한 암호화폐입니다. 다 쓰지 못한 데이터의 환급을 거부하는 이동통신사의 기업 정책에 회의를 느낀 개발자들이 만들었습니다. 블록체인 기술을 활용해 전 세계 모든 사람이 모바일 데이터를 주고받을 방법을 마련하고 있습니다.
베이직 어텐션토큰 (BAT)	웹상에서 사용자의 개인정보를 보호하고, 광고에 대한 거부감을 줄이기 위해 만들어졌습니다. BAT는 블록체인 기반의 웹브라우저 브레이브(Brave)에서 사용하는 자체 토큰입니다. 브레이브 브라우저는 광고를 차단하는 기능이 있습니다. 또한 쿠키를 최소화하고, 팝업을 제거해 크롬을 비롯한 다른 브라우저보다 빠른 속도를 자랑합니다. BAT는 브레이브에서 광고를 시청하면 그에 대한 보상으로 제공합니다. 그레이스케일 자산운용사가 포트폴리오에 담고 있습니다.
온톨로지 (ONT)	대표적인 탈중앙화 신원증명(DID) 프로젝트로 주로 금융이나 의료 등 정보의 신뢰성이 중요한 사업 분야에서 저변을 넓혀나가고 있습니다. 온톨로지 ONT와 온톨로지가스 ONG 2개의 토큰이 있습니다. ONT는 플랫폼 네트워크에서 의사 결정을 위한 용도이고, ONG는 스마트 콘트랙트 실행을 매개할 때 활용됩니다.
스위스보그 (CHSB)	블록체인 기반의 자산관리 플랫폼입니다. 이름에서 알 수 있듯 스위스에 있는 블록체인 스타트업에서 만들었고, 투자 솔루션을 제공하고 있습니다. 2019년 비트코인 투자 시뮬레이션 게임인 스위스보그 커뮤니티 애플리케이션을 출시했습니다. 일정 시점의 비트코인 가격을 예측하고, 순위에 따라서 실제 비트코인을 보상으로 제공합니다.
레이븐코인 (RVN)	토큰과 같은 자산 전송에 최적화된 블록체인 플랫폼입니다. 사용자들은 레이븐코인 플랫폼에서 각종 디지털 자산을 생성하고 거래할 수 있습니다. 자체 토큰인 RVN은 플랫폼에서 고유 자산을 생성할 때 사용합니다.

한국에서 만든 대표적인 암호화폐

시가총액 100위권에는 아직 들지 못했지만, 주목받고 있는 K-코인을 아래 표에 시가총액이 높은 순서로 배열했습니다(2021년 9월 30일 기준).

메디블록 (MED)	블록체인 기반의 개인 의료정보 통합관리 플랫폼입니다. 여러 곳에 분산된 의료 정보를 블록체인을 이용하여 개인이 안전하게 관리할 수 있도록 하는 데 목적이 있습니다. 메디블록 플랫폼에서 사용되는 암호화폐가 메디 코인(MED)입니다. 환자가 간편하게 실비보험 청구를 할 수 있는 모바일 건강 관리 서비스 메디패스를 운영하고 있으며, 차세대 클라우드 전자차트(EMR) 닥터팔레트를 출시했습니다.
보라 (BORA)	블록체인 기반 디지털 콘텐츠 플랫폼입니다. 주요 콘텐츠는 게임, 소설, 커뮤니티, 엔터테인먼트 등 다양합니다. 콘텐츠 서비스 제공자들은 보라 플랫폼을 통해 자신의 서비스를 제공할 수 있습니다. 보라(BORA) 토큰은 콘텐츠 비즈니스 유통과 사용자 활성화를 목적으로 사용됩니다.
디카르고 (DKA)	차세대 물류 네트워크를 위한 협업 기반 분산 프로토콜입니다. 블록체인을 활용해 물류 참여자 간의 신뢰 문제를 해결하고, 기존의 물류 산업에서는 불가능한 효율적인 협업 기반 물류 네트워크를 구축하고자 합니다.
썸씽 (SSX)	블록체인 기반 노래방입니다. 서비스 내에서 노래를 부르면 다른 회원으로부터 후원이나 선물을 받을 수 있는데, 이때 사용되는 토큰이 썸씽(SSX)입니다. 노래 콘텐츠가 일정 기간 게시되고, 그 동안 콘텐츠에 대한 반응이 썸씽 토큰으로 적립됩니다.
메타디움 (META)	한국을 대표하는 탈중앙화 신원인증(DID) 프로젝트입니다. 이더리움 기반의 ERC-20 토큰이며 총발행량은 20억 개입니다. 커뮤니티가 만들어가는 "우리들의 금융"이라는 비전으로 탈중앙화 스왑 프로토콜 MSPACE를 출시했습니다. 사업 영역을 꾸준히 확장하고 있습니다.
밀크 (MLK)	블록체인 기반 포인트 통합 플랫폼입니다. 파트너사의 포인트를 밀크 토큰(MLK)으로 바꾸는 게 서비스의 중요한 콘셉트입니다. 향후 파트너사가 늘어날수록 밀크 토큰의 수요 역시 증가하게 됩니다. 밀크 토큰 자체의 사용처 역시 늘어나고 있습니다.
아하 (AHT)	블록체인 기반 지식 커머스 플랫폼입니다. 좋은 질문을 하고, 좋은 답변을 하는 등 품질 높은 지식을 생산해내는 사용자에게 아하 토큰(AHT)를 지급합니다. 지식에 대한 보상이 부족한 문제를 해결하기 위해 개발되었습니다.
톤 (TON)	토카막 네트워크(Tokamak Network)는 국내 블록체인 기업인 온더(Onther)가 개발한 플라즈마 프로젝트로 이더리움의 확장성 문제를 해결하는 솔루션입니다. 이더리움과 같은 스펙의 사이드 체인으로 이더리움과 같은 수준의 탈중앙성과 안정성을 보장합니다. 또한 토카막 네트워크는 이더리움 메인 체인과 연결돼 있어 애플리케이션을 그대로 옮길 수 있습니다. 토카막 네트워크에서 사용되는 코인이 톤(TON)입니다. 이더리움을 만든 비탈릭 부테린이 주목하는 프로젝트로 뽑은 바 있습니다.

06 »»

100배 오를 유틸리티 암호화폐 고르는 가이드

업비트 거래소에서 지난 1년 동안 상승률이 가장 높았던 암호화폐는 디센트럴랜드, 보라, 칠리즈, 쎄타퓨엘 순입니다(2021년 12월 1일 기준). 상위권 목록에는 유틸리티 암호화폐가 많고, 그중에서도 NFT 프로젝트가 주를 이루었습니다.

그런데 디센트럴랜드와 쎄타퓨엘 등의 코인을 현시점에서 무턱대고 매입하는 건 합리적인 투자가 아닙니다. 이미 가치가 크게 상승했기 때문입니다. 조정이 있을 때 조금씩 분할매매로 접근해야 합니다. 100배 상승할 유틸리티 암호화폐에 투자하려면 성장 가능성이 크고, 저평가된 코인을 발굴해야 합니다.

"블록체인 플랫폼의 생태계를 활용하라"

이더리움, 솔라나, 카르다노 등의 플랫폼은 생태계를 구성하고 있습니다. 생태계 안에서는 세상을 바꿀 여러 프로젝트가 태어나고 성장합니다. 프

업비트 상승률 상위 코인(1년 기준)

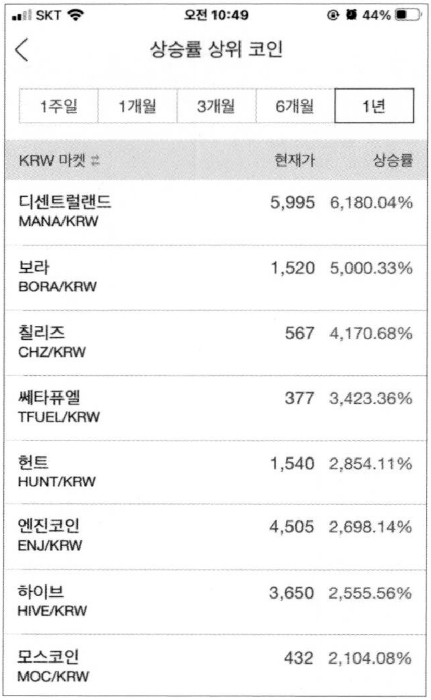

로젝트가 잘 구현될 수 있도록 하는 동력원이 바로 유틸리티 암호화폐입니다. 가장 주목 받고 있는 블록체인 플랫폼을 찾고, 이와 연계된 프로젝트를 파악하면 향후 성장성이 높은 유틸리티 암호화폐를 선점할 수 있습니다. 필자는 코인게코를 주로 이용합니다. 사이트의 카테고리 항목을 선택하면 주요 블록체인 생태계의 관련 프로젝트를 확인할 수 있습니다.

코인게코 카테고리

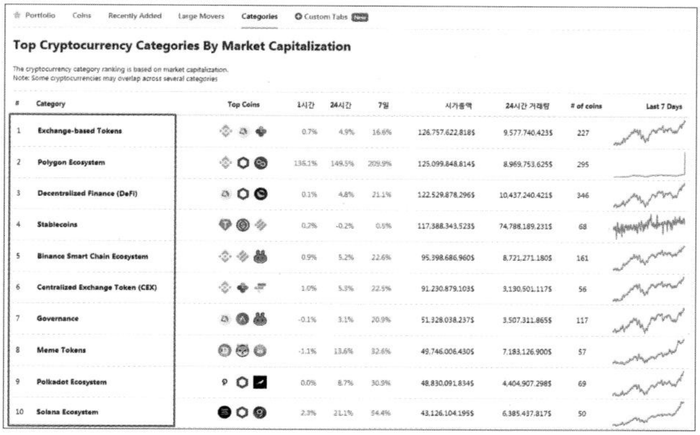

☆ Portfolio | Coins | Recently Added | Large Movers | Categories | Custom Tabs New

Top Cryptocurrency Categories By Market Capitalization

The cryptocurrency category ranking is based on market capitalization.
Note: Some cryptocurrencies may overlap across several categories

#	Category	Top Coins	1시간	24시간	7일	시가총액	24시간 거래량	# of coins	Last 7 Days
1	Exchange-based Tokens		0.7%	4.9%	16.6%	126,757,622,818$	9,577,740,423$	227	
2	Polygon Ecosystem		136.1%	149.5%	209.9%	125,099,848,814$	8,969,753,625$	295	
3	Decentralized Finance (DeFi)		0.1%	4.8%	21.1%	122,529,878,296$	10,437,240,421$	346	
4	Stablecoins		0.2%	-0.2%	0.5%	117,388,343,523$	74,788,189,231$	68	
5	Binance Smart Chain Ecosystem		0.9%	5.2%	22.6%	95,398,686,960$	8,721,271,180$	161	
6	Centralized Exchange Token (CEX)		1.0%	5.3%	22.5%	91,230,879,103$	3,130,501,117$	56	
7	Governance		-0.1%	3.1%	20.9%	51,328,038,237$	3,507,311,865$	117	
8	Meme Tokens		-1.1%	13.6%	32.6%	49,746,006,430$	7,183,126,900$	57	
9	Polkadot Ecosystem		0.0%	8.7%	30.9%	48,830,091,834$	4,404,907,298$	69	
10	Solana Ecosystem		2.3%	21.1%	54.4%	43,126,104,195$	6,385,437,817$	50	

https://www.coingecko.com/ko/categories/

솔라나 생태계에 포함된 프로젝트

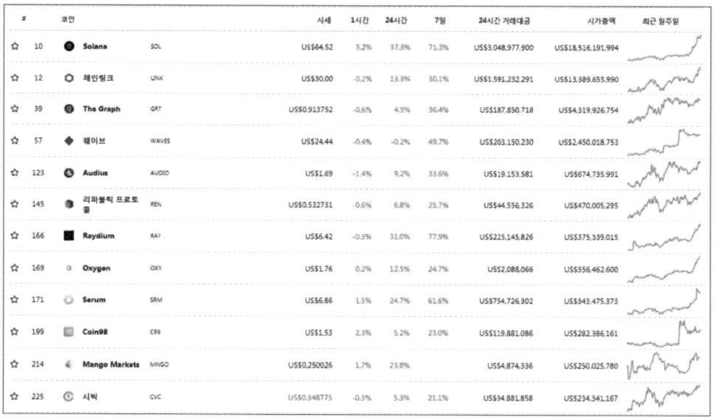

#	코인		시세	1시간	24시간	7일	24시간 거래대금	시가총액	최근 일주일
10	Solana	SOL	US$64.52	5.2%	37.3%	71.3%	US$3,048,977,900	US$18,516,191,994	
12	체인링크	LINK	US$30.00	-0.2%	13.3%	30.1%	US$1,591,232,291	US$13,389,655,990	
39	The Graph	GRT	US$0.913752	-0.6%	4.9%	36.4%	US$187,850,718	US$4,319,926,754	
57	웨이브	WAVES	US$24.44	-0.4%	-0.2%	49.7%	US$203,150,230	US$2,450,018,753	
123	Audius	AUDIO	US$1.69	-1.4%	9.2%	33.6%	US$19,153,581	US$674,735,991	
145	리퍼블릭 프로토콜	REN	US$0.532731	-0.6%	6.8%	25.7%	US$44,556,326	US$470,005,295	
166	Raydium	RAY	US$6.42	-0.3%	31.0%	77.9%	US$223,145,826	US$375,339,015	
169	Oxygen	OXY	US$1.76	0.2%	12.5%	24.7%	US$2,088,066	US$356,462,600	
171	Serum	SRM	US$6.86	1.5%	24.7%	61.6%	US$754,726,302	US$343,475,373	
199	Coin98	C98	US$1.53	2.3%	5.2%	23.0%	US$119,881,086	US$282,386,161	
214	Mango Markets	MNGO	US$0.250026	1.7%	23.8%		US$4,874,336	US$250,025,780	
225	시빅	CVC	US$0.348775	-0.3%	5.3%	21.1%	US$34,881,858	US$234,341,167	

https://www.coingecko.com/ko/categories/

"프로젝트의 가치를 판단하라"

투자 대상이 좁혀졌다면 이번에는 프로젝트의 가치를 판단해야 합니다. 플랫폼 암호화폐에 적용되는 가이드와 일치하는 부분도 있습니다. 가령 커뮤니티와 저평가 여부의 경우 유틸리티 암호화폐에서도 중요합니다. 그러면 유틸리티 암호화폐를 선택하는 몇 가지의 가이드를 말씀드리겠습니다.

① 실용성

유틸리티 암호화폐는 저마다 뚜렷한 존재 목적이 있습니다. 제공하고자 하는 서비스와 기능이 명확하죠. 따라서 유틸리티 암호화폐는 실용성에 가장 주목해야 합니다. 업비트 거래소에서 지난 1년 동안 수익률이 가장 높았던 디센트럴랜드의 마나MANA 토큰은 메타버스 내 디지털 토지를 구매하는 데 사용합니다. 명확한 사용처가 있습니다.

② 수익 구조

디센트럴랜드는 NFT를 통해 사용자가 자신의 창작물과 자산을 만들고, 수익을 창출할 수 있는 비즈니스 모델을 만들었습니다. 메타버스가 뜨거운 화두로 떠오르면서 메타버스 내 부동산에 대한 관심은 더욱 커졌습니다. 서비스 사용자는 더욱 증가하고, 토큰의 수요는 급증했죠. 이는 암호화폐의 가격 상승으로 이어졌습니다.

③ 보상 체계

유틸리티 암호화폐는 인센티브의 성격을 지니고 있습니다. 쎄타토큰THETA과 쎄타퓨엘TFUEL을 예로 들어보겠습니다. 쎄타토큰은 콘텐츠 제공자에게 지급하는 토큰입니다. 이를 통해 품질이 높은 콘텐츠가 계속해서 생산되도록 합니다. 쎄타퓨엘은 여분의 대역폭을 공유하는 사용자에게 제공하는 토큰입니다. 사용자가 동영상 즐기면서 수익을 얻을 수 있도록 한 것입니다. 보상이 합리적으로 이루어지면 사용자의 수가 늘어나고, 서비스 품질 향상으로 이어집니다. 궁극적으로는 암호화폐의 가격이 상승하게 됩니다.

④ 수요와 공급의 조절

거래소 암호화폐 중 가장 성공한 사례는 바이낸스코인BNB입니다. 바이낸스코인은 거래 수수료 지불 말고도 런치패드, 탈중앙화 거래소 등에서 다양한 용도로 사용됩니다. 이는 수요의 증가로 이어집니다. 반면 바이낸스코인은 수익의 일정 비율을 꾸준히 소각해서 공급량을 조절합니다. 이는 코인의 가치를 상승시키는 데 중요한 역할을 하고 있습니다.

결론적으로 실용성을 바탕으로 수익 구조를 만들고, 꾸준한 수요를 창출하며, 공급을 조절하는 프로젝트가 가장 가치가 높다고 볼 수 있습니다.

"저평가된 유틸리티 암호화폐를 발굴하라"

가치 평가가 끝났다면, 다음으로는 저평가 여부를 판단해야 합니다.

① 상장 전에 선점하자

3장에서 바이낸스 런치패드를 말씀드렸습니다. 100배 이상의 수익을 얻으려면 프로젝트의 초기부터 보유하고 있는 게 중요합니다. 코인게코에서 확인한 프로젝트가 코인리스트나 바이낸스 런치패드를 통해서 상장하는지를 눈여겨보아야 합니다. 실제로 몇몇 상장 사례가 있었습니다. 만약 상장 시기를 놓쳤다면, 상장 후 거품이 꺼진 시점을 선택하는 것도 차선책이라고 볼 수 있습니다.

이런 방식으로 접근하면 조건을 충족하는 암호화폐가 너무 적지 않느냐고 불평하실 수 있습니다. 하지만 100배 오를 암호화폐는 정말로 극소수입니다. 따라서 꾸준히 관찰하고, 연구하고, 추적해야 찾아낼 수 있습니다.

② 트렌드를 앞서가자

현재 암호화폐 시장에서 가장 뜨거운 화두는 단연 NFT입니다. 2020년부터 2021년 상반기까지만 해도 디파이와 레이어2 솔루션 등에 대한 관심이 더 컸습니다. NFT로 흐름이 이어진 것입니다. 현명한 투자자는 NFT 다음 트렌드를 선점해야 합니다. 현재 웹3.0WEB3.0, 다오DAO, 클라우드 시스템IFPS 등 다양한 키워드가 언급되고 있습니다.

③ 큰 폭의 상승이 있었는지 확인하자

차트를 통해서 거래가 시작된 이후 급격한 상승이 있었는지 파악해야 합니다. 상승폭이 작을수록 향후 더 큰 상승을 기대할 수 있습니다. 물론 이는 가치가 검증된 암호화폐에만 적용됩니다.

100배 오를 암호화폐와 관련해서 한 가지 더 당부의 말씀을 드립니다. 투자에서 돈을 버는 건 매우 중요하지만, 잃지 않는 건 그 이상으로 중요합니다. 따라서 수익률과 더불어 안정성을 함께 고려해 포트폴리오를 구성해야 합니다. 개인투자자가 얻을 수 있는 정보에는 한계가 있습니다. 이러한 구조적인 한계를 해결하는 방법 역시 효율적인 투자 전략에서 찾을 수 있습니다. 관련 내용은 챕터10에서 다시 알아보겠습니다.

그러면 챕터 3, 4, 5를 종합해서 좋은 코인을 선택하는 방법을 최종적으로 정리해보겠습니다. 이는 성장성과 안정성을 모두 고려한 것입니다.

① 확실한 정체성을 가지는 암호화폐

비트코인처럼 확실한 정체성이 있어야 합니다. 그리고 많은 사람의 신뢰를 얻어야 합니다. 암호화폐 시장이 무너지더라도 마지막까지 살아남을 단 하나의 코인은 아마도 비트코인이 될 가능성이 큽니다.

② 견고한 생태계를 구성한 암호화폐

이더리움처럼 견고한 블록체인 생태계를 만들어야 합니다. 서비스 사용자가 많고, 혁신적인 서비스가 꾸준히 탄생할수록 좋습니다. 이더리움이 아니더라도 성공적으로 운영 중인 블록체인 플랫폼을 눈여겨보아야 합니다.

③ 실용성 성장성이 뚜렷한 암호화폐

블록체인 플랫폼 위에서 돌아가는 암호화폐, 이른바 토큰은 확고한 목적과 기능, 용도, 방향성, 실용성이 중요합니다. 디파이와 NFT 등 성장성이 뚜렷한 암호화폐도 눈여겨보아야 합니다. 수익구조도 명확해야 합니다.

④ 높은 안정성을 지니는 암호화폐

시가총액이 크고, 안정적인 암호화폐가 생존할 가능성이 큽니다. 여러 거래소에 상장되어 있으면 더욱 좋습니다. 기관투자자의 참여율까지 높으면 금상첨화입니다.

CHAPTER 6

암호화폐 시장의 큰 흐름을 읽어라

블록체인을 중심으로 한 화폐 혁명은

1~2년 안에 끝나지 않습니다

01 ›››

장기투자자도 마켓 타이밍이 중요한 이유

"어떤 코인을 사야 하나요?"

"지금 사도 되나요?"

암호화폐 투자와 관련해서 가장 많이 듣는 질문입니다. 앞서 투자의 성과를 가늠하는 세 가지 요소가 종목 선정, 마켓 타이밍, 자산 배분이라고 말씀드렸습니다. 이 두 질문이 바로 종목 선정과 마켓 타이밍에 관한 것입니다. 종목 선정에 관해서는 어느 정도 답을 드린 것 같습니다. 지금부터는 마켓 타이밍에 관해서 설명하겠습니다.

친한 대학 동기 두 명이 비슷한 시기에 암호화폐 투자를 시작했습니다. 시장 진입 시점이 두 달 정도 차이가 납니다. 서로 좋은 종목을 추천하면서 샀기 때문에 보유한 포트폴리오도 거의 비슷합니다. 그런데 수익률 차이는 30%입니다. 이유가 뭘까요? 한 명은 상승장이 한창일 때 들어왔고, 다른 한 명은 상승장의 끝자락에 들어온 것입니다. 둘 다 초보 투자자이지만, 실력과 무관하게 엄청난 수익률 차이를 경험하고 있습니다.

간혹 장기투자자는 진입 시점이 중요하지 않다는 투자자가 있습니다. 5년, 10년을 묵혀둔다면 큰 차이가 없을 수 있지만 그사이에 어떤 일이 일어날지는 아무도 모릅니다. 급히 현금화해야 하는 상황이 발생할 수 있고, 더 좋은 코인을 발견해서 부득불 매도해야 할 수도 있습니다. 따라서 장기투자자도 기왕이면 좋은 타이밍에 진입해야 합니다.

물론 완벽한 타이밍을 잡는 건 불가능합니다. 자본시장의 변동성은 언제나 우리의 예측을 뛰어넘습니다. 워런 버핏Warren Buffett의 스승으로 유명한 벤저민 그레이엄Benjamin Graham은 변덕이 심하다는 의미로 주식시장을 '미스터 마켓'이라고 불렀습니다. 암호화폐 시장은 주식시장보다 한 수 위입니다.

그런데 중요한 지표들을 종합적으로 활용해서 비교적 괜찮은 시점을 찾아내는 건 가능합니다. 무턱대고 투자하는 것과는 확연히 수익률 차이가 납니다. 이번 장에서는 시장 진입 여부를 판단할 수 있는 지표들을 알아보겠습니다. 개별 종목의 오르내림보다는 시장의 전반적인 분위기를 파악할 수 있는 항목들입니다.

유의해야 할 점은 하나의 지표만으로 매매 여부를 판단해서는 안 된다는 것입니다. 다양한 지표들이 같은 방향을 가리키고 있을 때 신중히 결정해도 늦지 않습니다. 아울러 이번 챕터를 읽으면 대부분의 지표에서 기준점은 비트코인이라는 걸 알게 되실 겁니다. 그만큼 암호화폐 시장에서 비트코인의 존재감은 절대적입니다.

02 ›››

비트코인이 시장을 좌우한다, 비트코인 도미넌스

비트코인 도미넌스는 암호화폐 시장 전체에서 비트코인이 얼마나 큰 비중을 차지하는지를 나타내는 지표입니다. 즉, 비트코인의 시장 점유율입니다.

비트코인 도미넌스 = 비트코인 시가총액 / 전체 암호화폐 시가총액

비트코인 도미넌스가 50%라면 비트코인과 알트코인의 투자 비중이 같다는 것입니다. 50%보다 높으면 투자자들이 비트코인을 더 많이 매입한 것이고, 50% 아래면 알트코인 거래가 더 활발했다는 의미입니다. 비트코인 말고도 이더리움, 카르다노, 리플 등 여러 메이저 알트코인의 도미넌스 지수가 있습니다. 하지만 아직 비트코인만큼의 영향력은 없습니다. 비트코인은 암호화폐 시장에서 기축통화의 역할을 하고, 시장의 방향성을 결정하는 데도 핵심적인 역할을 합니다.

참고로 비트코인 도미넌스는 트레이딩뷰 사이트에서 확인할 수 있습니다. 검색어에 BTC.D를 입력하면 됩니다. 코인360 사이트에서도 확인 가능합니다. 도미넌스는 상대적인 비율을 확인하는 지표이기 때문에 시가총액의 양적 변화는 파악할 수 없습니다. 따라서 암호화폐 시가총액 차트를 함께 보면 시장의 흐름을 더욱 선명히 파악할 수 있게 됩니다. 트레이딩뷰 사이트에서 TOTAL을 검색하면 비트코인을 포함한 암호화폐 시가총액과 제외한 시가총액을 확인할 수 있습니다.

비트코인 도미넌스 차트

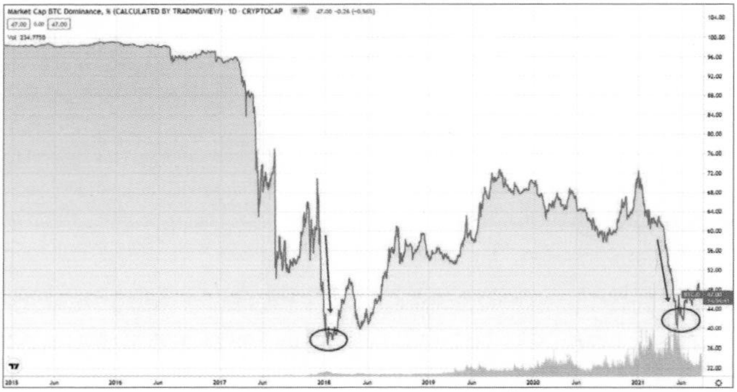

https://www.tradingview.com/

암호화폐 시가총액 차트

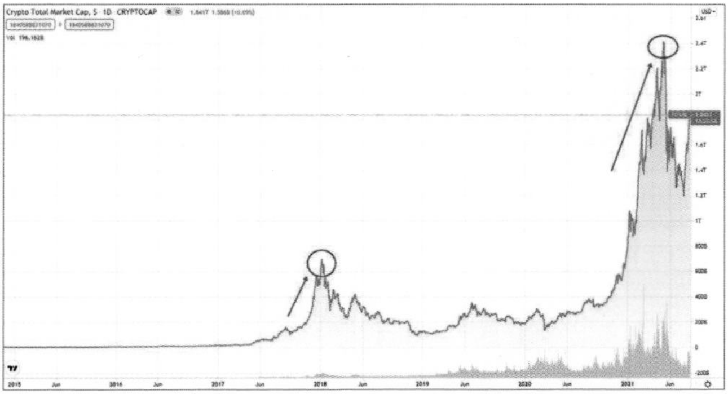

https://www.tradingview.com/

비트코인 도미넌스가 큰 폭으로 하락했던 두 곳을 표시해두었습니다. 2017년과 2021년에 있었던 두 번의 불장이 끝나기 직전 시점입니다. 두 번의 하락장 모두 70 인근에 있던 비트코인 도미넌스가 35~40 부근까지 떨어졌습니다. 하락의 이유는 무엇일까요? 같은 기간 동안 암호화폐 시가총액이 오히려 상승한 것을 보면 짐작할 수 있습니다. 투자자들이 알트코인을 집중적으로 매입했기 때문입니다. 알트코인 투자가 급격히 늘었다는 건 시장의 과열 신호입니다. 시장이 뜨거울수록 투자자는 더 높은 수익률을 얻기 위해 위험한 종목에 눈길을 돌립니다.

비트코인 도미넌스에 따른 시장의 변화 추이

비트코인 가격	도미넌스	알트코인 가격	비고
상승	상승	하락	비트코인 대세장(1단계)
횡보	하락	강한 상승	알트코인 대세장(2단계)
하락	상승	강한 하락	시장 전체가 폭락(3단계)

비트코인 도미넌스에서 눈여겨보아야 하는 건 상승과 하락의 사이클입니다. 위의 표를 정리하면, 다음과 같은 사이클을 확인할 수 있습니다.

암호화폐 시장의 사이클

비트코인 상승 ⇨ 메이저 알트코인 상승 ⇨ 기타 알트코인 상승 ⇨ 시장 하락

암호화폐 시장에서는 이 사이클이 반복되어 왔습니다. 하락의 폭은 비트코인이 알트코인보다 작습니다. 비트코인이 가격방어를 잘하는 것입니다.

차트를 보면 비트코인 도미넌스가 최저점을 찍고 조금씩 상승합니다. 이는 비트코인의 가격이 올랐다는 의미가 아닙니다. 알트코인의 가격이 더 크게 하락해서 상대적으로 비트코인 도미넌스가 상승한 것입니다. 그러면 비트코인 도미넌스는 어떻게 활용할까요?

① 비트코인에 투자할지, 알트코인에 투자할지 결정을 내릴 때 참고합니다.

만약 비트코인의 가격이 장기간 상승하면 어디에 투자해야 할까요? 이후 알트코인이 동반 상승할 가능성이 있으므로 눈여겨보았던 알트코인을 미리 매입하면 좋습니다.

비트코인 도미넌스와 암호화폐 시가총액이 모두 하락하면 어떻게 할까요? 바닥을 확인하고 분할매수로 비트코인을 늘려나가는 게 좋습니다. 하지만 공식화된 방법이 있는 건 아닙니다. 투자는 사이클을 보고 스스로 결정해야 합니다.

② 시장 진입 여부를 판단하기 위해서도 활용합니다.

필자는 비트코인 도미넌스가 40 이하일 때는 관망만 하는 편입니다. 시장이 과열되었다고 판단하기 때문입니다. 물론 이 수치는 절대적인 기준은 아닙니다. 사이클을 보고 투자자 각자의 원칙과 기준에 맞춰 판단해야 합니다.

여기서 또 하나 유의해야 할 점이 있습니다. 하락장 이후 비트코인 도미넌스가 조금 올랐다고 곧바로 시장에 진입해서는 안 됩니다. 비트코인 도미넌스와 함께 시가총액이 얼마나 상승하는지 보아야 합니다. 무엇보다 추세가 하락에서 상승으로 바뀌었는지를 확인해야 합니다.

시간이 지날수록 비트코인 도미넌스는 지속해서 하락할 것입니다. 이더리움과 솔라나, 카르다노, 폴카닷, 리플 같은 메이저 알트코인이 급성장하고 있기 때문입니다. 하지만 단기간에 비트코인의 존재감이 줄어들지는 않을 겁니다. 암호화폐 시장은 여전히 비트코인이 굳건하게 버텨주어야 유지될 수 있습니다.

03 >>>

고래의 어깨에 올라타라, 온체인 데이터

온체인 데이터 On-Chain Data는 블록체인상에서 이루어진 거래 명세를 담고 있는 데이터입니다. 주식 등 전통 자산시장에는 없던 새로운 개념으로, 암호화폐 투자자들이 가장 투명하게 확인할 수 있는 데이터입니다. 온체인 데이터를 공개하는 이유는 탈중앙화 네트워크에서 수많은 거래가 오류 없이 일어나고 있다는 걸 보여주기 위해서입니다.

온체인 데이터의 핵심은 **고래**가 보유한 암호화폐 물량의 이동을 파악하는 것입니다. 고래는 대량의 암호화폐를 보유하고 있는 이른바 큰손입니다. 반면 개인투자자는 개미라고 부릅니다. 둘의 덩치 차이를 생각하면 고래의 물량이 얼마나 거대한지 조금쯤 상상이 갑니다.

고래의 움직임은 시장 가격에 큰 영향을 미치는 것은 물론이고, 개인투자자의 심리에도 영향을 줍니다. 예를 들어 비트코인의 가격은 하락하는데, 고래가 계속 매입하고 있다면 시장이 곧 살아나는 신호로 해석할 수 있습니다. 반면 코인의 가격이 오르는데도 고래들이 팔고 있다면 곧 조정이 온다는 신호로 판단할 수 있습니다. 온체인 데이터의 핵심은 거래소에서 입출금되는 코인의 수량입니다.

> • 거래소로 입금되는 암호화폐 수량 급증(개인 지갑 ⇨ 거래소 지갑): **매도 징후**
> • 거래소 밖으로 출금되는 암호화폐 수량 급증(거래소 지갑 ⇨ 개인 지갑): **보유 혹은 신규 매입**

거래소로 이동하는 코인이 많다는 건 언제든 매도할 의향이 있다는 겁니다. 클릭 한 번으로 팔 수 있으니까요. 반면 거래소에서 개인 지갑으로 이동했다면 당분간은 매도 의사가 없다는 것입니다. 온체인 데이터는 크립토퀀트(https://cryptoquant.com/)에서 주로 확인합니다.

모든 거래소가 보유하고 있는 비트코인 총량과 가격의 상관관계

https://cryptoquant.com/

차트를 보면 거래소가 보유하고 있는 비트코인의 총량Reserve이 보라색 그래프로 표시되어 있습니다. 검은 실선은 가격Price 변동 그래프입니다. 거래소의 비트코인 총량이 줄어들면 가격Price이 오르고, 거래소의 비트코인

총량이 늘면 가격이 하락하는 것을 확인할 수 있습니다.

모든 거래소에서 입출금되는 비트코인 수량과 가격의 상관관계

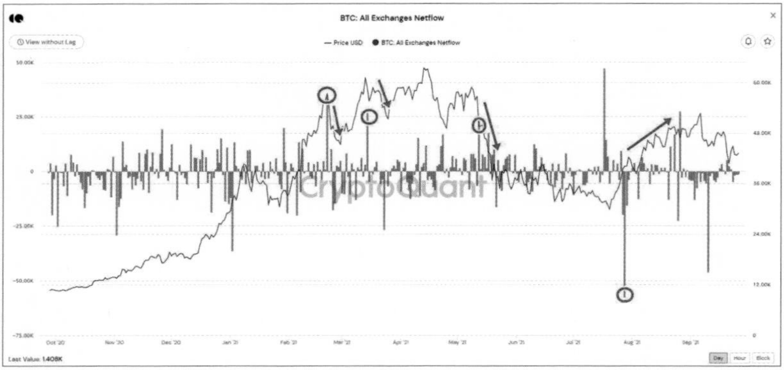

https://cryptoquant.com/

차트를 하나 더 보겠습니다. 보라색으로 표시된 넷플로Netflow는 거래소에 입금된 비트코인BTC의 개수에서 출금된 비트코인 개수를 뺀 것입니다. 수치가 높을수록 입금된 BTC가 많다는 의미입니다. 검은 실선은 역시나 비트코인의 가격변동 그래프입니다. 거래소 입금 수량이 급증하면 가격이 하락하는 것을 확인할 수 있습니다.

이 외에도 다양한 온체인 데이터가 있습니다. 사이트에서 직접 확인해보시기 바랍니다. 참고로 크립토퀀트는 유료입니다. 무료로 사용할 때는 기능이 제한됩니다. 무료로 실시간 온체인 데이터를 확인할 수 있는 사이트 두 곳을 추가로 알려드리겠습니다.

웨일 알럿

고래들의 물량 움직임을 감지해서 실시간으로 알려줍니다. 트위터 계정을

함께 팔로우하면 좋습니다. 트위터 계정에서는 규모가 큰 중요한 물량의 이동내용을 공개합니다.

모든 지표가 마찬가지지만, 온체인 데이터도 한계는 있습니다. 온체인 데이터는 주로 단기적인 수급을 확인할 때 사용합니다. 또한 네트워크에 따라 거래가 체인 외에서 일어나기도 해서 모든 물량의 이동을 확인할 수는 없습니다. 중앙화 거래소에서만 거래하고, 개인 지갑을 사용하지 않는 거래도 집계가 안 됩니다. 하지만 온체인 데이터는 모든 암호화폐 지표 중에서 가장 직관적이고, 중요합니다.

암호화폐 지갑 이동 추이

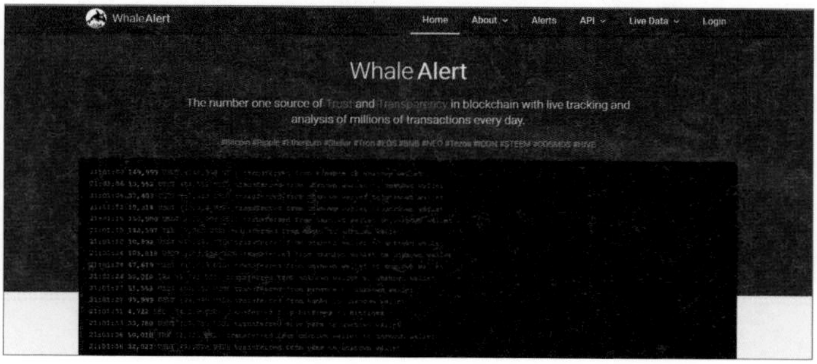

https://whale-alert.io/

웨일 알럿 트위터 계정

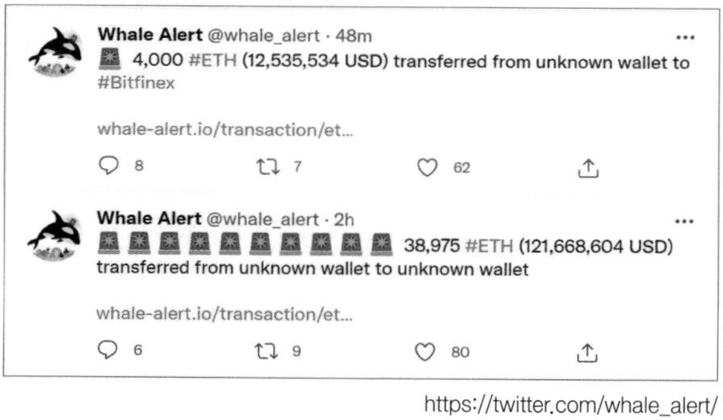

https://twitter.com/whale_alert/

뷰베이스

거래소 지갑의 순 유입(유입-유출) 데이터를 확인합니다. 하루, 일주일(7일), 한 달(30일)을 선택할 수 있습니다. 거래소에서 유출된 코인이 많을수록 순 유입 데이터는 마이너스가 됩니다. 따라서 마이너스 수치가 높을수록 고래의 매수 신호로 볼 수 있으며, 만약 플러스로 전환하면 거래소로 유입되는 양이 많아서 매도의 신호로 볼 수 있습니다.

모든 거래소에서 유입-유출되는 비트코인 수량 추이

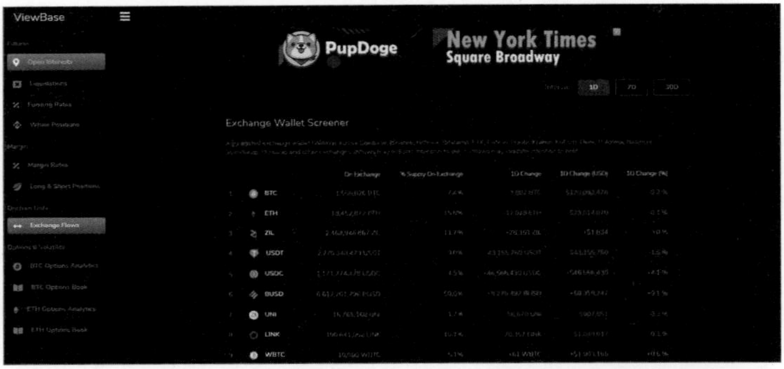

https://www.viewbase.com/exchange/

04 »»

공포에 사서 환희에 팔아라, 공포-탐욕 지수

투자자들의 심리를 나타내는 지표로 **공포-탐욕 지수**Crypto Fear and Greed Index가 있습니다.

암호화폐 공포-탐욕 지수

https://alternative.me/crypto/fear-and-greed-index/

지수의 범위는 1부터 100까지입니다. 수치가 낮을수록 투자자가 공포를 느끼는 것이고, 높을수록 탐욕스러운 것입니다. 사람들은 공포를 느끼면 투자를 주저합니다. 그러면 실제 가치보다 낮은 가격에 거래가 이루어질 가능성이 클 겁니다. 반면 탐욕이 만연해 있을 때는 수요가 늘어서 제 값보다 비싸게 거래됩니다. 따라서 공포-탐욕지수가 낮으면 **매수**를 하고, 높으면 **매도**를 하거나, **관망**해야 합니다.

1~20: 극단적인 공포(Extreme Fear) ⇨ **매수** 구간

80~100: 극단적인 탐욕(Extreme Greed) ⇨ **매도** 구간

일반적으로 이렇게 판단하지만, 단기적인 추세를 확인하는 것이기 때문에 맹신해서는 안 되고 참고용으로 사용해야 합니다. 공포-탐욕지수는 여섯 가지 항목으로 집계됩니다.

공포-탐욕 지수 측정 항목

유동성 25%	30일, 60일 이동평균을 기준으로 변동성이 비정상적으로 증가할 때 과열 여부 판단
시장모멘텀과 볼륨 25%	상승장에서 거래량이 증가할 때 탐욕장으로 판단
소셜미디어 15%	소셜미디어에서 비정상적으로 많은 언급은 탐욕장으로 판단
설문조사 15%	매주 암호화폐 투자자에게 설문조사를 실시해 탐욕장 여부 판단
비트코인 도미넌스 10%	비트코인의 암호화폐 시장 전체 시가총액 점유율에 따라 시장의 과열 여부 판단
트렌드 10%	구글 트렌드로부터 데이터를 받아서 과열 여부 판단

참고로 구글 트렌드(https://trends.google.com/trends/)나 네이버 검색어 트렌드(https://datalab.naver.com/keyword/trendSearch.naver)에서 자주 언급되는 암호화폐를 눈여겨보면 투자에 도움이 됩니다. 시장에서 인기가 좋다고 당장 매입해선 안 됩니다. 시장이 주목하는 이유를 분석하는 게 중요합니다. 앞으로도 성장 가능성이 충분하다고 판단되면 투자를 진지하게 고려해야 합니다.

05 ›››

한국이 왜 해외보다 더 비쌀까, 김치 프리미엄

김치 프리미엄은 국내 거래소의 암호화폐 시세가 해외 거래소보다 높은 것을 의미합니다. 줄여서 김프라고 합니다. 반대로 해외 거래소의 시세가 국내 거래소보다 높으면 역 프리미엄이라고 합니다. 줄여서 **역프**라고 합니다. 김치 프리미엄은 수요 대비 부족한 공급량 때문에 발생하는 현상입니다.

현금 가치 하락으로 인한 암호화폐 투자 열풍은 전 세계적인 현상입니다. 그런데 한국인들의 암호화폐 투자 수요는 유독 높은 편입니다. 업비트 거래소의 거래량은 세계 순위에서 TOP 5안에 들어갑니다. 빗썸, 코인원, 코빗 등도 상위권입니다.

수요가 늘어나는 대표적인 이유로 **포모**FOMO를 꼽습니다. FOMOFear Of Missing Out는 다른 사람은 모두 누리는 좋은 기회를 나만 놓칠까봐 걱정되고 불안한 마음입니다. 더욱이 한국은 인구 밀도가 높고, 인터넷이 발달해서 정보 공유가 빠릅니다. 상대적인 박탈감이 클 수밖에 없는 환경이죠.

그에 반해 공급은 크게 부족합니다. 우선 중국 등과 비교해서 전기세가 비싸서 채굴업자에 의한 공급은 거의 없는 실정입니다. 더욱 중요한 이유는 해외에서 비트코인을 쉽게 사 올 수 없는 구조 때문입니다.

어떤 상품의 가격이 시장마다 다르면 저렴한 시장에서 사서 비싼 시장에서 팔아 매매차익을 얻을 수 있습니다. 이를 **재정거래**라고 합니다. 재정거래가 활발히 일어나면 시장 간의 가격 차이는 서서히 사라집니다. 그런데 한국은 외환 거래법으로 인해 재정거래가 사실상 막혀 있습니다. 해외로부터 비트코인의 유입과 유출이 자유롭지 못하고, 각종 규제도 많습니다. 은행 실명계좌 연동으로 외국인은 국내 거래소를 사용할 수조차 없습니다. 따라서 국내 거래소는 코인의 풍부한 유동성을 확보하는데 제한이 있습니다.

투자자들은 김치 프리미엄을 어떻게 활용하면 될까요? 김치 프리미엄은 시장이 뜨거울수록 높이 상승하는 경향이 있습니다. 흔히 1차 불장이라고 부르는 2017~2018년의 상승장에서는 무려 30%가 넘기도 했습니다. 2021년 초순의 2차 불장에서는 10~15% 수준이었습니다. 그러다가 시장이 폭락하면서 김치 프리미엄도 사라졌습니다. 김치 프리미엄이 천정부지로 치솟는다면 시장의 조정이 임박했다는 신호로 볼 수 있습니다. 김치 프리미엄이 얼마나 올라가면 시세가 하락하는지에 대한 기준은 없습니다. 다른 지표들과 함께 종합적으로 판단해야 합니다. 김치 프리미엄은 다음 두 사이트에서 확인할 수 있습니다.

김프가

https://kimpga.com/

크라이프라이스

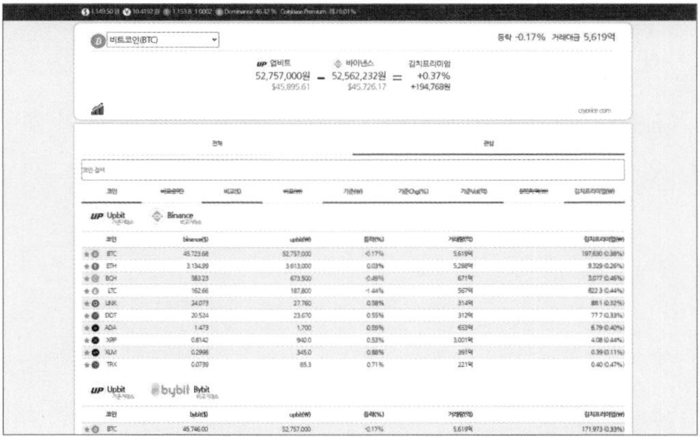

https://cryprice.com/

이것만은 알아두자 김치 프리미엄으로 돈 버는 재정거래

김치 프리미엄을 활용해서 재정거래를 하는 투자자가 간혹 있습니다. 이를 김프 매매라고 합니다. 재정거래는 거래소의 가격 차이를 이용하기 때문에 사실상 무위험 투자입니다. 그런데 왜 많은 투자자가 적극적으로 뛰어들지 않을까요? 해외 거래소에서 암호화폐를 매입하는 과정이 막혀 있기 때문입니다. 대부분의 해외 거래소에서는 카드 결제나 현금으로 암호화폐를 매입할 수 없습니다. 재정거래의 일반적인 방법은 국내 거래소에서 코인을 매입해 해외 거래소로 보내는 것입니다. 따라서 김치 프리미엄만큼 손해를 보고 거래를 시작하는 경우가 빈번합니다.

손해를 보지 않으려면 역 프리미엄이 발생했을 때 국내 거래소에서 매입해 해외 거래소로 보내야 합니다. 그리고 김치 프리미엄이 발생했을 때 다시 해외 거래소에서 국내 거래소로 들어와야 합니다. 따라서 매매의 시점이 꽤 중요합니다.

전송할 때 주로 이용하는 코인은 속도가 빠르고 수수료가 저렴한 리플, 스텔라루멘, 트론 등입니다. 참고로 법적인 문제도 고려해야 합니다. 한국은 〈외국환관리법〉 기준으로 미화 5만 달러, 우리 돈 약 5,500만 원이 넘는 돈을 송금하려면 사유를 신고해야 합니다.

06 ›››

공매도가 암호화폐 시장에 미치는 영향

암호화폐 거래에는 **현물거래**와 **선물거래**가 있습니다. 현물거래는 계약 성립 시에 이미 존재하는 상품을 매매하는 것입니다. 업비트나 빗썸 거래소에서 코인을 매매하는 것이 바로 현물거래입니다. 반면 선물거래는 아직 시장에 나오지 않은 물건을 나중에 일정 가격에 사고팔겠다고 미리 약속해 놓는 것입니다.

선물거래에는 **롱포지션**(공매수)과 **숏포지션**(공매도)이 있습니다. 롱포지션은 자산의 가격이 상승하면 수익이 발생하는 것입니다. 현물거래와 사실상 같지만 레버리지를 동반한 거래라는 측면에서 차이가 있습니다. 레버리지는 수익을 늘리기 위해서 부채를 끌어다가 쓰는 투자 전략입니다. 숏포지션은 자산의 가격이 하락하면 수익이 발생합니다. 현재의 가격에서 미리 매도 거래를 하고, 미래의 하락한 가격대에서 매수합니다.

2021년 8월 1일 기준으로 바이낸스 거래소의 일일 선물거래 규모는 약 74조 원입니다. 현물거래는 약 20조 원입니다. 현물거래보다 선물거래를

3배 넘게 이용하고 있습니다. 상황이 이렇다 보니 선물시장에 의해 현물시장이 좌지우지되는 현상이 발생합니다. 이를 왝더독Wag the Dog이라고 부릅니다. 꼬리가 개의 몸통을 흔든다는 뜻으로 현물이 몸통이고, 선물이 꼬리에 해당합니다. 하극상 혹은 주객전도를 이르는 것입니다.

왝더독이 발생하는 이유는 선물시장의 비중이 지나치게 커지면서 투자자가 선물매매를 원래의 목적인 헤지용(위험회피)으로 하지 않고, 투기 거래의 대상으로 삼기 때문입니다. 주식시장에서도 기관투자자의 과도한 공매도가 문제가 되고 있습니다. 따라서 선물거래소의 비트코인 롱포지션과 숏포지션 비율을 통해 시장의 방향성을 추측해볼 수 있습니다.

비트코인 롱/숏 비율

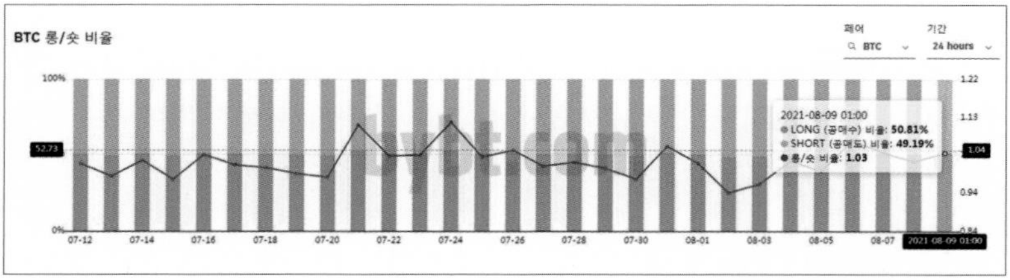

https://www.bybt.com/ko/LongShortRatio/

롱포지션이 높으면 현물시장에서 가격 상승이 일어날 가능성이 크고, 숏포지션이 높아지면 **가격 하락**이 발생할 가능성이 큽니다.

참고로 국내 거래소는 선물거래를 금지하고 있습니다. 선물거래를 하는 투자자는 해외 거래소를 이용합니다. 바이낸스 거래소에서 선물거래가 가능합니다. 바이낸스 선물거래는 담보금을 토대로 최대 125배의 레버리지를 사용할 수 있습니다. 바이비트나 비트맥스처럼 선물거래를 전문으로 하는 거래소도 있습니다.

개인적으로 선물거래에 대해 부정적인 시각을 가지고 있지는 않습니다. 하지만 선물거래는 초보 투자자에게 무척 위험한 시장이 분명합니다. 꼭 하고 싶다면 적은 돈으로 시작해야 하고, 레버리지를 최대 10배 정도로 두고 많은 경험을 쌓아야 합니다. 거래에 성공했을 때 현물거래보다 훨씬 높은 수익을 올릴 수 있습니다. 하지만 반대라면 심각한 상황이 벌어집니다. 마진콜과 강제청산을 당해 계좌에 있는 모든 자금을 한꺼번에 날릴 수 있습니다.

07 ›››

해시레이트와 비트코인 가격의 상관관계

해시레이트는 연산 처리 능력을 측정하는 단위입니다. 해시레이트가 높다는 건 암호화폐를 채굴 중인 채굴기의 숫자가 많거나, 채굴기의 사양이 높다는 뜻입니다. 채굴 난이도가 높은 비트코인은 해시레이트가 가격에 영향을 미칩니다.

비트코인의 블록 생성 주기는 10분 내외입니다. 이 주기는 채굴자가 많은 적든 거의 비슷하게 유지됩니다. 비트코인 네트워크가 연산의 난이도를 조절하기 때문입니다. 일반적으로 해시레이트가 증가하면 비트코인의 가격은 상승합니다. 반대로 헤시레이트가 하락하면 비트코인의 가격도 하락합니다. 그 이유를 알아보겠습니다.

① 해시레이트 상승

해시레이트가 상승하면 채굴의 난이도가 높아집니다. 같은 양의 비트코인을 여러 참여자가 치열하게 경쟁하면서 채굴해야 하기 때문입니다. 따라서 비트코인의 생산 단가는 올라가고, 희소성도 높아집니다. 이는 판매 가격 상승으로 이어집니다. 가격이 오른 비트코인을 채굴하기 위해서는 더 많은 채굴기를 가동해야 합니다. 그러면 해시레이트는 더욱 높아지고, 가격은 연속적으로 상승하게 됩니다.

② 해시레이트 하락

해시레이트가 하락하면 경쟁이 줄어서 비트코인을 더 쉽게 채굴할 수 있습니다. 따라서 생산 원가는 낮아지고, 비트코인을 저렴하게 판매할 수 있게 됩니다.

해시레이트 변화 추이

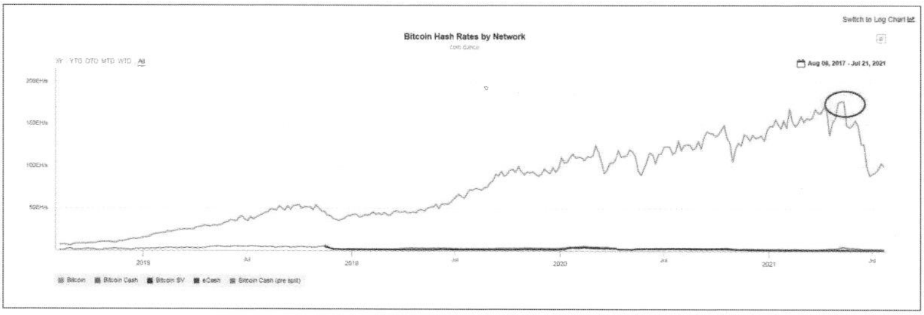

https://coin.dance/

중국의 채굴장 폐쇄 직후 해시레이트는 크게 하락했습니다. 비트코인의 가격 역시 동반 하락했습니다.

참고로 비트코인의 가격이 일시적으로 하락하더라도 해시레이트의 추이에 큰 변화가 없다면 향후 가격이 회복될 가능성이 큽니다.

08 »»

미국의 경제 흐름에 주목해야 하는 이유

미국의 경제지표는 왜 중요할까?

미국의 경제지표는 자본시장에 큰 영향을 미칩니다. 주식투자를 해보신 분은 주요 경제지표가 발표될 때마다 주가가 크게 오르내리는 걸 경험한 적이 있을 겁니다. 암호화폐 역시 자본시장에 속해있기 때문에 경제지표에서 자유로울 수 없습니다.

경제지표를 통해 경기가 얼마나 살아났는지, 금융정책에는 변화가 있을지 가늠해볼 수 있습니다. 미국의 경제지표는 주별, 월별, 분기별 발표가 있는데, 주요 지표는 주로 월 단위로 발표합니다. 경제지표분석의 핵심은 **컨센서스**입니다. 정부는 지표를 발표하기 전에 경제 전문가 30~40명을 대상으로 의견을 묻습니다. 그리고 전문가들이 분석한 전망치의 평균값인 컨센서스를 미리 발표합니다.

경제지표에서 중요한 건 절대적인 수치가 아니라, 컨센서스와의 상대적인 차이입니다. 자산의 가격은 경제지표가 발표되기 전에 컨센서스를 먼저

경제지표 실제 발표치와 컨센서스 비교

Calendar	GMT	Reference	Actual	Previous	Consensus	TEForecast
2021-05-07	12:30 PM	Apr	6.1%	6%	5.8%	5.8%
2021-06-04	12:30 PM	May	5.8%	6.1%	5.9%	6%
2021-07-02	12:30 PM	Jun	5.9%	5.8%	5.7%	5.7%
2021-08-06	12:30 PM	Jul	5.4%	5.9%	5.7%	5.8%
2021-09-03	12:30 PM	Aug		5.4%		

https://ko.tradingeconomics.com/

반영합니다. 투자자의 기대감이나 공포심에 의해 미리 올라가거나 내려가죠. 실제 경제지표가 발표되면 컨센서스를 상회하는지 하회하는지에 따라 가격 조정이 이루어집니다. 컨센서스를 웃돌면 가격이 더 상승하거나, 보합을 유지하고, 밑돌면 하락합니다. 경제지표는 트레이딩 이코노믹스와 인베스팅닷컴 경제 캘린더에서 주로 확인합니다.

트레이딩이코노믹스

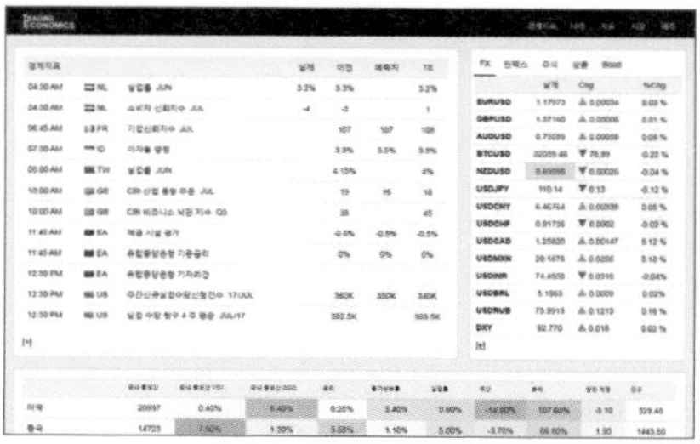

https://ko.tradingeconomics.com/

인베스팅닷컴

https://kr.investing.com/economic-calendar/

중요한 경제지표가 많습니다. 예를 들어 GDP는 개인소비, 기업투자, 정부구매, 순수출 등 가장 광범위한 분야의 데이터를 측정한 것입니다. GDP를 통해 전반적인 경제성장을 가늠해볼 수 있습니다. 미국의 기업 활동과 경기 흐름을 가늠할 수 있는 ISM 제조업지수, 비제조업지수 등도 중요합니다. 그런데 자본시장의 가격변동에 가장 큰 영향을 주는 것은 **고용**과 **소비**

및 물가 관련 지표입니다.

고용 관련 경제지표

가장 중요한 경제지표는 고용지표입니다. 소비 및 물가와 관련한 지표가 가장 중요하다는 분들이 더러 있습니다. 하지만 사람들이 돈을 벌지 못하면 소비가 늘어날 수 없습니다. 고용지표는 실물경제가 얼마나 살아났는지를 판단하는 첫 번째 지표입니다. 미국의 주요 고용 관련 지표로는 **실업률, 비농업 고용지수, 실업수당 청구 건수**가 있습니다.

- **실업률**(Unemployment Rate)

경제활동 인구 가운데 실업자가 차지하는 비율입니다. 매월 첫째 주 금요일에 발표합니다. 실업률이 낮으면 경기가 활성화된 상태를 의미합니다. 고용이 늘었다는 건 기업이 돈을 잘 벌고 있고, 더 많은 생산을 위해 사람들을 고용한다는 의미입니다. 이는 개인의 소비 증가로 이어집니다. 미국 정부가 안정적으로 보는 실업률은 3%대입니다.

- **비농업 고용지수**(Nonfarm Payrolls)

농축산업을 제외한 산업 분야의 전월 고용 인구수의 변화입니다. 이 지표도 매월 첫째 주 금요일에 발표합니다. 농축산업을 제외한 이유는 계절적 영향 때문입니다. 또한 미국은 서비스업이 차지하는 비중이 매우 높습니다.

• **실업수당 청구 건수**(Jobless Claims)

전주에 실업 수당을 청구한 사람의 수입니다. 청구 건수가 높을수록 고용 상황이 좋지 않다는 신호입니다. 매주 목요일에 발표합니다. 주 단위로 발표하기 때문에 고용시장의 분위기를 빠르게 파악하는 데 활용됩니다. 신규와 연속이 있습니다. 신규는 최초로 실업 수당을 신청한 사람이고, 연속은 몇 주 동안 연속으로 실업 수당을 청구한 사람입니다.

소비 및 물가 관련 경제지표

정부의 유동성 공급이 크게 늘면서 중요성이 강조되고 있는 지표입니다. 인플레이션에 대한 우려 때문입니다. 자본시장의 가격변동에 큰 영향을 미치고 있습니다.

• **소비자물가지수**(Consumer Price Index, CPI)

도시의 가계가 일상생활을 유지하기 위해서 구매하는 각종 상품과 서비스의 가격 변동을 종합적으로 측정하기 위해 작성하는 지표입니다. 전통적으로 인플레이션을 측정하는 도구로 사용되어 왔습니다. 주택, 운송, 식료품, 의료, 레크리에이션, 교육, 의류, 기타 상품 및 서비스 등 총 8개로 구성되어 있습니다. CPI 상승이 경제회복에 따른 자연스러운 결과라고 해석되면 자본시장은 강세를 보입니다. 반면 인플레이션의 조짐으로 분석되면 시장은 하락합니다. 수개월에 걸친 방향성을 보아야 하고, 세부적인 항목을 꼭 살펴보아야 합니다.

소비자물가지수 확인

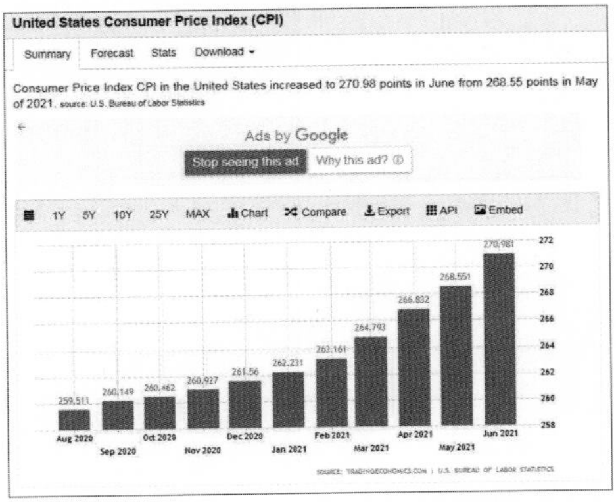

https://tradingeconomics.com/united-states/consumer-price-index-cpi

• **생산자물가지수**(Producer Price Index, PPI)

제조업자가 판매한 상품의 가격 변동을 측정하는 지표입니다. 원자재와 중간재의 가격 변동, 제품 출고가 등을 반영하고 있어 경제 활력을 가장 잘 들여다볼 수 있습니다. 소비자물가지수의 선행 지표로 사용됩니다.

• **개인소비지출**(Private Consumption Expenditure, PCE)

가계와 민간 비영리기관이 물건을 사거나 서비스를 이용하는데 지급한 모든 비용을 합친 것입니다. 한 나라에 있는 모든 개인이 소비한 돈의 총액이라고 볼 수 있습니다. 향후 경기를 예측하는 지표로 사용됩니다.

경제지표는 아니지만 중요하게 보아야 하는 항목이 두 가지 더 있습니다. 바로 FOMC 미팅 일정과 달러 인덱스 지수의 변화입니다. 미국의 달러를 발행하는 곳은 미국의 중앙은행인 연방준비제도입니다. 줄여서 연준이라고도 합니다. 연준은 미국의 통화 정책을 결정하는 기관으로 사실상 전 세계 금융 시장의 방향성을 좌지우지합니다. 연준의 최고 의사 결정권자가 FOMCFederal Open Market Committee를 구성하고 있는데, FOMC는 매달 회의를 합니다. 금리 인상, 테이퍼링 등 중요한 정책 결정이 이곳에서 이루어집니다. FOMC 미팅 일정을 전후로 자산 가격이 하락하는 경향이 있습니다.

달러지수 변동 추이

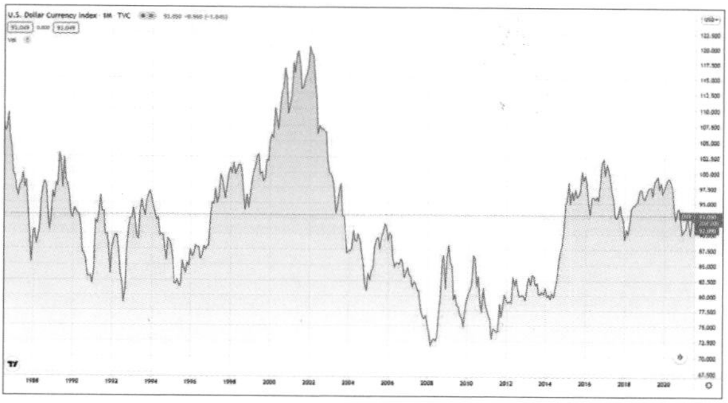

https://www.tradingview.com/

다음으로 미국의 달러 지수를 확인해야 합니다. 달러 지수는 세계 주요 6개국 통화 대비 달러화의 평균적 가치를 나타내는 지표입니다. 달러의 가치가 올라가면, 자산의 가치는 하락합니다. 반대로 달러의 가치가 하락하면, 자산의 가치는 올라가는 경향이 있습니다. 달러 지수는 트레이딩뷰에서 확인할 수 있고, DXY를 검색하면 됩니다.

이번 장에서는 시장의 전체적인 분위기를 확인하는 지표를 살펴보았습니다. 다음 장에서는 차트를 통해 개별 코인의 매매 시점과 추세 변화를 찾는 방법을 함께 살펴보겠습니다.

CHAPTER 7

마켓 타이밍을 잡는 차트분석법

시장에서 떠나지 않는 한 좋은 기회는

몇 번이고 다시 찾아옵니다

01 ›››

차트 투자는 심리를 읽는 것이다

가격의 변화를 도표화해서 과거의 일정한 패턴을 찾아내고, 이 패턴을 이용해 앞으로의 가격 변동을 예측하는 방법을 **기술적 분석**이라고 합니다. 기본적으로는 차트분석이고, 이동평균선, 추세선, 저항, 지지, 보조지표 등을 함께 활용합니다. 기술적 분석은 세 가지 가정에 의해서 성립됩니다.

① 시장 가치는 수요와 공급으로 결정된다.

② 추세나 패턴은 반복되기 때문에 과거의 패턴이 다시 나타난다.

③ 투자자들은 비슷한 상황에서 비슷한 판단을 한다.

기술적 분석의 목적은 상승과 하락의 흐름을 파악하고, 반전 지점을 찾는 것입니다. 즉, 매수와 매도의 **타이밍**을 잡기 위해서 사용합니다. 기술적 분석은 크게 세 가지로 나눌 수 있습니다.

① **추세분석** 가격 변동은 불규칙해 보이지만, 멀리서 바라보면 큰 흐름이 있습니다. 바로 상승, 횡보, 하락추세입니다.

② **패턴분석** 과거의 가격 흐름으로 확립된 다양한 패턴이 있습니다. 패턴분석으로 바닥과 천장을 찾을 수 있습니다.

③ **지표분석** RSI, MACD 등 여러 지표를 활용해 시장의 상황을 직관적으로 확인할 수 있습니다.

기술적 분석은 단기투자자에게 더 유용합니다. 그렇다고 장기투자자에게 차트가 필요 없는 것은 아닙니다. 좋은 지점에서 매매해서 손해 볼 일은 없으니까요. 아무리 좋은 코인이라도 적절하지 못한 타이밍에 매입하면 플러스 수익으로 전환하는 데 상당한 시간이 걸릴 수 있습니다.

물론 차트만으로 매매 여부를 완벽히 판단하기는 어렵습니다. 기술적 분석은 가격의 움직임만으로 분석하기 때문에 인간의 심리 패턴을 읽는 데 집중합니다. 암호화폐의 내재적, 기술적 가치는 관심의 대상이 아닙니다. 하지만 어떤 자산이든 장기적으로는 가치에 수렴합니다.

차트를 누군가 일부러 왜곡시키기도 합니다. 과거 패턴이 반드시 미래에 똑같이 나타나리란 법도 없습니다. 차트를 활용한 매매는 언제든 반대의 상황이 나올 수 있다는 걸 염두에 두고 위험에 대비해야 합니다. 결론적으로 암호화폐의 가치 분석과 함께 활용하면 더 성공적인 투자를 할 수 있습니다.

거래소에서 제공하는 기본 차트를 사용하는 투자자가 가장 많지만, 조금 더 적극적으로 투자하려는 분들은 트레이딩뷰를 주로 활용합니다. 트레이딩뷰 차트는 대부분의 거래소 종목을 검색할 수 있고, 가장 많은 보조지표 및 분석 도구를 제공합니다. 사용자 인터페이스도 잘 되어 있습니다. 무엇보다 해외 유명 차티스트의 아이디어를 확인할 수 있다는 것이 장점입니다. 유료 사이트이지만, 무료 서비스로도 차트의 핵심 기능 대부분을 사용할 수 있습니다.

트레이딩뷰 차트

https://www.tradingview.com/

트레이딩뷰 아이디어 화면

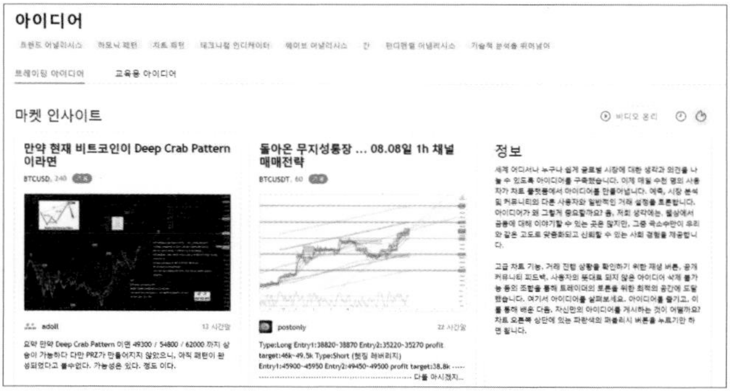

https://www.tradingview.com/

이것만은 알아두자 트레이딩뷰에서 각종 지표 적용하기

트레이딩뷰 차트에서 지표를 적용하려면 상단의 인디케이터즈Indicators를 선택하면 됩니다.

트레이딩뷰 지표 설정하기

https://www.tradingview.com/

캔들차트와 더불어 기술적 분석의 핵심이 되는 이동평균선, 상대강도지수, 이동평균 수렴확산지수 등의 지표는 아래의 키워드로 검색할 수 있습니다.

- 이동평균선Moving Average 검색어: MA
- 상대강도지수Relative Strength Index 검색어: RSI
- 이동평균 수렴확산지수Moving Average Convergence Divergence 검색어: MACD

트레이딩뷰 추세선과 피보나치 되돌림 설정하기

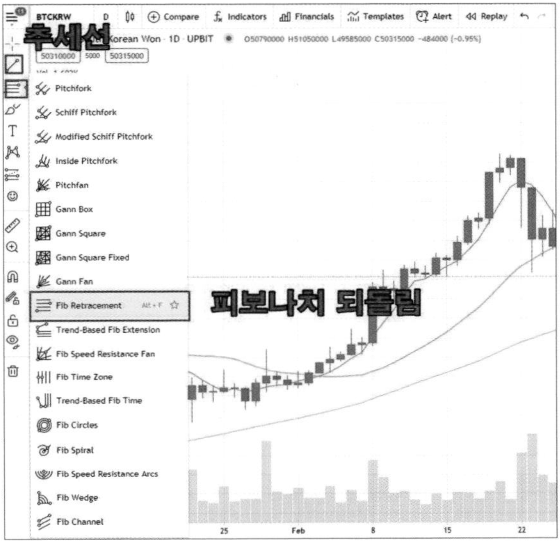

https://www.tradingview.com/

추세선과 피보나치 되돌림을 활용하려면 좌측의 도구에서 선택하면 됩니다. 말씀드린 개념에 대해서는 하나씩 자세히 알려드리겠습니다.

02 ›››

차트분석의 기본은 캔들(봉) 이해하기

캔들의 구성 이해하기

차트의 종류에는 여러 가지가 있는데, 그중 가장 기본이 되는 건 캔들(봉)차트입니다. 캔들차트의 구성과 활용 방법을 알아보겠습니다.

① 캔들의 가격

하나의 캔들은 시가, 고가, 저가, 종가로 이루어져 있습니다. 이를 통해 매수세와 매도세의 움직임을 파악할 수 있습니다.

- 시가: 거래가 시작되고 처음 형성된 가격(장이 시작한 가격)
- 종가: 거래가 종료된 시점에 형성된 가격(장이 끝난 가격)
- 고가: 장거래 기간 중 가장 높은 가격
- 저가: 장거래 기간 중 가장 낮은 가격

암호화폐 시장은 24시간 365일 돌아가지만, 시초가 형성을 위해 매일 오전 9시에 장이 새롭게 바뀝니다.

② 캔들의 구성

한국과 일본에서는 상승장을 빨간색, 하락장을 파란색으로 표시합니다. 미국은 상승장이 파란색, 하락장이 빨간색입니다. 따라서 국내 거래소의 차트와 트레이딩뷰 차트의 색깔이 반대입니다.

상승장에서 만들어진 캔들을 양봉이라고 부르고, 하락장에서 만들어진 캔들을 음봉이라고 부릅니다.

- 양봉: 시가보다 종가가 올라가는 상승장(한국: 빨간색, 미국: 파란색)
- 음봉: 시가보다 종가가 내려가는 하락장(한국: 파란색, 미국: 빨간색)
- 도지: 시가와 종가가 똑같은 장

양봉은 거래 기간동안 매입이 매도보다 많았다는 의미(매입 > 매도)이고, 음봉은 반대로 매도가 매입(매도 > 매입)보다 많았다는 것입니다. 캔들은 위꼬리, 몸통, 아래꼬리로 구성되어 있습니다. 앞서 설명한 내용을 종합해서 양봉과 음봉을 표시하면 아래와 같습니다.

캔들의 구성과 예시

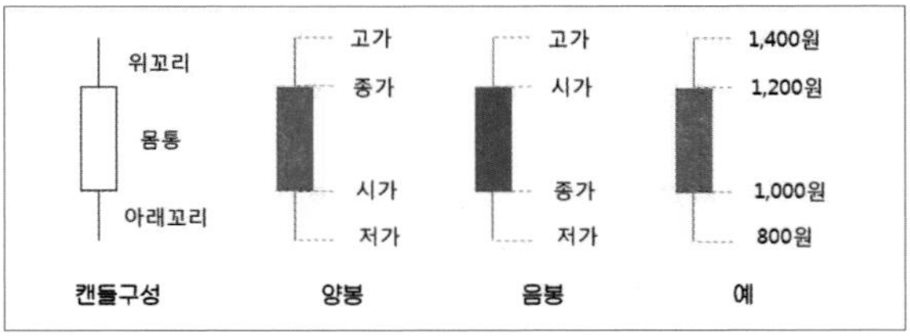

양봉과 음봉은 한국식으로 표기했습니다. 양봉으로 예를 한 번 들어보겠습니다. 코인의 첫 거래가 1,000원으로 이루어졌고(시가), 장중에 최저가

800원(저가), 최고가 1,400원(고가)까지 갔습니다. 이후에 1,200원으로 장마감(종가)되었습니다.

③ 캔들의 기간

하루 동안의 캔들을 일봉이라고 합니다. 1주일은 주봉, 1개월은 월봉, 1년은 연봉입니다. 일반적으로 일봉을 가장 많이 사용하지만, 장기투자자는 긴 호흡으로 보아야 합니다. 따라서 일봉과 더불어 주봉, 월봉을 함께 활용합니다. 단기투자자는 일봉보다 더 짧은 기간의 캔들인 분봉, 시간봉을 활용합니다. 시간봉은 주로 1시간봉, 4시간봉을 확인하고, 분봉은 5분봉, 15분봉을 보는 경우가 많습니다. 투자의 목적에 따라 활용하는 캔들의 기간은 달라집니다.

캔들을 투자에 활용하는 방법

위꼬리-아래꼬리에 따른 주가 변화 추이

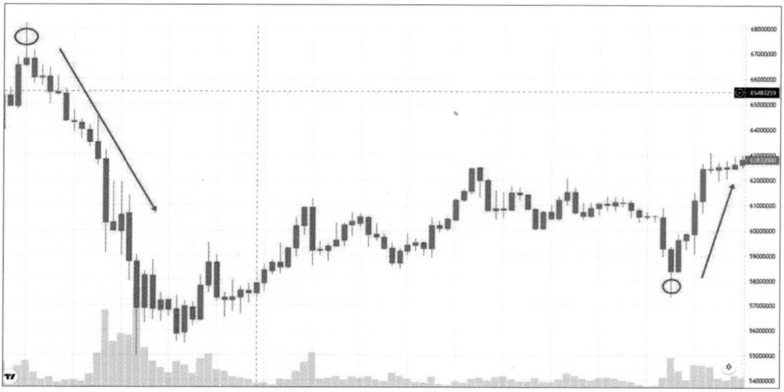

https://www.tradingview.com/chart/

캔들차트에서 상승과 하락을 의미하는 다양한 패턴이 있습니다. 상승형은 망치형, 적삼병, 상승장악형, 관통형 등이 있습니다. 하락형은 유성형, 하락 샅바형, 흑운형, 흑삼병 등이 있습니다. 그런데 패턴을 종합적으로 보면 크게 두 가지 요소가 중요하다는 걸 알 수 있습니다. 바로 꼬리의 길이와 방향성, 몸통의 길이입니다.

① 꼬리의 길이와 방향성

아래꼬리가 길다는 건 종가가 당일의 저점 대비 크게 상승했다는 것입니다. 즉 장중에 급락을 보이던 주가가 강한 매수세가 나와 반등하며 마감한 것입니다. 아래꼬리가 긴 캔들의 출현은 **단기적인 주가상승**을 의미합니다.

반면 위꼬리가 길다는 건 종가가 당일의 고점 대비 크게 밀려 내려왔다는 의미입니다. 장중에 강한 상승세를 보였지만, 고점에서 강한 매도세가 나오면서 마감했다는 것입니다. 위꼬리가 긴 캔들의 출현은 **단기적인 주가의 하락**을 예고하는 패턴입니다.

② 캔들의 길이와 반복 빈도

봉의 길이가 긴 양봉을 장대양봉이라고 하고, 봉의 길이가 긴 음봉을 장대음봉이라고 합니다. 장대양봉이나 장대음봉이 나왔다는 건 한쪽의 힘이 더 강하다는 것입니다. 며칠 연속으로 장대양봉이 나왔다면 매수세가 연속적으로 유입된 것으로 상승 흐름을 뜻합니다. 장대음봉은 반대로 매도세가 강했다는 것으로 하락 흐름을 의미합니다.

단, 캔들차트만을 맹신하면 안 됩니다. 반대의 흐름이 빈번하게 일어납니다. 차트는 여러 지표와 함께 종합적으로 판단해야 합니다.

참고로 전일 종가와 당일 시가가 차이가 나는 경우를 갭GAP이라고 합니다. 캔들차트로 보면 캔들 사이에 틈이 생깁니다. 갭이 형성되는 이유는 **매수와 매도의 불균형 때문**입니다. 다시 말해서 한쪽의 힘이 매우 강해서 발생하는 것이죠.

시가가 전일 종가보다 높은 것을 갭 상승이라고 합니다. 강한 매수세를 의미하고, 특히 전고점을 뚫고 갭 상승이 나오면 유의 깊게 지켜보아야 합니다. 시가가 전일 종가보다 낮을 때 갭 하락이라고 합니다. 강한 매도세를 의미합니다. 단기적인 투자 손실이 발생할 수 있습니다. 단, 갭은 시간이 지나면 메워지는 일이 많습니다.

03 >>>

다양하게 활용되는 이동평균선

이동평균선이 무엇일까?

이동평균선은 기술적 분석의 가장 기본적인 도구로 일정 기간의 평균 가격을 산출해 선으로 연결한 것입니다. 만약 5일 이동평균선이라고 하면 5영업일 동안의 가격 평균값을 의미합니다. 예를 들어보겠습니다.

이동평균 예시

영업일	1일	2일	3일	4일	5일
가격	1,000	1,100	1,200	1,300	1,400
5일 이동평균					1,200

단위: 원

5일 이동평균은 1,200원입니다. 반면 5일의 현재 가격은 1,400원입니다. 현재의 가격이 5일 평균값보다 높아서 최근 5일간 거래한 투자자들은 평균적으로 수익을 내고 있다는 의미로 해석할 수 있습니다. 코인의 가격이 이동평균선 위에 있고, 이동평균선도 위로 상승하면 기술적으로 상승추세에 있음을 의미합니다.

이동평균선은 주로 5일, 10일, 20일, 60일, 120일, 200일 선 등을 사용합니다. 이동평균선은 기간마다 나름의 의미를 지니고 있습니다. 5, 10일 선은 단기매매선이라 부르고, 단기적인 추세를 확인하는 데 사용합니다. 20일 선은 가장 중요한데 중기매매선 혹은 심리선, 생명선이라고 부릅니다. 그만큼 중요하다는 것입니다. 60일 이동평균선은 수급선, 120일, 200일 이동평균선은 장기추세선이라고 합니다. 이동평균선에서 중요한 건 **배열**과 **교차 지점**입니다.

이동평균선의 배열을 활용한 추세분석

이동평균선 정배열과 역배열

https://www.tradingview.com/chart/

• 정배열: 현재 가격 > 5일 선 > 10일 선 > 20일 선 > 60일 선 > 120일 선

현재 가격이 이동평균선 위에 있고, 짧은 기간의 이동평균선이 긴 기간의 이동평균선보다 위에 있는 것을 정배열이라고 합니다. **상승추세**를 의미합니다.

• 역배열: 120일 선 > 60일 선 > 20일 선 > 10일 선 > 5일 선 > 현재 가격

현재 가격이 이동평균선 아래에 있고, 긴 기간의 이동평균선이 짧은 기간의 이동평균선보다 위에 있는 것을 역배열이라고 합니다. **하락추세**를 의미합니다.

골든크로스와 데드크로스로 매매 지점 찾기

다음으로 골든크로스와 데드크로스가 있습니다.

골든크로스와 데드크로스

https://www.tradingview.com/chart/

단기 이동평균선이 중장기 이동평균선 위로 돌파해 올라왔을 때를 **골든크로스**라고 합니다. 반대로 단기 이동평균선이 중장기 이동평균선 아래로 떨어졌을 때를 데드크로스라고 합니다. 골든크로스는 **상승추세**로의 전환을 의미하고 **매수 신호**로 분석합니다. 데드크로스는 **하락추세**로의 전환을 뜻하고, **매도 신호**로 봅니다.

역시나 주의해야 할 것이 있습니다. 골든크로스가 나왔다고 무턱대고 매입을 하면 안 됩니다. 거래량과 캔들의 크기 등을 함께 보아야 합니다. 상

승의 흐름이 얼마나 강한지를 판단해야 합니다.

지지와 저항으로 활용되는 이동평균선

이동평균선의 지지와 저항 역할

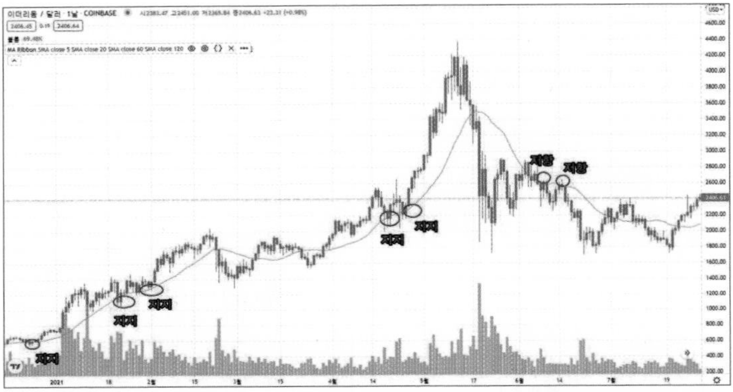

https://www.tradingview.com/chart/

이동평균선은 기본적으로 **지지선**과 **저항선**의 역할을 합니다. 지지는 가격이 일정 수준까지 떨어지면 매입 세력에 의해 가격이 더 하락하지 않는 것을 뜻합니다. 저항은 가격이 일정 수준까지 올라가면 매도 세력에 의해서 더 상승하지 않게 되는 것입니다.

코인의 시세가 상승 중이면 이동평균선은 지지선의 역할을 합니다. 만약 이동평균선을 하향 이탈해 가격이 하락하게 되면 이동평균선은 지지선에서 저항선으로 역할이 바뀝니다. 지지선과 저항선으로 가장 많이 활용되는 건 **20일 이동평균선**입니다. 참고로 비트코인의 장기 추세를 볼 때는 200일 이동평균선이 중요합니다. 미국의 투자 리서치 업체인 펀드스트랫은 "200일 이동평균선 위에서 사라"는 비트코인 거래 법칙을 제시하기도 했습니다.

04 »»

시장의 큰 흐름을 읽는 추세선 투자법

추세는 가격이 일정 기간 같은 방향으로 움직이는 성질을 의미합니다. 코인의 가격은 끊임없이 오르내리기를 반복하지만, 멀리서 긴 흐름으로 보면 일정한 방향성이 있습니다. 크게 상승추세, 하락추세, 횡보추세가 있습니다.

- 상승추세: 가격이 연속적으로 상승하는 것
- 하락추세: 가격이 연속적으로 하락하는 것
- 횡보추세: 가격이 상하 방향성 없이 수평으로 움직이는 것

추세가 상승에서 하락, 혹은 하락에서 상승으로 바뀌는 걸 추세전환이라고 합니다.

기간에 따라서 단기추세, 중기추세, 장기추세로도 구분합니다. 셋은 같은 방향으로 움직일 수 있지만, 다르게 가기도 합니다. 예를 들어 장기추세는 상승인데, 단기추세는 하락일 수 있습니다. 이를 단기 조정이라고 부릅

니다. 단기추세는 일봉, 중기추세는 주봉, 장기추세는 월봉 차트를 주로 사용합니다.

추세선을 그리는 방법은 간단합니다. 최소 2개 이상의 저점이나 고점을 연결해 선을 그어주면 됩니다. 유의할 점은 저점은 저점끼리 연결하고, 고점은 고점끼리 연결해야 한다는 것입니다. 더 많은 고점과 저점이 추세선에 닿을수록 추세선의 신뢰도는 올라갑니다.

추세선의 지지와 저항 역할

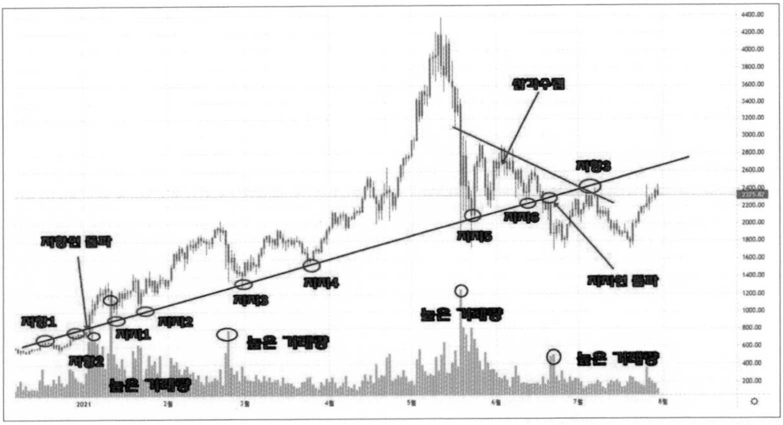

https://www.tradingview.com/chart/

위의 차트를 보면서 추세선을 설명하겠습니다. 추세선은 처음에 저항선으로 작용했습니다. 저항 지점을 두 번쯤 터치했습니다. 그러다 저항을 뚫고, 상승 돌파가 일어나자 추세선은 저항선에서 지지선으로 바뀝니다. 이후 지지를 여섯 차례 정도 시험합니다. 가격이 크게 올랐다가 하락한 지점에서도 굳건하게 지지를 유지합니다(지지 5번). 하지만 하락추세선과 상승추세선이 만나는 삼각수렴이 형성되고, 코인의 가격은 지지선을 뚫고 하방 돌파합니다. 이후 추세선은 다시 저항선으로 작용합니다. 추세선을 활용한 분석의 핵심은 다음과 같습니다.

① 지지는 돌파당하면 저항으로 바뀌고, 저항은 돌파당하면 지지로 바뀝니다.

② 지지나 저항을 몇 번 확인했는지가 중요합니다. 선을 많이 터치할수록 더욱 견고한 지지와 저항이 됩니다.

③ 지지나 저항이 돌파당하는 지점에서는 가격의 등락이 꽤 큽니다. 저항을 상승 돌파하면 가격이 크게 오를 가능성이 있기 때문에 매수 구간으로 봅니다. 분할매수로 조금씩 매입하면 됩니다. 지지가 하락 돌파 당하면 가격이 크게 떨어질 수 있어서 단기투자자의 경우 매도 구간으로 봅니다.

④ 상승추세선과 하락추세선이 만나는 지점에서는 주로 삼각수렴 패턴이 만들어집니다. 위 차트에서 보이는 패턴은 대칭 삼각형입니다. 대칭 삼각수렴 패턴은 상승과 하락 여부를 판단하기 어렵습니다. 다만 어느 쪽으로든 돌파되면 큰 폭의 가격 변화가 일어날 수 있습니다.

⑤ 가격은 속여도 **거래량**은 속이지 못한다는 이야기가 있습니다. 가격이 상승하면서 거래량이 증가한다는 건 수익이 발생한 투자자가 차익 실

현을 위해 대거 매도하지만, 매도 물량을 매수세가 대부분 흡수했다는 의미입니다. 반면 주가가 하락하는데 거래량이 증가하면 매도세가 훨씬 강하다는 의미입니다. 따라서 좋지 않은 신호로 볼 수 있습니다.

상승삼각형 패턴은 고점은 같고, 저점은 올라갑니다. 큰 거래량과 함께 저항을 돌파하면 강한 상승이 나올 수 있습니다. 반면 하락삼각형 패턴은 저점은 같고, 고점이 내려갑니다. 큰 거래량과 함께 지지를 하향 이탈하면 주로 강한 하락추세로 이어집니다.

상승삼각형 패턴

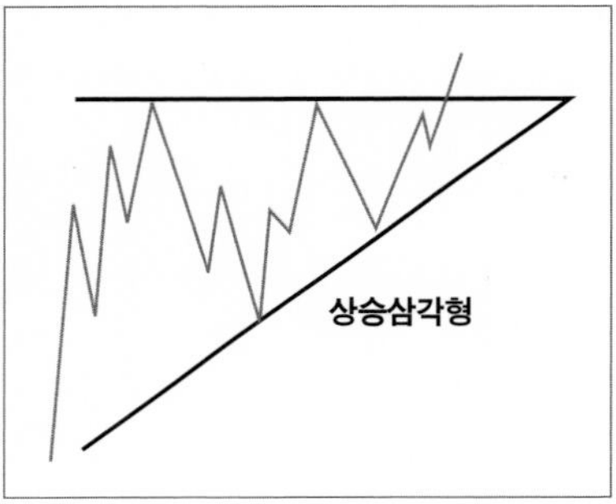

하락삼각형 패턴

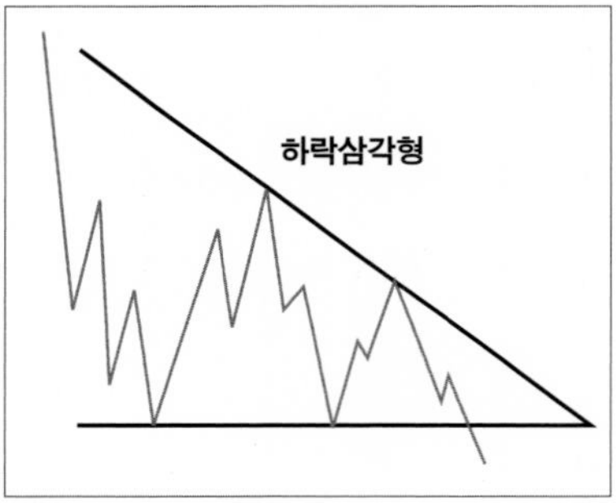

참고로 추세가 깨지면 새로운 추세선을 그려야 합니다. 차트에는 여러 개의 추세선을 그릴 수 있습니다.

05 »»

시장을 한눈에 파악하는 보조지표: RSI, MACD

기술적 분석에는 캔들차트, 이동평균선, 추세선 외에도 다양한 지표를 활용할 수 있습니다. 일일이 거론하기 어려울 정도로 지표가 많지만, 그중에서도 초보 투자자가 가장 쉽고, 유용하게 활용할 수 있는 지표는 **RSI**와 **MACD**입니다.

RSI

RSIRelative Strength Index는 **상대강도지수**라고 합니다. 이 지표는 추세의 강도를 백분율로 나타낸 것으로 **추세전환**을 예측하는 데 아주 유용한 지표입니다. 초보 투자자는 차트만 봐서는 어디가 천장이고, 어디가 바닥인지 파악하기가 어렵습니다. RSI를 활용하면 직관적으로 확인할 수 있습니다.

RSI의 핵심은 **과매수**와 **과매도** 구간을 찾는 것입니다. RSI를 활용하면 투자자가 과도하게 매수하는 구간에서 매입을 자제할 수 있고, 반대로 모두가 두려워서 움츠려있을 때 적절한 매수 타이밍을 잡을 수 있습니다.

RSI 70 초과 ⇨ 과매수 상태 ⇨ 매도 신호
RSI 30 이하 ⇨ 과매도 상태 ⇨ 매수 신호

RSI가 100에 가까울수록 시장이 과열돼 위험 수준에 있는 것입니다. 곧 하락한다는 뜻입니다. RSI가 0에 근접하면 시장은 바닥권에 머물고 있는 상태입니다. 곧 반등할 것임을 암시합니다.

RSI 지표를 활용한 매매전략

https://www.tradingview.com/chart/

MACD

MACDMoving Average Convergence Divergence의 무빙 애버리지Moving Average는 이동평균, 컨버전스Convergence는 수렴, 다이버전스Divergence는 확산을 뜻합니다. MACD는 우리말로 **이동평균 수렴확산지수**라고 합니다.

이 지표는 단기 이동평균선과 장기 이동평균선이 서로 멀어지게 되면 언젠가 다시 가까워져 어느 시점에서 서로 교차하게 되는 성질을 이용합니다. 골든크로스와 데드크로스를 매매 신호로 보는 이동평균기법과 상당히 비슷합니다. MACD는 이동평균의 후행성을 보완한 것입니다. 2개의 선이 나옵니다. 하나는 MACD 선이고, 다른 하나는 시그널Signal 선입니다. 그런데 둘 중 어떤 게 MACD이고, 시그널인지 헷갈릴 수 있습니다.

MACD 옵션 설정하는 방법

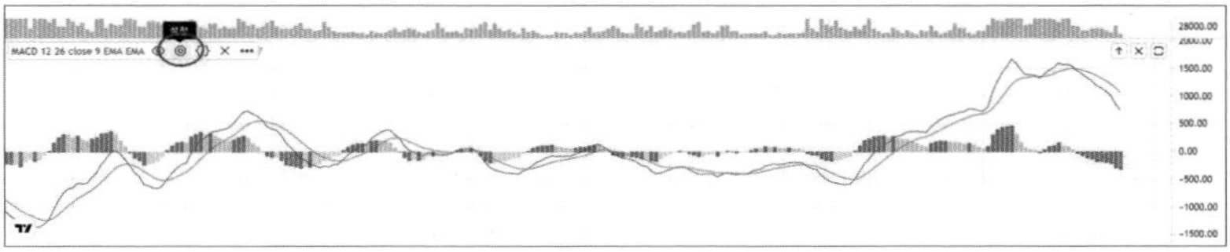

https://www.tradingview.com/chart/

트레이딩뷰 차트의 설정을 클릭하면 색상으로 확인할 수 있습니다.

MACD 색상 설정 변경하기

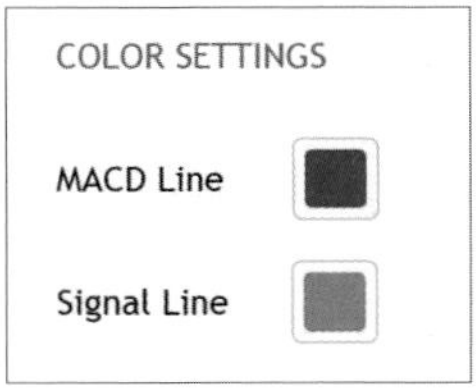

파란색이 MACD 선이고, 주황색이 시그널 선인데 색상은 자유롭게 변경할 수 있습니다. MACD는 단기 선이고, 시그널은 장기 선입니다. MACD 지표는 두 가지 방식으로 활용할 수 있습니다.

MACD 지표를 활용한 매매 전략

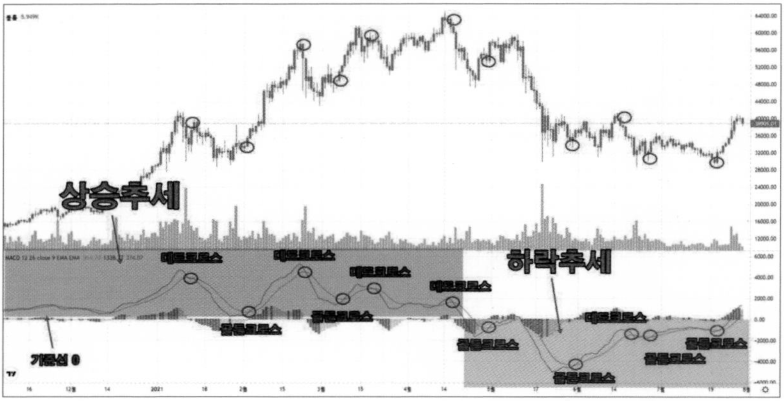

https://www.tradingview.com/chart/

① 기준선 활용법

기준선 0을 중심으로 MACD가 위, 아래 중 어디로 움직이는 지로 추세를 판단합니다.

- MACD 곡선이 0보다 **위**쪽에서 움직이면 **상승**추세

- MACD 곡선이 0보다 **아래**쪽으로 움직이면 **하락**추세

② 돌파 방향에 따른 매매 타점 확인

- MACD 곡선이 시그널 곡선을 **상향 돌파**하면: 골든크로스 - **매수** 지점

- MACD 곡선이 시그널 곡선을 **하향 돌파**하면: 데드크로스 - **매도** 지점

06 »»

피보나치를 활용하여 투자하는 법

피보나치 수열을 근간으로 가격의 방향성을 찾고, 추세의 전환을 파악할 수 있는 방법을 알아보겠습니다. 주식이나 암호화폐 투자를 하면서 누구나 한 번쯤 들어보았을 유명한 투자 기법입니다. 바로 **피보나치 되돌림**과 **엘리어트 파동이론**입니다.

피보나치 되돌림

피보나치 수열은 이탈리아의 유명한 수학자 레오나르도 피보나치Leonardo Fibonacci가 연구한 것으로 처음 두 항을 1과 1로 한 후, 그다음 항부터는 바로 앞의 2개 항을 더해 만드는 수열을 의미합니다. 피보나치 수열의 처음은 이렇게 진행됩니다.

1, 1, 2, 3, 5, 8, 13, 21, 34, 55, 89…

해당 수열을 특정한 수학적 관계에 따라 환산하면 차트상의 황금 비율을 생성할 수 있습니다. 여기에 50%를 더해서 피보나치 되돌림이 적용됩니다.

0%, 23.6%, 38.2%, 50%, 61.8%, 78.6%, 100%

피보나치 되돌림은 차트상에서 중요한 반전 구간을 예측하기 위해서 사용됩니다. 상승장에서는 조정이 시작되는 점을 찾고, 하락장에서는 반등이 시작되는 지점을 찾습니다. 이때 38.2%, 50%, 61.8% 지점을 중요하게 보아야 합니다.

피보나치 되돌림 패턴

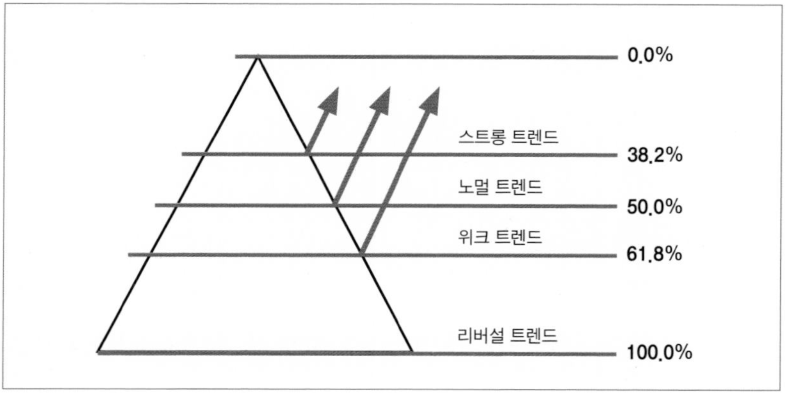

그리는 방법은 간단합니다. 저점과 고점, 혹은 고점과 저점을 연결하면 됩니다. 추세가 바뀌어서 새로운 흐름이 만들어지는 지점을 주로 시작점으로 합니다.

① 상승장 피보나치 되돌림 활용

가격의 상승이 있던 차트가 하락이 나오기 시작했을 때, 잠재적인 **지지** 구간을 찾기 위해서 사용합니다. 상승장에서는 **저점에서 고점의 방향**으로 연결해야 합니다. 저점이 1(또는 100%)가 되고, 고점이 0(또는 0%)가 됩니다.

상승장에서 피보나치 되돌림 활용한 매매 전략

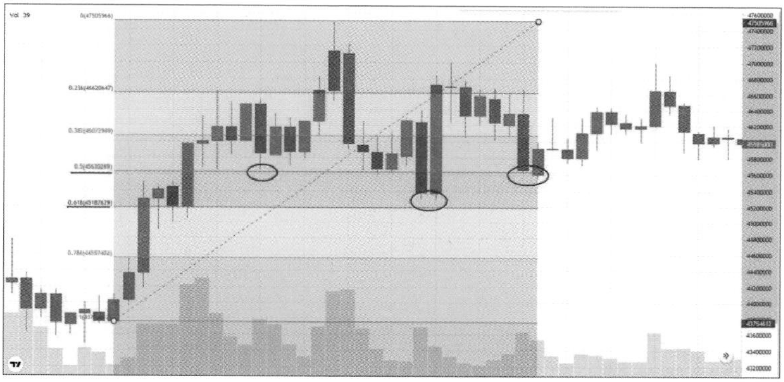

https://www.tradingview.com/chart/

위의 차트에서는 50% 부근에서 지지 구간을 확인할 수 있습니다. 61.8% 부근에서도 지지가 확인됩니다. 이 구간을 활용해서 매수와 매도를 결정할 수 있습니다.

② 하락장에서 피보나치 되돌림 활용

하락이 발생하던 차트가 막 반등을 하기 시작하면 잠재적인 **저항 구간**을 찾기 위해서 활용합니다. 하락장에서는 **고점에서 저점의 방향**으로 연결합니다. 저점은 0(또는 0%)가 되고, 고점은 1(또는 100%)이 됩니다.

하락장에서 피보나치 되돌림 활용한 매매 전략

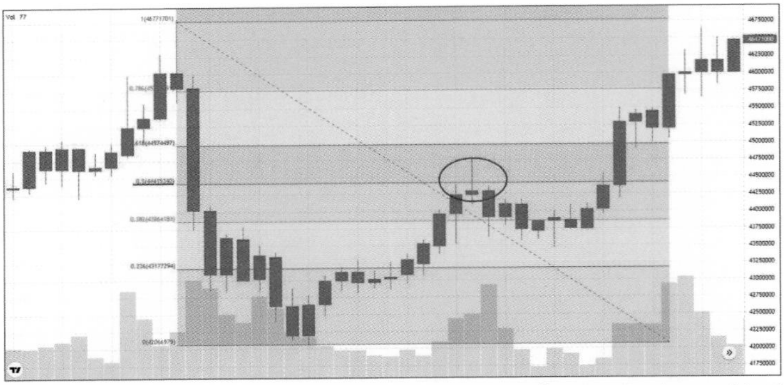

https://www.tradingview.com/chart/

이 차트에서도 50% 구간에서 저항이 확인됩니다. 참고로 0~100%의 범위 밖의 비율을 피보나치 확장 레벨이라고 합니다. 확장 레벨에서 중요하게 보아야 하는 비율은 138.6%, 150%, 161.8%입니다.

엘리어트 파동이론

철도회사에서 근무했던 랠프 넬슨 엘리어트Ralph Nelson Elliott는 과거 75년간의 주가 데이터를 분석해 주가의 움직임에 반복적인 패턴이 있음을 발견했습니다. 그 패턴을 **파동**이라는 개념으로 설명한 것이 바로 **엘리어트 파동이론**입니다.

엘리어트 파동이론은 오랜 기간 극소수의 투자자만 은밀하게 알고 있었습니다. 그들이 대중에게 공개되는 걸 꺼렸기 때문입니다. 이후 뛰어난 재정분석가였던 해밀턴 볼턴Hamilton Bolton이 엘리어트 파동이론을 연구하여 세상에 공개했습니다. 볼턴은 이 이론으로 1966년의 다우지수를 정확하게 예측해 시장을 놀라게 했습니다. 엘리어트 파동이론이 본격적으로 유명해진 건

1987년의 대폭락장인 블랙 먼데이를 예측한 이후부터입니다. 이론의 핵심은 "주가는 연속적인 8개의 파동이 사이클을 이루며 상승과 하락을 반복한다"입니다. 상승 국면의 5파동과 하락 국면의 3파동이 끝없이 순환합니다.

엘리어트 파동

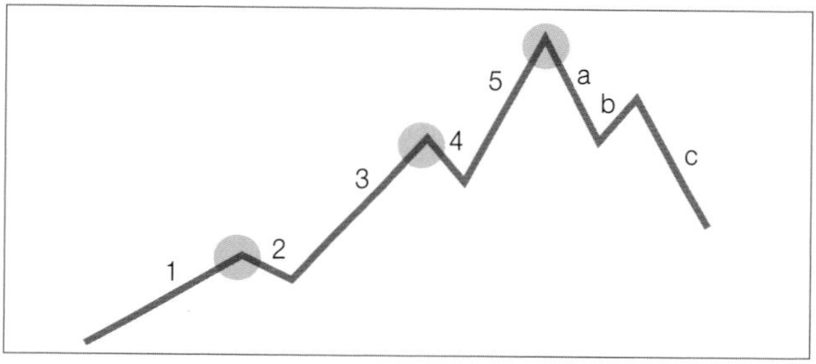

주식시장에서 사용되는 이론이지만, 암호화폐 시장에서도 동일하게 적용할 수 있습니다. 차트는 심리적인 지표이기 때문입니다. 파동별로 핵심만 짚고 가겠습니다. 앞서 설명한 피보나치 되돌림과 함께 활용하면 더 도움이 됩니다.

- 1번 파동: 새로운 상승추세가 시작되는 출발점으로 상승파동 중 가장 짧아서 한 번에 파악하기 어렵습니다.
- 2번 파동: 1번 파동의 상승폭을 0.382 또는 0.618 비율만큼 되돌리는 경향이 있습니다.
- 3번 파동: 5개 파동 중 가장 강력하고 가격 변동도 활발합니다. 대개 1번 파동의 1.618만큼 상승합니다. 3번 파동으로 엘리어트 파동을 파악할 수 있습니다.

- 4번 파동: 본격적 상승장 이후 조정으로 3번 파동의 0.382만큼 되돌리는 경우가 많습니다.
- 5번 파동: 상승추세의 막바지 국면입니다. 3번 파동보다 거래량이 적게 형성됩니다. 3번 파동의 0.618만큼 상승하는 일이 많습니다.
- a 파동: 반대 방향의 추세가 시작되는 파동으로 하락으로 전환됩니다.
- b 파동: 하락추세에 반발해서 매수 세력이 들어오면서 반등합니다. a파동의 0.618 또는 0.382만큼 반등합니다. 포지션을 정리할 마지막 기회로 봅니다.
- c 파동: a 파동과 비슷하거나 a 파동의 1.618만큼 하락합니다. 투매가 일어나면서 가격이 급락합니다.

엘리어트 파동을 차트에 적용한 예시

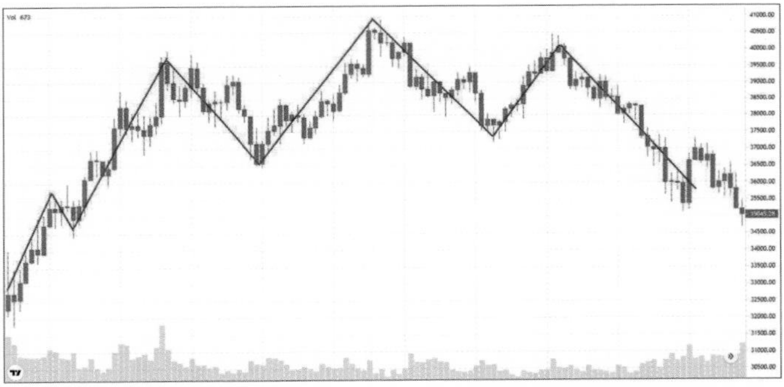

https://www.tradingview.com/chart/

엘리어트 파동이론은 파동의 시작과 끝이 명확하지 않고, 하나의 파동에 걸리는 기간에 대한 언급이 없다는 단점이 있습니다. 어디를 시작점으로 보고, 어느 정도 범위의 파동을 하나로 보는가에 따라서 전체 흐름이 달라집니다. 따라서 실전 매매에 활용하기가 쉽지만은 않습니다. 참고로 이 책에서는 다루지 않지만, 1, 2번 파동만 제외하면 형태가 거의 동일한 **헤드앤 숄더**Head and Shoulders 패턴을 함께 공부하시기 바랍니다.

차트는 투자에 도움이 되는 도구이지만, 차트만을 이용해서 매매 타이밍을 완벽하게 맞추는 건 불가능에 가깝습니다. 특히 갑작스러운 변수로 시장이 크게 흔들리면 가격은 예상할 수 없는 방향으로 흘러갑니다. 따라서 세 가지 사항을 꼭 염두에 두시기 바랍니다.

① 최소 3개 이상의 지표 중복 확인

많은 지표를 본다고 투자에 성공하는 건 아니지만, 적어도 3~5개 정도의 지표는 중복으로 확인해야 합니다. 지표가 같은 방향을 가리킬 때 적중 가능성이 높은 건 어찌 보면 당연합니다.

② 리스크 대처법 강구하기

갑작스러운 시세 변동에 대응하는 자신만의 원칙을 세워야 합니다. 특히 익절과 손절의 기준을 미리 설정해두면 도움이 됩니다.

③ 확실하다고 판단되는 자리에만 들어가기

명확한 근거 없이 즉흥적인 매매를 하지 말고 적절한 시기를 차분하게 기다리고, 확신이 오는 자리에서만 투자해야 합니다. 100% 성공하는 투자는 없지만 확신없이 들어가면 실패할 가능성이 더 높습니다. 차트에 숙달하려면 반복적인 연습과 실전 적용 과정이 필요합니다.

CHAPTER 8

디파이로 평생 연금 받기

자산의 가치가 상승하는 데는 시간의 힘이 중요합니다

01 ›››

상상을 초월하는 금융이 온다

암호화폐 시장에서 큰 영향력을 발휘하고 있는 테슬라의 CEO 일론 머스크가 이런 트윗을 했습니다.

일론 머스크의 디파이 관련 트윗

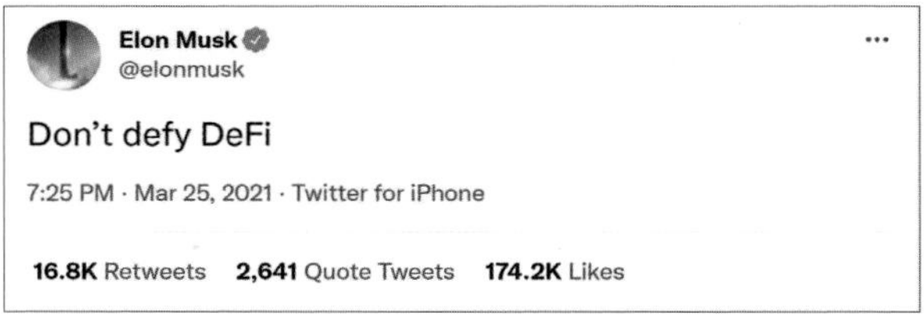

https://twitter.com/elonmusk/

우리말로 번역하면 "디파이를 무시하지 말라"입니다. 미국을 대표하는 은행인 뱅크오브아메리카 역시 '디파이는 비트코인보다 더 혁신적이다'라고 주장했습니다. 재계의 큰손이 왜 이렇게 디파이를 칭송하는 걸까요? 그 이유를 알려면 블록체인의 미래라고 불리는 디파이가 무엇인지부터 알아야 합니다.

디파이DeFi는 Decentralized와 Finance의 합성어로, 우리 말로 탈중앙화 금융입니다. 이름에서 알 수 있듯 핵심은 **탈중앙화**와 **금융**입니다. 탈중앙화란 블록체인의 핵심가치로 은행, 증권사, 카드사 같은 특정 집단이나 정부가 개입하지 않는다는 것입니다. 쉽게 말해서 중개인이 없습니다. 금융을 붙인 건 전통적인 금융처럼 예금, 적금, 대출, 보험 등의 서비스를 모두 제공할 수 있다는 겁니다.

디파이에서 모든 거래는 인간의 손을 거치지 않고, 100% 자동으로 이루어집니다. 기존 은행의 역할은 디파이의 **스마트 콘트랙트**가 대신하게 됩니다. 이더리움을 공부하면서 스마트 콘트랙트가 무엇인지 알아보았습니다. A라는 계약조건을 충족하면 B라는 계약이 자동으로 실행되도록 설계된 프로그램입니다. 디파이는 전통적인 금융 서비스보다 어떤 점에서 나을까요?

① 중개자 리스크가 낮습니다.

2008년의 금융위기 당시 미국의 4대 투자은행 중 한 곳이었던 리먼 브라더스가 파산했습니다. 사람들은 대형 은행도 절대 안전하지 않다는 걸 알게 되었습니다. 한국에서는 라임사태가 사회를 시끄럽게 했습니다. 고객의 돈을 부정하게 관리하고 사용해 큰 피해를 줬습니다. 두 사건은 '금융기관을 신뢰할 수 있는가?'라는 화두를 던졌다는 데 공통점이 있습니다. 디파이에서는 중개자 리스크가 거의 일어나지 않습니다.

② 누구나 자유롭게 이용할 수 있습니다.

빌려주는 쪽이나 빌리는 쪽 모두 신원인증 절차가 없습니다. 따라서 신용등급 같은 벽이 사라지게 됩니다. 지역적인 한계도 없습니다. 현재 전 세계의 17억 명 이상이 금융의 혜택을 누리지 못하고 있다고 합니다. 이제 디파이를 통해 인터넷만 있으면 누구든 금융 서비스를 자유롭게 이용할 수 있습니다.

③ 뛰어난 확장성을 지니고 있습니다.

디파이 서비스는 스마트 콘트랙트의 표준에 따라 오픈소스로 제공됩니다. 현재도 오픈소스를 활용해 새로운 서비스가 계속 생겨나고 있습니다.

④ 자산에 대한 모든 권한이 개인에게 있습니다.

지금까지는 금융을 이용할 때 은행이 관리하는 계좌에 자산을 넣고, 서비스를 이용했습니다. 내 돈의 통제권이 은행과 같은 중개자에게 있습니다. 하지만 디파이에서는 나의 자산에 대한 모든 권한이 전적으로 나 자신에게 있습니다.

현재까지는 수익률에서도 큰 차이가 납니다. 시중 은행의 금리는 1%대에 머물고 있지만, 디파이에서는 20%, 30% 혹은 100% 이상의 이자를 받을 수 있는 곳도 있습니다.

02 ›››

스테이블 코인은 왜 중요할까?

디파이를 이해하기 위해서는 스테이블 코인의 개념을 알아야 합니다. 사람들이 암호화폐 하면 떠올리는 첫 번째 이미지가 무엇일까요? **가격 변동성**입니다. 암호화폐 중에는 1~2시간 사이에 몇 배씩 오르내리는 코인도 있습니다. 상대적으로 안정적인 비트코인 역시 일반 화폐와는 비교하기 어려운 변동성이 있습니다.

금융의 대표적인 비즈니스 모델은 대출입니다. 고객에게 돈을 빌려주고 그에 대한 이자를 받는 게 은행들의 주 수익원입니다. 만약 100만 원의 돈을 대출해주었는데, 얼마 안 가서 80만 원이 되어버린다면 고객으로서는 무척 곤란할 겁니다. 반대라면 은행이 난감하겠죠.

암호화폐 시장에는 변동성이 적은 안정적인 코인이 필요했습니다. 그래서 탄생한 것이 **스테이블 코인**입니다.

스테이블 코인에는 법정화폐 담보, 암호화폐 담보, 알고리즘 기반의 세 가지 방식이 있습니다. 이 중에서 가장 많이 사용되는 방식은 법정화폐 담보 방식입니다. 대표적으로 테더Tether, USDT가 있습니다. 테더는 해당 프로젝트가 보유하고 있는 달러만큼만 스테이블 코인을 발행합니다. 그러면 '1스테이블 코인 = 1달러'가 됩니다. 테더는 암호화폐 시장의 변동성에 흔들리지 않고, 환율에 따른 달러의 가격을 따라갑니다. 테더 외의 대표적인 스테이블 코인으로는 USDC, BUSD, DAI, TerraUSD 등이 있습니다.

스테이블 코인 시가총액 순위

#	Coin		Price	24h Volume	Exchanges	Market Capitalization	30d	Last 30 Days Circulation
1	Tether	USDT	$0.999641	$77,848,466,936	386	$63,174,040,143	1.1%	
2	USD Coin	USDC	$0.999521	$2,623,935,256	243	$27,926,465,870	5.7%	
3	Binance USD	BUSD	$1.00	$5,778,276,798	75	$12,046,150,468	14.9%	
4	Dai	DAI	$1.00	$400,404,069	188	$5,611,242,786	6.6%	
5	TerraUSD	UST	$1.00	$88,395,125	16	$2,093,853,869	7.9%	

https://coinmarketcap.com/

스테이블 코인은 안정적이지만, 암호화폐이기 때문에 스마트 콘트랙트에서 사용할 수 있습니다. 디파이의 성장은 스테이블 코인의 수요 증가와 밀접한 관계가 있습니다.

03 ›››

디파이로 고수익 얻는 모든 방법

디파이의 핵심은 유동성 공급

어린 시절, 착한 일을 해서 부모님께 용돈을 받아본 적이 있으신가요? 이 돈은 착한 행위를 계속하라는 보상의 의미일 겁니다. 디파이가 높은 이자를 주는 이유도 비슷합니다. 투자자의 특정한 행위가 블록체인 네트워크의 운영에 도움이 되기 때문입니다. 그러면 디파이를 위한 착한 일이란 과연 무엇일까요? 바로 **유동성 공급**Liquidity Provide입니다. 디파이는 시장의 유동성 문제를 해결하는 과정에서 고안되었습니다.

유동성이 중요한 이유는 공급과 수요의 균형 때문입니다. 유동성이 풍부해야 투자자가 원할 때 언제든 코인을 사고팔 수 있습니다. 주식시장에서는 유동성 문제를 해결하기 위해 마켓메이커가 존재합니다. 반면 디파이에서는 우리 같은 개인투자자가 그 역할을 대신합니다.

유동성을 제공하는 방법은 크게 **예치**와 **스왑** 두 가지가 있습니다. 예치는 내 코인을 유동성 풀에 빌려주고, 그에 대한 수수료를 받는 개념입니다.

스왑은 탈중앙화 거래소에서 주로 사용되는 거래 방식으로 개인끼리 코인을 서로 바꾸는 것입니다. 이를 토대로 디파이에서 활용할 수 있는 서비스를 대략 여섯 가지 정도로 정리할 수 있습니다.

① 스테이킹(Staking)

② 예치 및 대출(Borrowing & Lending)

③ 이자농사(Yield Farming)

④ 애그리게이터(Aggregator)

⑤ 자산 토큰화(Asset Tokenization)

⑥ 탈중앙화 거래소(Decentralized Exchange, DEX)

이자농사의 경우 하위 개념이지만, 개념을 파악하기 쉽도록 별도의 항목으로 구분했습니다.

네트워크의 기여자가 되다, 스테이킹

스테이킹은 자신이 보유한 암호화폐의 일정량을 블록체인 네트워크에 예치해 **데이터 검증**에 기여하는 것입니다. 본인이 가진 지분과 비례하는 확률로 블록을 생성하고 그에 대한 보상을 받습니다. 바로 **지분증명 방식** 기반의 보상입니다.

스테이킹은 해당 플랫폼의 운영에 참여하는 의미가 있는 한편 코인의 매도를 줄일 수 있어 시세 안정에도 도움이 됩니다. 지분증명PoS, 위임지분증명DPoS 코인을 장기보유하는 투자자는 스테이킹을 이용해 제2의 수익을 올

스테이킹의 수익 구조

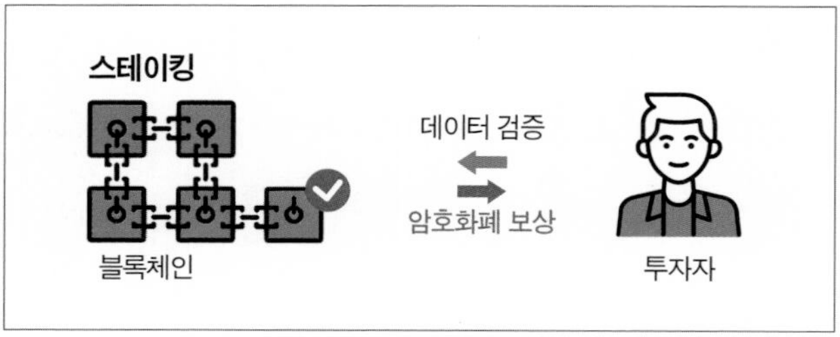

릴 수 있습니다. 스테이킹은 은행의 정기예금과 비슷한 개념으로 보면 이해가 쉽습니다. 스테이킹을 할 때는 요건을 잘 확인해야 합니다. 중도에 해지하지 못하거나, 해지 및 출금 수수료가 과하게 발생하는 일이 있기 때문입니다. 또한 스테이킹을 중도 해지할 시 예치된 수량을 돌려받으려면 위임 해제 기간이 발생합니다. 20일 이상이 걸리는 경우도 있습니다. 따라서 코인의 가격에 급격한 변동이 일어나도 매도 등 즉각 대응하기가 어렵습니다. 지속 기간과 동결하는 코인의 양은 선택할 수 있습니다.

일반 투자자가 직접 스테이킹을 하는 건 쉽지 않습니다. PC에 노드를 설치하고, 블록 생성을 검증해야 하는 등 절차가 복잡합니다. 주로 스테이킹 전문 플랫폼이나 각 거래소에서 스테이킹을 대행하고, 투자자는 이를 이용합니다. 참고로 초보 투자자는 바이낸스 거래소를 이용하면 비교적 쉽게 스테이킹을 할 수 있습니다. 엄밀히 말해서 바이낸스 같은 중앙화 거래소에서 이용하는 금융 서비스는 디파이가 아닙니다. 시파이Centralized Finance, CeFi, 즉 중앙화 금융이죠. 거래소라는 제3자가 개입하기 때문에 초보 투자자가 처음 스테이킹을 하기에 부담이 적습니다. 경험이 쌓이면 유니스왑, 팬케이크스왑 같은 탈중앙화 거래소로 활동 영역을 넓혀보시기를 바랍니다.

예치와 대출 수익 구조

투자자가 은행이 되다, 예치 및 대출

은행의 주 수익원이 대출이라고 했습니다. 금융기관은 고객의 예금으로 대출금을 확보합니다. 예금자가 돈을 예치하면, 그 돈을 대출자에게 빌려주고 이자를 받습니다. 그리고 이자 수익 중 일부를 예금자에게 나누어 줍니다. 디파이의 분산형 대출 플랫폼도 비슷한 모델을 적용합니다.

디파이 예치금 1위인 메이커를 예로 들어보겠습니다. 투자자는 메이커 플랫폼에 스테이블 코인 다이DAI를 예치합니다. 그러면 대출자는 이더리움ETH을 담보로 맡긴 후 다이DAI를 대출받고, 소정의 이자를 냅니다. 메이커 플랫폼은 이중 일부를 투자자에게 나누어 줍니다.

이더리움 담보가 필요한 이유는 디파이가 대출자의 신원정보를 받지 않기 때문입니다. 따라서 신용등급도 존재하지 않습니다. 대부분의 디파이 서비스에서 이더리움이 담보로 활용됩니다.

그러면 이런 의문이 들 수 있습니다. '대출을 받지 말고 그냥 이더리움을 팔면 되지 않을까?' 대출자는 이더리움의 가격이 상승할 거라고 믿기 때문에 팔지 않는 것입니다. 대신 이더리움을 담보로 실제의 돈과 사실상 같은 개념인 스테이블 코인을 대출합니다.

대표적인 분산형 디파이 대출 플랫폼은 메이커MKR, 에이브AAVE, 컴파운드COMP가 있습니다.

분산형 디파이 대출 플랫폼

메이커 (MKR)	스테이블 코인 다이(DAI)를 운영하고 관리하는 프로젝트입니다. 이더리움을 담보로 맡기면 DAI를 제공합니다. 이때 담보 대출 수수료로 사용되는 것이 메이커토큰(MKR)입니다. 메이커토큰 보유자는 프로토콜의 개정에 대한 투표권을 행사할 수 있습니다.
에이브 (AAVE)	이더리움 기반의 대출 플랫폼인 이더랜드로 시작했습니다. 가장 다양한 이더리움 토큰 및 스테이블 코인을 취급합니다. 약 22개가량으로 사용자가 많은 선택권을 가질 수 있는 장점이 있습니다. 담보 없이 쉽고 빠른 대출이 가능한 플래시 대출을 디파이 최초로 선보였습니다.
컴파운드 (COMP)	컴파운드 풀에 토큰을 예치하면 같은 양의 컴파운드(c) 토큰이 발행됩니다. 사용자가 원하면 c토큰을 반환하고, 담보물로 예치해둔 토큰을 되돌려 받을 수 있습니다. 이때 담보물과 함께 현재까지의 이자를 합산해 배분합니다. c토큰을 통해 자산을 예치해 이자를 받으면서 원금을 융통 할 수 있는 환경을 구축한 것입니다. 컴파운드가 크게 주목을 받은 이유는 이자농사 모델 덕분입니다.

디파이의 부흥을 이끌다, 이자농사

디파이에 관심 있는 분들은 이자농사라는 용어를 한 번쯤 들어보셨을 겁니다. 이자농사를 이해하기 위해서는 **유동성 채굴**Liquidity Mining이라는 개념을 먼저 알아야 합니다. 유동성 채굴은 유동성을 제공하는 대가로 해당 네트워크의 **보상**을 받는 것입니다. 조금 더 자세히 설명해보겠습니다.

디파이의 수익은 사용자의 거래 수수료에서 발생합니다. 따라서 탈중앙화 거래소를 비롯한 모든 디파이 서비스는 초기에 얼마나 많은 사용자와 거래량을 확보하는지가 관건입니다. 유동성 채굴은 이 고민에서 시작되었습니다.

유동성 채굴 모델로 가장 큰 성공을 거둔 건 컴파운드 프로젝트입니다. 컴파운드는 〈거버넌스 제안서 7〉에서 컴파운드의 모든 사용자에게 이더리움 블록당 0.5개의 COMP를 배분하기로 했습니다. 이게 바로 이자농사입니다.

이자농사는 투자자가 디파이 플랫폼에 암호화폐를 맡기면 해당 담보물과 가치가 연동된 새로운 암호화폐가 발행되는 걸 의미합니다. 투자자는 이더리움을 예치하고 컴파운드에서 발행하는 COMP 토큰을 받았습니다.

이자농사로 컴파운드는 폭발적인 인기를 얻습니다. 불과 서비스 일주일 만에 대출 플랫폼 1위 메이커와 동등한 위치까지 올라섰습니다. 이후 COMP는 탈중앙화 거래소인 유니스왑에 상장돼 가파르게 상승했습니다. 지금은 전 세계 여러 글로벌 거래소에서 활발히 거래됩니다.

이자농사는 기존에 보유한 암호화폐와 상관없는 새로운 수익을 창출한다는 매력이 있습니다. 배분받은 암호화폐는 다시 예치해서 추가 수익을 남길 수 있습니다. 이자농사는 다른 예치 상품에 비해서 수익률이 높습니다. 컴파운드의 성공 이후 많은 디파이 프로토콜이 이 모델을 따르고 있습니다.

디파이 최고의 수익률을 찾는 방법, 애그리게이터

암호화폐는 기술적 이슈가 많고, 변화 속도도 빨라서 투자하기 어려운 자산 중 하나입니다. 그중에서도 디파이의 난이도가 특히 높습니다. 무엇보다 종류가 너무 많고(2021년 8월 기준 약 450개), 새로운 프로세스가 매일 같이 생겨납니다. 디파이에서 제공하는 모든 상품과 서비스를 속속들이 이해하고 있는 투자자는 극히 드뭅니다.

개인투자자로서는 모든 플랫폼을 일일이 방문해서 수익률을 비교하자니 엄두가 안 납니다. 이런 고민을 해결하기 위해 등장한 것이 바로 연파이낸스YFI, Yearn Finance입니다. 와이언파이낸스라고도 부릅니다. 연파이낸스는 대표적인 애그리게이터Aggregator로, 우리말로는 이율 최적화 도구 정도로 해석할 수 있습니다.

연파이낸스는 투자자에게 최고의 수익률을 제공할 수 있도록 설계된 자동화 시스템입니다. 많은 사용자를 보유한 디파이 프로젝트와 연동해 각 플랫폼의 수익에 따라 자동으로 포지션을 변경합니다. 연파이낸스는 YFI 토큰을 발행하고, 총 발행량은 30,000개입니다.

자산의 새로운 가능성을 열다, 자산 토큰화

자산 토큰화는 블록체인 기술을 사용하여 소유권 또는 자산의 권리를 거래 가능한 토큰으로 만드는 것입니다. 토큰화의 대상은 실물자산, 금융자산, 무형자산 등 사실상의 모든 자산입니다.

현재 가장 주목받는 분야는 부동산과 예술작품 분야입니다. 부동산의 경우 국내에서는 카사KASA를 대표적인 예로 들 수 있습니다. 카사는 건물의 지분을 주식처럼 거래할 수 있는 플랫폼입니다. 카사는 101억 원 빌딩을 5,000원 디지털 수익증권 200만여 개로 나누어 증권형 토큰 공개STO, Security Token Offering를 진행했습니다. 수익증권을 구매한 투자자는 일반 빌딩 투자처럼 임대료를 공유하고, 매각할 때 시세차익을 나눕니다.

예술 작품은 테사TESSA를 예로 들겠습니다. 테사는 예술품 자산시장에 누구나 쉽고 안전하게 접근할 수 있도록 만들어진 미술품 투자 서비스입니다. 미술품에 대한 소유권을 여러 개로 나눠서 판매해 소액으로 유명 미술품의 권리를 가질 수 있습니다.

테라에서는 애플, 테슬라 등 미국 상장주식의 합성자산을 토큰화하여 온체인상에서 거래할 수 있는 미러프로토콜을 출시하기도 했습니다.

자산 토큰화를 하면 고가 자산에 대한 접근성과 유동성이 증가합니다. 하나의 자산을 작게는 수 개에서 수백만 또는 수십억 개의 토큰으로 나눠 소유권을 배분하기 때문에 많은 사람이 손쉽게 접근할 수 있습니다. 또한 블록체인 위에서 거래가 이루어지기 때문에 거래 내용이 투명하게 공개됩니다. 위·변조 역시 불가능합니다. 자산 토큰화의 가장 큰 장점은 기존에 거래할 수 없었던 자산을 거래할 수 있도록 만들었다는 것입니다. 자산 토큰화는 뒷장에서 설명할 NFT와도 밀접한 관계가 있습니다.

04 ›››

탈중앙화 거래소 제대로 이해하기

탈중앙화 거래소 VS 중앙화 거래소, 어떤 차이가 있을까?

투자자가 주로 이용하는 업비트, 빗썸 등의 거래소는 중앙화 거래소입니다. 특정 기업이나 단체가 운영 및 관리합니다. 반면 탈중앙화 거래소는 중개자 없이 블록체인상의 스마트 콘트랙트를 기반으로 운영됩니다. 둘의 가장 큰 차이점은 **거래 방식**에 있습니다.

중앙화 거래소에서 거래하면 코인은 실제로 이동하지 않습니다. 코인은 거래소 지갑에 그대로 있고, 매매했다는 거래 기록만 서버에 저장됩니다. 즉 장부상의 이름만 바뀌는 것입니다. 코인의 실제 이동은 출금하거나, 다른 거래소로 송금할 때 일어납니다.

거래소 지갑에 코인이 보관돼 있으면 필요할 때 바로 꺼내거나, 사용할 때 불편함이 있습니다. 메이저 거래소는 그럴 가능성이 작지만, 몇몇 중소 거래소는 투자자에게 자산을 바로 돌려주지 못하고 출금 정지나 출금 지연 같은 사태를 일으키기도 했습니다. 또한 거래소 해킹이 발생했을 때 소중한 자산을 잃을 수도 있습니다.

반면 탈중앙화 거래소는 스마트 콘트랙트에 의한 P2P(개인 간 거래) 방식을 사용합니다. 사용자의 개인 지갑으로 로그인해서 거래하고, 거래소는 개인 간 연결만 할 뿐 나머지 과정에는 관여하지 않습니다. 그렇다 보니 거래소는 사용자의 신분을 확인할 필요가 없습니다. 사용자 역시 마찬가지입니다. 서로의 조건만 맞으면 됩니다. 계약이 성립되면 코인은 지갑끼리 이동합니다. 따라서 거래소 해킹 같은 보안 문제가 발생할 가능성이 작습니다.

탈중앙화 거래소는 매수·매도 방식이 아닌 코인끼리 서로 교환하는 **스왑**Swap 방식을 사용합니다. 서로의 코인을 바꾸는 것입니다. 이런 거래가 가능하도록 해주는 시스템을 **자동화 마켓 메이커**AMM, Automated Market Maker라고 합니다. 탈중앙화 거래소는 자동화 마켓 메이커 덕분에 호가창(오더북) 없이 교환 버튼 하나로 코인 거래를 할 수 있습니다.

스왑은 은행이 각국의 화폐를 일정 금액 보유하고 있다가 바꿔주는 환전과도 비슷한 개념입니다. 디파이에서는 은행이 아닌 투자자가 그 역할을 대신하는 셈입니다.

유동성을 이용한 DEX 투자

스왑 거래에는 두 명의 주체가 존재합니다. 우선 자신의 코인을 다른 코인과 바꾸는 투자자가 있습니다. 그리고 스왑 거래를 할 수 있도록 유동성을 공급하는 또 다른 투자자가 있습니다. 거래가 잘 이루어지려면 거래소에 코인이 풍부하게 있어야 합니다. 다시 말해 유동성Liquidity이 커야 합니다. 탈중앙화 거래소의 유동성은 개인이 제공한다고 말씀드렸습니다. 개인이 제공한 코인을 모아둔 곳을 **유동성 풀**LP, Liquidity Pool이라고 부릅니다.

팬케이크스왑 유동성 풀 예시

탈중앙화 거래소에는 여러 개의 유동성 풀이 존재하고, 유동성 풀마다 코인이 각기 짝을 맞추어서 들어가 있습니다. 유동성을 공급하려면 유동성 풀에 짝이 맞는 코인을 1:1 비율로 예치하면 됩니다.

DEX 스왑 거래 수익 구조

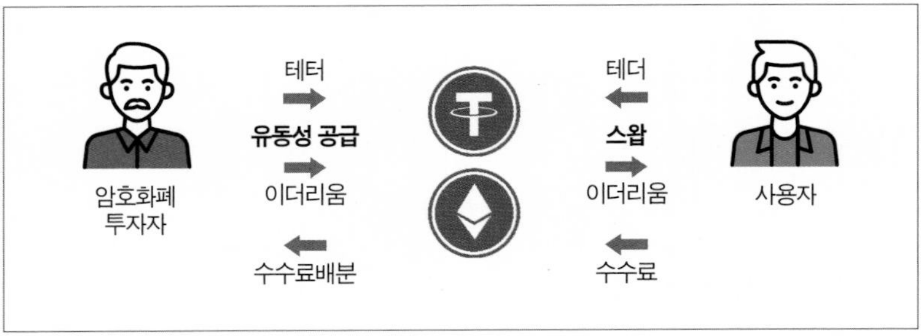

간단한 예로 당신이 200달러로 유동성 풀에 투자하고 싶다고 가정하겠습니다. 먼저 스테이블 코인 테더USDT를 100개(100달러) 사고 나머지 100달러어치는 이더리움을 삽니다. 그리고 나서 이걸 USDT-ETH 유동성 풀에 집어넣습니다.

만약 테더를 가진 사용자가 이더리움을 사고 싶다면, 혹은 반대로 이더리움을 가진 사용자가 테더를 사고 싶다면 당신의 유동성 풀을 이용하게 됩니다. 그러면 이용 수수료의 일부가 당신의 몫으로 지급됩니다. 유동성 풀에 코인을 예치해두기만 해도 돈을 벌 수 있습니다. USDT-ETH 풀은 하나의 예시일 뿐입니다. 수익률과 안정성을 잘 고려해서 투자자가 직접 판단해야 합니다.

대표적인 탈중앙화 거래소

아래 표는 대표적인 탈중앙화 거래소와 토큰입니다.

대표적인 탈중앙화 거래소

유니스왑 (UNI)	이더리움 기반의 탈중앙화 거래소입니다. UNI(유니)는 유니스왑 내에서 사용되는 토큰입니다. 유동성 공급자에게 보상으로 지급됩니다. 유니스왑은 특정 운영 주체가 없어서 참여자의 투표로 운영사항을 결정합니다. UNI는 투표에 참여하기 위한 거버넌스(지배구조) 토큰으로도 사용됩니다.
팬케이크스왑 (CAKE)	2020년 9월에 출시된 바이낸스 스마트 체인(BSC) 기반의 탈중앙화 거래소입니다. BSC에 최초로 구축된 디앱이기도 합니다. 이더리움의 확장성 문제로 유니스왑이 주춤하는 사이 급속한 성장을 했습니다. 유동성을 공급하면 팬케이크스왑의 토큰인 케이크(CAKE)를 지급합니다.
스시스왑 (SUSHI)	2020년 8월 유니스왑을 하드포크 해서 만들었습니다. 자체 토큰인 스시(SUSHI)를 도입해 이자농사를 할 수 있도록 했습니다.
커브파이넨스 (CRV)	스테이블 코인 버전의 유니스왑입니다. 스테이블 코인 유동성 풀을 대량으로 확보하여 거래를 쉽게 하고, 유동성 풀에 자산을 예치한 유동성 공급자가 수수료를 받을 수 있도록 했습니다. 유동성 공급자에게 CRV 토큰을 지급합니다.

참고로 디파이 토큰을 중앙화 거래소에서 매입하는 것과 실제 디파이 서비스를 이용하는 것은 전혀 다른 개념입니다. 거래소에서 매입하는 것은 시세차익을 얻는 것이고, 디파이 예치는 이자 수익을 얻는 것입니다.

디파이 토큰은 아니지만, 디파이 암호화폐로 분류되는 2개의 중요한 코인을 알려드리겠습니다.

대표적인 디파이 암호화폐

체인링크 (LINK)	오라클 문제를 해결하기 위해 탄생했습니다. 오라클 문제란 블록체인 밖의 데이터를 블록체인 안으로 가지고 올 때 발생하는 정보의 신뢰성 문제입니다. 체인링크는 외부 데이터의 진위를 가린 뒤 블록체인에 들여오는 역할을 합니다. 디파이는 금융 분야라 외부 가격 데이터를 블록체인 내부로 들여와야 하는 처리가 많습니다. 이로 인해서 체인링크는 디파이 암호화폐로 분류됩니다. 체인링크로 데이터를 들여오는 블록체인 기반 서비스들은 이에 대한 대가로 링크(LINK) 코인을 지급합니다.
랩비트코인 (WBTC)	비트코인을 이더리움 블록체인상에서 사용하기 위해서 만들어진 코인입니다. 비트코인을 포장(Wrapping)해서 디파이 등에서 활용할 수 있도록 고안한 것입니다. 비트코인의 가격을 그대로 따라갑니다.

이것만은 알아두자 APR과 APY의 차이는?

디파이에는 APR과 APY라는 용어가 있습니다.

- **APR(Annual Percentage Rate): 연간 이자율**

  단리의 고정 이율을 뜻합니다. 1년간의 복리를 반영하지 않은, 재투자 없이 이자를 그냥 꾸준히 모으기만 하는 개념입니다.

- **APY(Initialism of Annual Percentage Yield): 연간 수익률**

  매일 이자를 다시 재투자하는 개념으로 **복리** 이율을 뜻합니다.

디파이 상품을 소개할 때는 좀 더 수익률이 높아 보이도록 APY를 함께 사용합니다. 주의해야 할 점은 APY로 표기되었다고 해서 모든 상품에 자동으로 복리가 적용되지는 않습니다. 프로젝트에 따라서 수동으로 해야 하는 경우가 있습니다.

05 ›››

실전, 디파이 투자 따라 해보기

디파이 투자를 시작하기 전에 결정해야 하는 세 가지

디파이 투자에 앞서 몇 가지 선택 사항이 있습니다. 초보 투자자를 기준으로 설명하겠습니다.

① 메인넷 선택

먼저 어떤 메인넷을 사용할지 선택해야 합니다. 메인넷의 종류는 다양하지만, 대표적으로 **이더리움**과 **바이낸스 스마트 체인**BSC이 있습니다. 둘 중에 하나를 고르면 됩니다.

② 디파이 플랫폼 선택

다음으로 디파이 플랫폼을 결정해야 합니다. 메인넷의 종류에 따라서 선택권이 달라집니다.

이더리움 기반 - 유니스왑, 스시스왑, 카이버스왑, 1인치 등
바이낸스 스마트 체인 기반 - 팬케이크스왑, 버거스왑 등

이더리움 기반의 **유니스왑**과 바이낸스 스마트 체인 기반의 **팬케이크스왑** 둘 중에서 선택하는 게 좋습니다. 가장 많은 투자자들이 이용하고 있고, 유동성 역시 가장 풍부합니다.

팬케이크스왑은 수수료가 저렴하고, 빠르다는 장점이 있습니다. 유니스왑은 V3 업그레이드로 유동성 범위를 선택할 수 있도록 했습니다. 유동성 범위에 따라서 이자 수익률을 크게 높일 수 있습니다. 반면 팬케이크스왑보다 수수료는 꽤 비싼 편입니다.

③ 지갑 선택

마지막으로 지갑을 선택해야 합니다. 디파이 서비스는 코인을 직접 주고받기 때문에 개인 지갑이 꼭 필요합니다. 메타마스크, 트러스트월렛, 토큰포켓, 요로이, 아임토큰 등 다양한 지갑이 있습니다. 지갑마다 지원하는 메인넷이 다릅니다. 이더리움, 바이낸스 스마트 체인을 모두 지원하는 지갑도 있는데 대표적으로 메타마스크가 있습니다. 디파이를 처음 시작하는 분들은 **메타마스크**를 사용하는 걸 추천합니다.

유니스왑에서 스왑 거래해 보기

탈중앙화 거래소를 이용하기도 전에 부담감을 느끼는 분들이 많습니다. 하지만 프로세스가 생각보다는 단순합니다. 탈중앙화 거래소를 처음 사용한

다면 다음의 3단계로 진행하면 됩니다.

① 지갑 만들기 ⇨ ② 이더리움 입금하기 ⇨ ③ 탈중앙화 거래소에서 거래하기

이 책에서는 유니스왑과 메타마스크를 가지고 해보겠습니다. 사실 거래 방식은 팬케이크스왑도 거의 비슷합니다. 둘 중 하나를 해보면 나머지도 쉽게 사용할 수 있습니다. 참고로 이더리움을 입금하기 위해서는 국내 거래소에 미리 가입되어 있어야 합니다.

① 메타마스크 지갑 만들기

메타마스크는 크롬, iOS, 안드로이드 세 가지 버전이 있습니다. PC에서 사용하고 싶으면 크롬 브라우저에 설치하면 됩니다. 안드로이드나 iOS 버전을 내려 받으면 스마트폰에서 사용할 수 있습니다.

크롬에 설치해보겠습니다. 구글에서 Metamask를 검색한 후 메타마스크 홈페이지(https://metamask.io/)로 이동합니다. 다운로드를 선택하면 크롬, 안드로이드, iOS를 선택할 수 있습니다. 크롬을 선택하고 설치를 누르면 구글 웹 스토어로 이동합니다. 크롬에 확장 프로그램으로 추가하면 됩니다.

메타마스크 검색하기

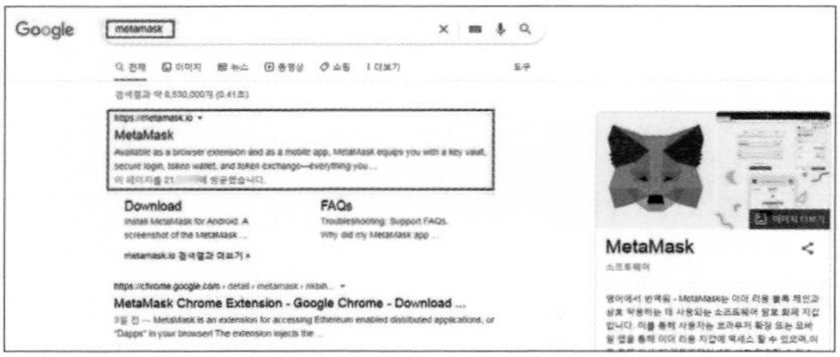

메타마스크 다운로드

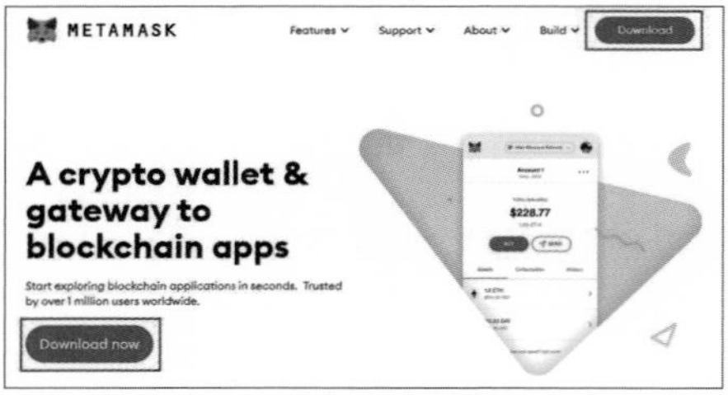

메타마스크 옵션 설정

메타마스크 설치

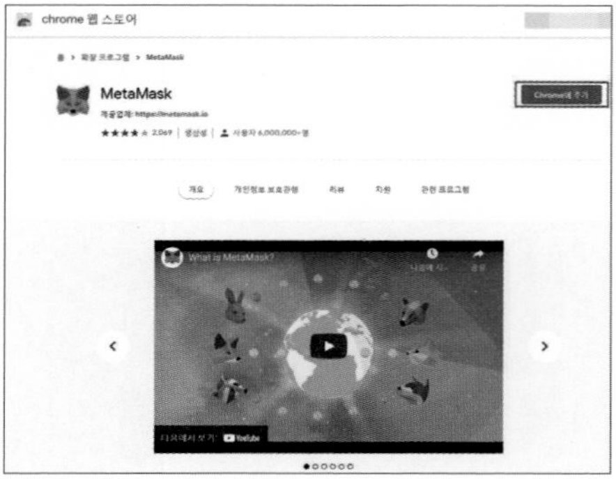

이번에는 메타마스크 가입입니다. 앞서 내려받기만큼이나 절차가 간소합니다. 시작하기를 클릭하면 지갑 가져오기와 지갑 생성을 선택할 수 있습니다. 메타마스크에 처음 가입하는 경우 지갑 생성을 선택합니다. 다음으로 비밀번호를 입력하고, 비밀 백업 구문을 확인하면 가입 절차가 끝납니다.

메타마스크 시작하기

메타마스크 신규생성

암호 생성하기

비밀 백업 구문 확인하기

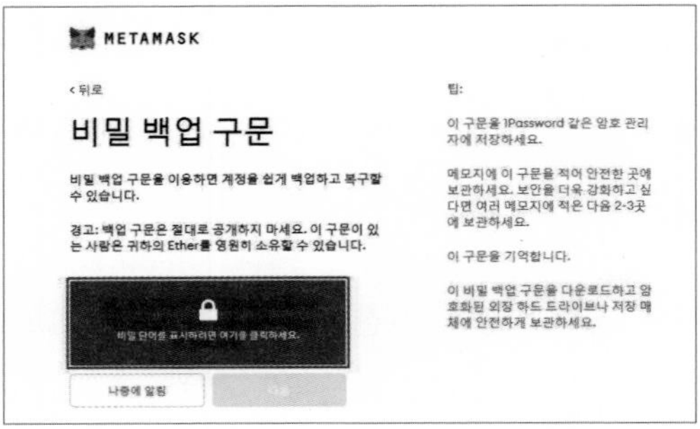

유의할 점은 비밀 백업 구문을 종이에 적어서 보관해야 한다는 것입니다. 될 수 있는 대로 온라인상에 기록을 남겨두지 않는 게 좋습니다. 다른 사람이 구문을 알게 되면 지갑의 코인을 모두 도난당할 수도 있기 때문입니다.

② 개인 지갑으로 보내기

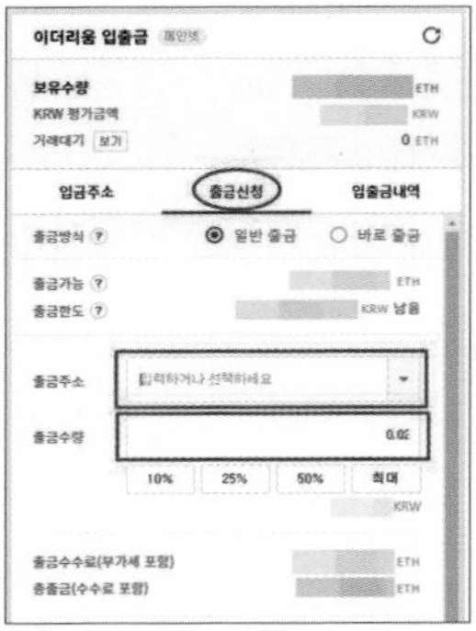

거래소에서
이더리움 출금하기

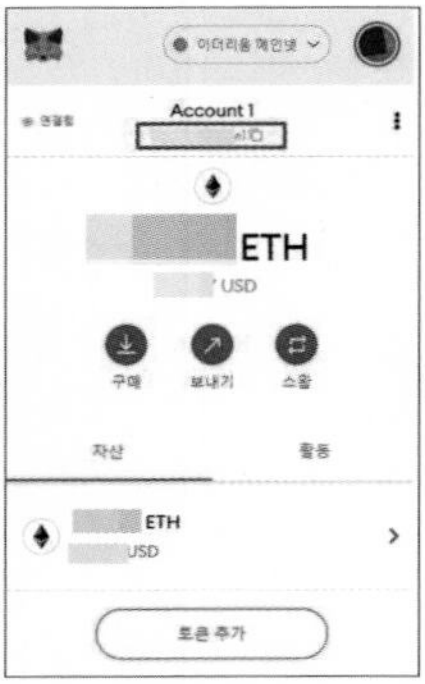

메타마스크 지갑
입금명세 확인하기

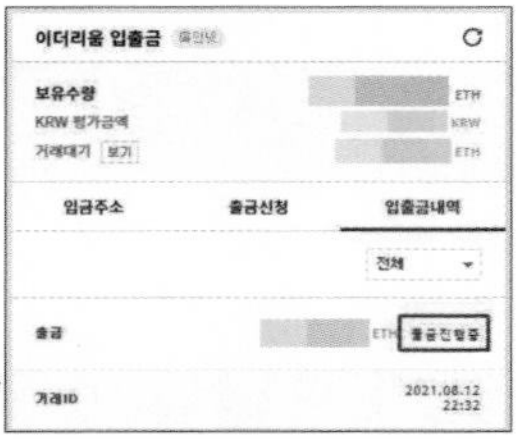

거래소 입출금 현황 확인하기

거래를 위해서는 지갑에 이더리움을 보유하고 있어야 합니다. 이더리움은 업비트, 빗썸 등의 중앙화 거래소에서 매입해서 보내면 됩니다. 바이낸스 같은 해외 거래소에서도 가능합니다. 많은 분이 이용하는 업비트를 예로 들어 보겠습니다.

출금 신청 메뉴에서 출금 주소와 출금 수량을 입력한 후 전송하면 됩니다. 출금 주소는 메타마스크 지갑의 주소입니다. 주소를 클릭하면 자동으로 복사됩니다. 전송이 완료되면 메시지가 나옵니다. 전송 시간은 몇 분 이상 소요되기도 합니다. 참고로 지갑 주소는 꼼꼼하게 확인해야 합니다. 전송 사고가 간혹 발생합니다. 잘못 전송하면 복구하는데 비용과 시간이 소요됩니다.

③ 유니스왑에서 거래하기

유니스왑 거래하기

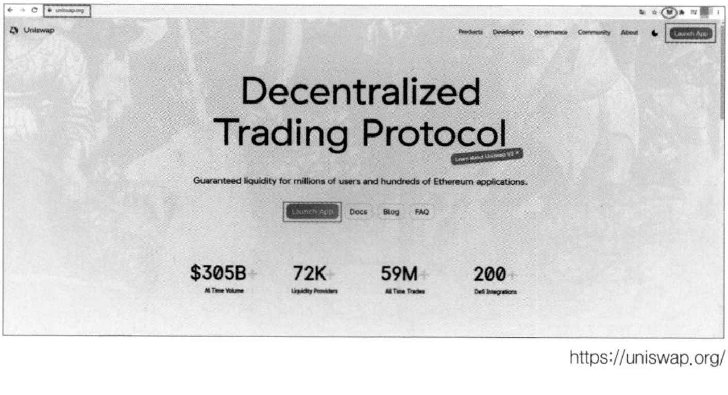

https://uniswap.org/

유니스왑(https://uniswap.org/)의 메인화면입니다. 똑같은 모양으로 만든 스캠 사이트들이 존재하기 때문에 URL을 잘 확인하시기 바랍니다. 되도록 코인마켓캡이나 코인게코 사이트의 링크를 타고 들어가는 게 좋습니다. 론치 앱Launch App을 선택하면 거래 화면으로 이동합니다.

메타마스크 지갑 연결하기

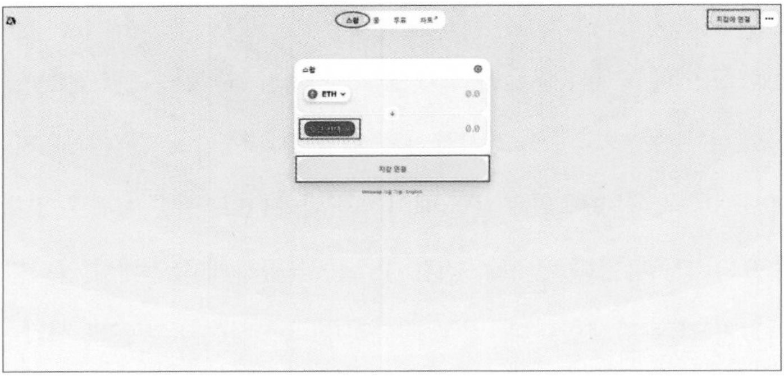

지갑을 먼저 연결해야 토큰스왑 거래를 이용할 수 있습니다. 왼쪽 위에 있는 여우 모양의 아이콘이 메타마스크 지갑입니다. 클릭하면 지갑을 열 수 있습니다. 지갑 연결을 클릭하면 됩니다.

메타마스크 지갑 연결하기

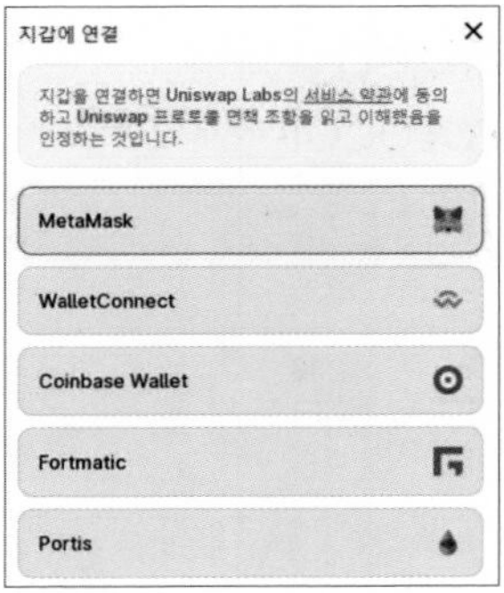

이더리움 메인넷 연결 확인하기

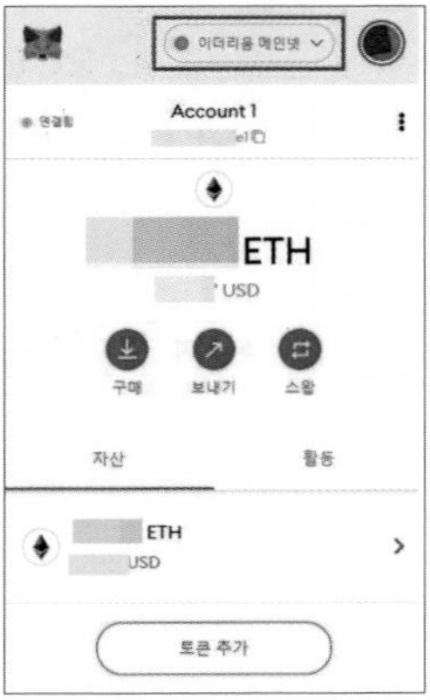

메타마스크를 선택하면 이더리움 메인넷에 연결됩니다. 다른 블록체인 메인넷으로 변경할 수도 있습니다.

거래 옵션과 토큰 선택하기

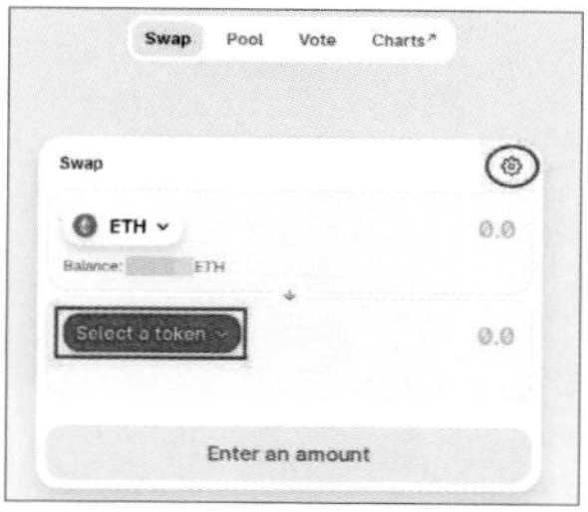

거래 옵션 설정하기

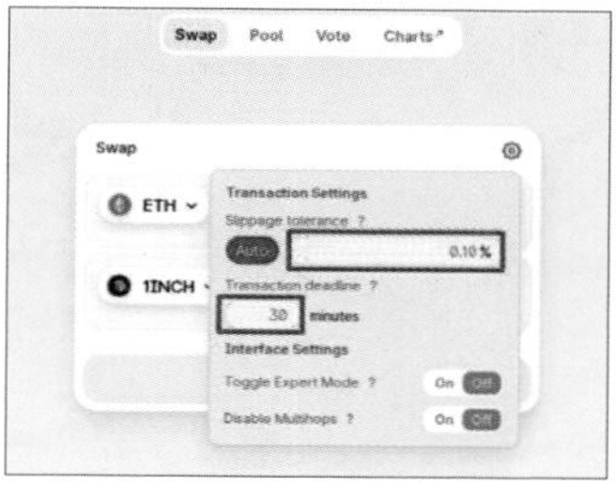

거래와 관련한 여러 옵션을 설정할 수 있습니다. 슬리피지 톨러런스Slippage Tolerance는 구매 도중 가격 변동률을 몇 %까지 허용할지 선택하는 것입니다. 1% 미만으로 설정되어 있으면 변동성이 클 경우 구매가 어려울 수 있습니다. 트랜잭션 데드라인Transaction Deadline은 트랜잭션을 최대 얼마까지 대기할지를 선택하는 것입니다. 다음은 실제 거래입니다. 스왑 거래를 해보겠습니다.

스왑 거래할 토큰 선택하기

스왑 거래 진행하기

스왑 거래 최종확인하기

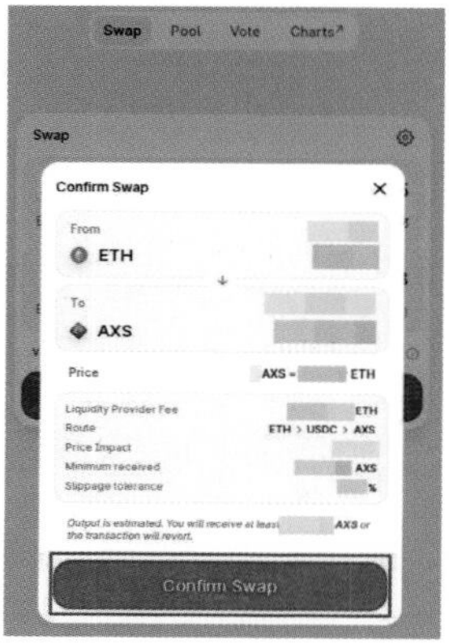

셀렉트 어 토큰Select a Token을 선택하고, 원하는 토큰을 검색합니다. 얼마의 이더리움을 사용할지 정하고 스왑을 진행하면 Confirm Swap 됩니다.

토큰 주소 확인하기

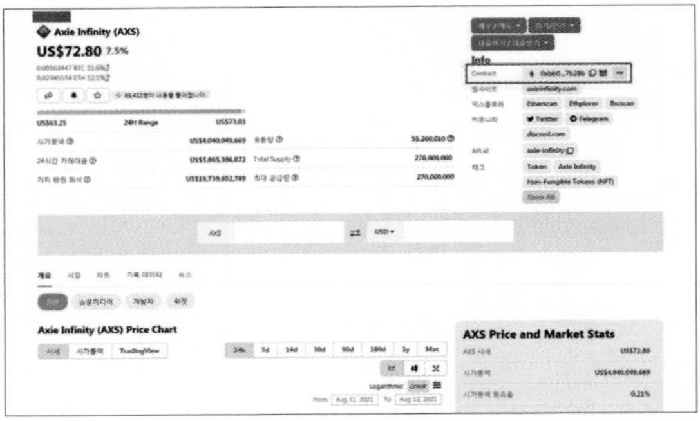

토큰 주소 추가하기

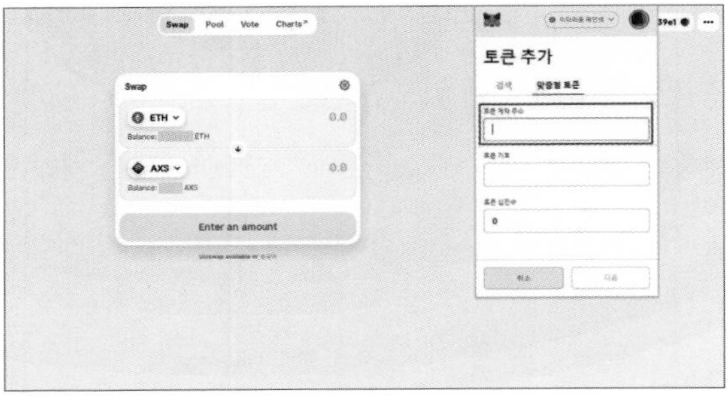

스왑 거래 최종명세 확인하기

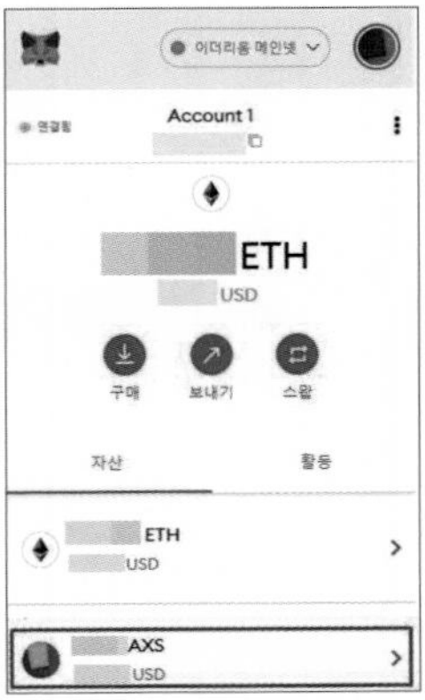

만약 거래가 완료되었는데 목록에 뜨지 않으면 토큰 추가를 해주어야 합니다. 추가하려면 토큰의 주소를 알고 있어야 합니다. 코인게코 사이트의 상세 페이지에서 주소를 복사해오면 됩니다. 토큰 추가가 완료되면 토큰이 지갑에 입금된 걸 확인할 수 있습니다.

메타마스크 거래 시에는 가스비라고 불리는 거래 수수료가 발생합니다. 가스비는 이더리움으로 지급합니다. 토큰스왑에 드는 비용과 별도로 가스비를 감안해 이더리움을 보유하고 있어야 합니다. 메타마스크는 거래 수수료를 느림, 평균, 빠름 3단계로 설정할 수 있습니다. 전송 속도가 빠를수록 가스비가 커집니다.

참고로 유동성 풀에 투자할 때는 2개의 코인을 혼합해서 하는데, 이때 구성에 따라서 수익률이 크게 차이 납니다. 또한 하락장에서의 손실을 고려해서 거래해야 합니다.

06 »»

디파이 투자, 이것만은 유의하자

모든 투자에 장점만 있는 것은 아닙니다. 디파이는 크게 두 가지 위험성이 있습니다. 하나는 투자자의 부주의에 의한 것이고, 다른 하나는 디파이의 구조적 문제입니다.

① 모든 책임은 투자자에게 있다는 점

중개인이 없다는 건 사용자가 실수했을 때 조치를 해줄 담당자가 없다는 의미입니다. 투자자는 본인의 자산에 대해 모든 책임을 져야 합니다. 투자자의 실수는 고스란히 블록체인에 기록되기 때문에 되돌릴 수 없습니다.

코인을 전송하는 과정에서 주소를 잘못 입력하기도 합니다. 거래할 때는 몇 번이고 다시 확인하는 신중함을 보여야 합니다.

비밀번호나 시드 구문을 잃어버리는 투자자도 있습니다. 이러면 자산을 영영 찾지 못할 수 있습니다. 실수를 바로잡아줄 중개인이 없는만큼 결국 모든 책임은 개인이 져야 한다는 걸 명심하시기 바랍니다.

② 스마트 콘트랙트 오류

디파이는 스마트 콘트랙트 덕분에 서로의 신뢰를 검증할 필요가 없습니다. 하지만 이는 스마트 콘트랙트가 오류 없이 완벽할 때만 가능한 것입니다. 스마트 콘트랙트에 오류가 생기면 큰 사고가 발생할 수 있습니다. 실제로 유니스왑, 디포스 등 디파이 서비스에서 해킹 사고가 발생한 적이 있습니다.

따라서 항상 안정적인 플랫폼을 선택하도록 노력해야 합니다. 에어드랍을 목적으로 여러 거래소를 활용하는 투자자가 많습니다. 수익률을 높이기 위해 좋은 전략이지만, 더불어 자산의 배분을 안정적으로 해야 합니다.

CHAPTER 9

NFT가 만들어가는 새로운 세상

불확실성을 이기는 최선의 방법은

시간을 나누는 것입니다

01 ›››

NFT가 기하급수적으로 성장하는 이유

일론 머스크의 연인으로 유명한 가수 그라임스Grimes는 2021년 3월에 NFT 기술이 적용된 디지털 그림 〈워 님프War Nymph〉를 온라인 경매에 부쳤습니다. 작품은 20분 만에 580만 달러, 한화 약 65억 원에 낙찰되었습니다.

〈매일: 첫 5000일〉, 비플

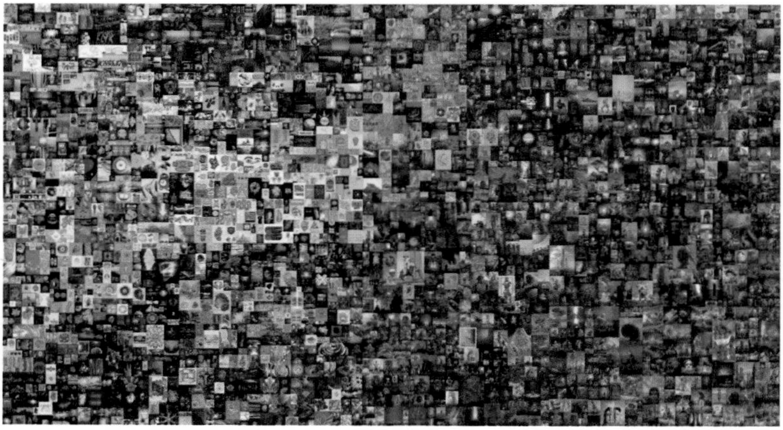

비플Beeple이라는 예명으로 유명한 디지털 화가 마이크 윙켈만Mike Winkelmann의 작품 〈매일: 첫 5000일Everyday: The First 5000 Days〉은 크리스티 경매에서 무려 6,934만 6,250달러, 한화 약 790억 원에 최종 낙찰되었습니다. 현존하는 예술가의 작품 가운데 세 번째로 높은 경매가입니다. 이 작품은 NFT를 통해 구현한 것으로 비플이 지난 13년 동안 제작한 디지털 그림 총 5,000개를 콜라주 해서 만들었습니다.

NFT가 무엇이기에 이렇게 비싼 가격에 낙찰된 걸까요? 인터넷에서 언제든지 볼 수 있는 디지털 그림이 왜 이렇게 비싼 가격에 팔릴까요? 그 이유를 알려면 NFT가 무엇인지부터 알아야 합니다. **NFT**Non-Fungible Token는 **대체 불가능한 토큰**을 의미합니다. 쉽게 말해서 세상에 딱 하나뿐인 토큰이라는 겁니다.

예를 들어보겠습니다. 내 손에 만 원권 지폐가 있습니다. 옆에 있는 친구도 만 원권 지폐가 있습니다. 두 사람이 서로의 만 원을 바꾼다고 문제될 게 있을까요? 가치가 같기 때문에 어떠한 손해나 이익도 발생하지 않습니다. 그런데 만 원권이 아니라 집문서라면 어떨까요? 나의 집문서와 친구의 집문서는 설령 같은 아파트 단지일지라도 같은 가치로 교환되지 않습니다. 이를 암호화폐에 적용하면 비트코인이나 이더리움 등은 만 원권 지폐에 해당합니다. NFT는 집문서(등기부등본)가 됩니다.

NFT는 일종의 권리증 개념으로 디지털 자산의 소유권 및 판매 이력 정보를 담고 있습니다. 해당 토큰이 언제, 어디서, 어떻게 제작되었으며 누가 사들여서 되팔았는지 모든 거래 명세가 상세하게 담겨 있습니다. 블록체인 기술을 기반으로 하므로 모든 정보가 블록체인상에 저장됩니다. NFT는 **디**

지털 자산의 지문이라고도 불립니다. NFT는 어떤 가치가 있을까요?

① 쉽게 복제되고 사라질 수 있는 디지털 콘텐츠의 **소유권**을 제작자에게 돌려주었습니다. 그래서 앞으로 더 좋은 디지털 창작 작품이 탄생할 수 있는 기반이 되었습니다. 해당 자산에 대한 소유권을 블록체인 기술을 이용해 거래 가능한 토큰으로 주조하는 것을 **민팅**Minting이라고 합니다. 대부분의 NFT는 이더리움 블록체인에서 발행되고, **ERC-721** 규격을 따릅니다.

② 거래 내용이 블록체인상에 기록되기 때문에 거래 정보를 투명하게 확인할 수 있고, 거래 추적이 쉬우며 위변조가 불가능합니다. 고유한 인식 값이 있어서 복제할 수도 없습니다. 따라서 희소성을 지닌 디지털 자산을 대표할 수 있습니다.

③ 거래할 수 없던 것을 거래할 수 있도록 만들었습니다. 트위터의 창업자 잭 도시는 2006년에 자신이 쓴 첫 트윗 "방금 내 트위터를 설정함Just Setting Up My Twitter"을 캡처해 NFT로 판매했습니다. 과연 팔렸을까요? 250만 달러, 한화 약 27억 7,000만 원에 낙찰되었습니다. 황당한 사례도 있습니다. 미국 뉴욕에서 활동하는 영화감독 라미레스 말리스Alex Ramírez-Mallis는 1년간 녹음한 방귀 소리를 경매에 내놓았습니다. 믿기지 않게도 85달러, 한화 약 9만 6,000원에 거래되었습니다. 이렇듯 NFT를 통해 **새로운 합성자산**이 계속해서 탄생할 수 있습니다. NFT는 다양한 산업 분야와 결합하며 암호화폐 시장의 가장 큰 화두로 떠오르고 있습니다.

02 ›››

최고의 시너지, 메타버스와 NFT의 커플링

NFT와 함께 자주 언급되는 키워드가 있습니다. 바로 **메타버스**입니다. 메타버스는 가상, 초월 등을 의미하는 메타Meta와 우주를 뜻하는 유니버스Universe의 합성어로 온라인상에 구현된 가상세계를 의미합니다.

메타버스는 SF 소설가 닐 스티븐슨Neal Stephenson이 1992년에 쓴 《스노우 크래쉬》에서 등장한 개념입니다. 책 속에서 메타버스는 컴퓨터 기술로 구현한 3차원 가상세계입니다. 아바타를 통해 들어갈 수 있습니다. 아바타라는 용어 역시 이 책에서 처음 나왔습니다. 메타버스라고 하면 많은 사람이 가상현실VR이나 증강현실AR을 떠올립니다.

- **가상현실**(VR) 디지털로 만들어진 가상의 공간에서 사람이 실제와 같은 체험을 하도록 하는 것입니다. 현실과 다른 새롭게 구현된 세계입니다.
- **증강현실**(AR) 디지털 기술을 통해 현실의 공간에 부가 정보를 실시간으로 추가해 보여주는 기술입니다. 대표적인 예가 '포켓몬고' 게임입니다.

메타버스는 이보다 더욱 진화한 개념입니다. 가상현실의 확장으로 소통과 참여가 중요합니다. 아바타를 이용해 가상현실 속의 사람과 대화를 나누고, 취미생활을 하며 쇼핑을 하고 업무도 합니다. 그래서 메타버스는 현실세계와 같은 사회, 경제, 문화적 활동을 하는 3차원 가상세계라고 정의하기도 합니다. 메타버스의 대표적인 예로 네이버 제페토를 들 수 있습니다.

제페토 홈페이지

https://www.zepetto.com/

제페토에서 사용자는 표정, 몸짓, 차림새는 물론 캐릭터의 모든 요소를 본인이 원하는 대로 바꿀 수 있습니다. SNS 기능이 접목돼 있어 이용자끼리 여러 가상공간에서 교류할 수 있으며, 가상세계 안에서 이용자가 모여 게임을 하거나 춤을 추는 등 다양한 활동이 가능합니다. 최근에는 유명 브랜드, 연예기획사 등과의 제휴도 활발히 진행 중입니다. 제페토는 젊은 층을 중심으로 큰 인기를 끌고 있고, 2021년 상반기 기준으로 2억 명 이상의 이용자가 있습니다.

그러면 NFT와 메타버스의 연결고리는 무엇일까요? 메타버스로 예술품에 집중되던 NFT의 생태계가 확장되었습니다. 메타버스에서 만들어진 상품이 NFT로 발행돼 활발히 거래되고 있습니다. 반대로 가상세계가 더욱 현실처럼 움직이는데 NFT가 이바지했습니다.

크립토키티 홈페이지

https://www.cryptokitties.co/

2017년에 대퍼랩스Dapper Labs가 개발한 크립토키티CryptoKitties가 NFT의 시초로 꼽힙니다. 크립토키티는 사용자가 NFT 속성의 고양이를 교배해 자신만의 희귀한 고양이를 만드는 게임입니다. 드래곤이라는 고양이는 한화 약 10억 원에 거래되며 엄청난 화제를 모으기도 했습니다.

디센트럴랜드 홈페이지

https://play.decentraland.org/

가상세계에서 부동산을 구매하고 도시를 건설하는 디센트럴랜드Decentraland라는 게임에서는 마나MANA 토큰을 이용해 랜드Land라는 디지털 토지를 구매할 수 있습니다. 게임 내에서 확보한 토지는 모두 NFT로 지급하기 때문에 소유권이 보장됩니다. 토지 위에는 건물을 올리거나 다른 사용자와 거래를 할 수도 있습니다. 현실 세계의 부동산 거래를 가상세계에 그대로 옮겨놓은 개념입니다. 마나 토큰은 현재 전 세계의 메이저 거래소에서 매입할 수 있습니다. 투자자 사이에서 큰 가치를 인정받아 급격한 가격 상승을 이루었습니다.

한편 소유권을 보장하더라도 해당 플랫폼 위에서만 가치를 지닌다면 사용성이 떨어질 수밖에 없습니다. 플랫폼 간의 교류를 통해서 활용 영역을 더욱 넓힐 필요가 있습니다. 이를 **상호운용성**이라고 합니다. NFT는 기본적으로 상호운용이 가능하도록 설계되었습니다. 향후 여러 생태계를 넘나들며 사용하다보면 NFT의 저변은 더욱 확대될 겁니다. 참고로 페이스북이 사명을 메타로 변경한 이후 메타버스 내 토지 가격이 상승하고 있습니다.

기술 발전과 팬데믹 등으로 사람들이 온라인상에서 보내는 시간이 급증하였습니다. 이는 메타버스 세상으로 이주하는 속도를 높이고 있습니다. 앞으로는 가상세계에서 수익을 올리고, 취미생활을 하고, 소통하며, 새로운 삶을 살게 될지도 모릅니다. 스티븐 스필버그 감독의 〈레디 플레이 원〉과 같은 세상이 정말로 도래할지도 모를 일이죠. NFT는 이 모든 걸 이끌어나갈 중요한 열쇠입니다.

03 »»

100배 상승을 노리는 대표적 NFT 프로젝트

암호화폐 시가총액 100위권 내에 있는 NFT 관련 암호화폐(2021년 8월 14일 기준)를 알아보겠습니다. 2021년 한 해 동안 모든 블록체인 프로젝트 중 가장 큰 주목을 받았습니다. 대부분 수십 배에서 백 배 이상 가격 상승을 이루었습니다. NFT를 거품이라고 보는 시각도 많습니다. 하지만 NFT는 다양한 산업과 융합하며 새로운 가치를 창출하고 있습니다. 10년 후에도 살아남을 NFT 프로젝트를 발굴해서 꾸준히 투자하면 앞으로도 좋은 성과가 있을 거라고 봅니다.

대표적인 NFT 프로젝트

쎄타토큰 (THETA)	블록체인 기반의 영상 스트리밍 플랫폼 쎄타TV에서 사용됩니다. 현재의 중앙화된 스트리밍 플랫폼으로는 갈수록 늘어나는 데이터양을 감당하지 못할 거라는 판단으로 이를 해결하기 위해 탄생했습니다. 쎄타토큰(THETA)과 쎄타퓨엘(TFUEL) 두 가지의 토큰을 발행합니다. 쎄타토큰은 콘텐츠 제공자에게 대가로 제공하는 토큰입니다. 사용자가 쎄타토큰을 결제하면 이를 콘텐츠 제작자에게 나누어 줍니다. 유튜브의 운영 방식과 비슷합니다. 반면 쎄타퓨엘은 여분의 대역폭을 공유하는 사용자에게 제공하는 토큰입니다. 사용자는 동영상을 즐기면서, 대역폭을 공유해 수익을 얻을 수 있습니다. 두 토큰은 꾸준한 소각으로 유통량을 조절합니다. 유튜브 창업자인 스티브 첸(Steve Chen)이 자문으로 참여해 주목받고 있습니다.

엑시 인피티니 (AXS)	2021년에 가장 주목받은 NFT 프로젝트입니다. 게임을 즐기면서 수익을 얻는 플레이투언(P2E, Play To Earn) 모델의 대표적인 성공 사례로도 꼽힙니다. 2020년 11월 바이낸스 런치패드에 상장한 후 약 1,400배의 가격 상승을 했습니다. 포켓몬에서 영감을 받아서 출발한 게임으로 엑시(Axies)라는 캐릭터를 육성해 마켓 플레이스에서 사고팔 수 있습니다. 거래는 NFT 형태로 이루어집니다. 캐릭터 이외에 땅과 아이템의 거래도 가능합니다. 브리드(Breed) 기능을 통해 캐릭터가 낳은 새끼를 양육하고, 거래할 수도 있습니다. 캐릭터 구매 및 게임 플레이는 엑시인피니티샤드토큰(AXS)으로 합니다. 게임 생태계에서 사용되는 토큰 거래를 촉진하기 위해 자체 탈중앙화 거래소를 출시하기로 했습니다.
칠리즈 (CHZ)	e스포츠와 게임 관련 프로젝트로 소시오스닷컴 플랫폼에서 이용됩니다. 블록체인 기반의 거래를 통해 자신이 좋아하는 스포츠 팀을 응원하고, 토큰으로 팀 운영에 참여할 수 있습니다. 100여 개가 넘는 스포츠 팀이 함께 하고 있습니다. 대표적으로 FC바르셀로나, 파리생제르맹, 유벤투스 등이 있습니다. 발행 한도는 88억 개입니다.
디센트럴랜드 (MANA)	디센트럴랜드 게임에서 사용하는 토큰입니다. 바로 앞장에서 설명해 드렸습니다. 디센트럴랜드는 그레이스케일에서 비중 있게 투자하고 있습니다. 또한 플립사이트크립토의 FCAS 등급이 NFT 프로젝트 중 가장 높습니다.
플로우 (FLOW)	크립토키티, 대퍼월렛, NBA탑샷 등을 만든 대퍼랩스의 메인넷입니다. 플로우에서 구동되는 블록체인 게임과 디앱 및 스마트 콘트랙트를 사용하기 위한 기본 통화가 플로우 코인(FLOW)입니다. NBA, UFC 같은 스포츠 단체를 비롯해 여러 글로벌 기업과 제휴를 맺고 있습니다. 총발행량은 13억 3,000개입니다.
엔진코인 (ENJ)	게임 아이템 거래를 위해서 만든 블록체인 프로젝트입니다. 전 세계 유명 게임 회사 및 블록체인 기업과 함께 블록체인 게임 연합을 결성했습니다. 창립 회원으로 유비소프트, 알트 등이 있습니다. 코인의 발행량은 총 10억 개입니다. 생태계가 성장하고, 게임 내 엔진코인(ENJ)이 더 많이 예치될수록 유통량이 줄어 코인의 가치는 상승하게 됩니다.
샌드박스 (SAND)	사용자가 복셀(Voxel) 자산 및 게임 경험을 통해 수익을 창출할 수 있는 플랫폼입니다. 복스에딧(VoxEdit)이라는 도구를 활용해 자신만의 3D 캐릭터와 아이템 등을 제작해 수익을 낼 수 있습니다. 또한 아이템을 직접 거래할 수 있는 마켓 플레이스와 아이템을 활용해 게임을 제작할 수 있는 게임 메이커를 제공합니다. 더불어 디센트럴랜드처럼 랜드 임대를 통한 수익 창출도 가능합니다.
왁스 (WAX)	블록체인 기반 아이템 거래용 코인입니다. 아이템을 NFT화 하여 사고팔 수 있도록 마켓 플레이스를 제공합니다. 이때 왁스 코인(WAX)이 사용됩니다. 2021년 8월 바이낸스 상장 소식으로 가격이 크게 상승했습니다.
베이커리 토큰 (BAKE)	NFT 거래 플랫폼이자 토큰 교환 거래 플랫폼인 베이커리스왑에서 사용되는 토큰입니다. 베이커리토큰(BAKE)을 활용해 예술 작품 NFT를 구매하거나 다른 토큰을 살 수 있습니다.

04 ›››

NFT는 거품일까? 혁신일까?

〈번트 뱅크시Burnt Banksy〉는 얼굴 없는 화가로 유명한 거리 예술가 뱅크시의 작품을 불태운 후 NFT로 만든 프로젝트입니다. 블록체인 회사인 인젝티브 프로토콜은 뱅크시의 작품 〈멍청이들Morons〉을 약 1억 원에 구매해 경매가 열리기 전에 소각했습니다. 그런 뒤에 작품을 NFT로 재탄생시켜 4억 원에 판매했습니다. 파격적인 퍼포먼스를 벌인 이유는 실물이 존재하는 것만이 가치 있는 것이 아니고, NFT도 가치가 있다는 것을 알리기 위해서라고 합니다. 아이러니하게도 〈멍청이들〉 그림 속 칠판에는 이런 글귀가 적혀 있습니다.

"진짜로 이걸 사는 멍청이들이 있다니 믿을 수 없어!"

새로운 트렌드가 시작되는 것에 대한 기대감으로 NFT 발행이 늘어나고 비싼 값에 거래되고 있습니다. 그만큼 시장의 큰 관심을 받고 있다는 의미입니다. 현재 NFT는 예술품 분야에서 가장 부각되고 있습니다. NFT의 핵심이 디지털 원본을 증명하고, 희소성의 가치를 부여하는 것이기 때문입니

〈멍청이들〉, 뱅크시

〈멍청이들〉 소각

다. 그런데 NFT가 혁신 산업인지, 거품인지에 관해서는 찬반 논란이 여전히 뜨겁습니다.

거품이라고 주장하는 사람들은 원작의 무분별한 복제와 기하급수적인 유통을 문제 삼습니다. NFT는 블록체인 기술을 바탕으로 하기 때문에 거래 내역을 조작할 수 없고, 누가 작품을 소유하고 있는지, 작품이 정당한 방법으로 거래된 것인지 확인할 수 있습니다. 물론 불법적인 캡처나 촬영 등으로 복제본을 만들어 인터넷에 유포할 수 있습니다.

하지만 복제본이 많아진다고 해서 원본의 희소성과 가치가 떨어지는 건 아닙니다. 사회적으로 유명하고, 이슈가 된 작품이라는 의미이기 때문에 원본의 희소성과 가치는 오히려 높아집니다. 가령 레오나르도 다빈치Leonardo Da Vinci의 〈모나리자Mona Lisa〉는 인터넷상에 수천 만개 이상의 복제 이미지가 돌아다니지만, 프랑스의 루브르 박물관에 보관된 원본 〈모나리자〉의 가치가 줄어드는 건 아닙니다.

물론 NFT가 해결해야 할 중요한 문제는 남아 있습니다. 바로 저작권 관련 분쟁입니다. 예술품 분야는 원본을 스캐너나 사진을 활용해 디지털화한 후 NFT로 발행하는 일이 많습니다. 그런데 이 과정에서 저작권자에게 양도나 사용 허락을 받지 않은 일이 발생할 수 있습니다. 타인의 저작물을 무단으로 디지털화해서 발행한 것이죠. 이는 향후 분쟁의 소지가 될 수 있습니다.

따라서 NFT를 거래할 때는 거래 당사자가 디지털 콘텐츠 원본의 소유주가 맞는지와 또한 NFT에 기록된 디지털 콘텐츠 원본의 경로를 정확히 확인해야 합니다.

NFT는 작품의 정보를 담고 있는 증서입니다. 작품 자체가 블록체인에 등록되는 것은 아닙니다. 따라서 NFT를 구매했다고 해서 작품에 대한 저작권이 무조건 자동으로 취득되는 것이 아닙니다. NFT가 어느 정도의 권리를 담고 있는지를 확인해야 합니다.

여러 우려에도 NFT는 다양한 산업과 융합하며 새로운 마켓 트렌드를 만들어 가고 있습니다. 미국의 시장조사 및 컨설팅 회사 가트너는 향후 2~10년 내 주목할 획기적 기술로 NFT를 꼽은 바 있습니다.

05 ›››

새로운 지평을 열어가는 NFT

현재 NFT 산업은 가파르게 성장하고 있습니다. 앞서 말씀드렸듯 2021년 3분기 NFT의 거래액은 106억 7,000만 달러, 한화 약 12조 6,500억 원가량입니다. 이는 지난해 같은 기간 대비 704%가량 성장한 것입니다.

NFT는 왜 가치를 지닐까?

NFT 관련 데이터 플랫폼 논펑저블닷컴(https://nonfungible.com/)은 NFT를 컬렉터블(수집품), 게임, 메타버스, 유틸리티, 아트(예술품), 스포츠 등으로 분류하고 있습니다. 이 중에서 가장 거래량이 많은 분야는 컬렉터블(수집품)입니다. 2021년 10월 1일 기준으로 컬렉터블 분야의 TOP 10을 싹쓸이하고 있는 건 라바랩스Lava Labs가 발행한 픽셀화된 아바타 이미지 '크립토펑크CryptoPunks'입니다.

NFT 컬렉터블 분야 판매 현황

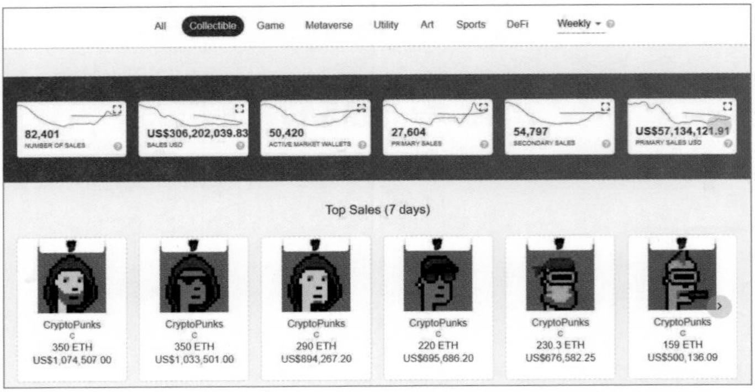

https://nonfungible.com/

크립토펑크는 글로벌 신용카드사 비자Visa가 15만 달러, 한화 약 1억 7,000만 원에 구입하면서 큰 화제가 되었습니다. 가장 비싸게 팔린 크립토펑크는 #9998로 무려 5억 3,200만 달러, 한화 약 6,225억 원에 판매되었습니다. 하지만 온체인 분석가들은 이것이 자작극이라고 분석하고 있습니다. #9998 다음으로 비싸게 거래된 크립토펑크는 2021년 6월 소더비 경매에서 1,180만 달러, 한화 약 130억 원에 판매된 '코비드 에일리언'입니다. 크립토펑크의 흥행을 통해서 NFT가 주목받는 이유를 알아보겠습니다.

① 무한한 성장 가능성

비자는 NFT가 미래의 전자상거래 및 엔터테인먼트, 소셜미디어 산업에서 중요한 역할을 할 것이고, 크립토펑크 구매 이유 역시 관련 산업에 관심을 두기 위해서라고 밝힌 바 있습니다. 비자는 지난 60년간 여러 역사적인 상거래 장치를 수집해 왔습니다. 여기에 크립토펑크를 추가했다는 건 NFT가 시장의 새로운 지평을 열고 있다는 의미로 해석할 수 있습니다.

더불어 NFT의 자산으로서의 가치도 높아질 가능성이 큽니다. 크립토펑크의 인기는 유명 화가들의 그림 작품처럼 향후 가격이 큰 폭으로 상승할 거라는 기대감이 반영되었습니다. 참고로 크립토펑크는 희소성을 위해 딱 1만 개만 NFT로 발행했습니다.

② 정체성과 부의 과시

비트코인 투자자들이 자신의 SNS 프로필 사진에 눈에서 레이저가 나오는 이미지를 유행처럼 올린 적이 있습니다. 흔히 〈레이저 아이즈〉라고 부르는 이 이미지는 자신이 비트코인 투자자라는 사실을 밝히고, 비트코인의 상승을 기원하는 일종의 밈입니다. 크립토펑크를 비롯한 NFT 투자자들은 구매한 NFT를 프로필 사진에 올리고 있습니다. 이는 레이저 아이즈와 마찬가지로 자신의 정체성을 드러내는 효과가 있습니다. 더불어 해당 산업에 대한 이해도와 트렌드 및 기술에 대한 관심도 등을 보여줍니다.

아울러 부를 과시하는 효과도 있습니다. 이를 플렉스FLEX 문화라고 부릅니다. 플렉스는 힙합 문화에서 파생된 단어로 자신의 성공이나 부를 과시하는 행위를 뜻합니다. 미국의 유명 래퍼인 제이지, 스눕독 등이 크립토펑크를 트위터 프로필 사진으로 사용했습니다.

누군가에게는 엉성한 아바타 이미지로 보일 수 있지만, 그 가치를 아는 사람들 사이에서는 롤렉스이자 샤넬과 같은 역할을 합니다.

③ 서사, 상징성, 그리고 커뮤니티

루트Loot는 비디오 공유 앱 바인Vine의 공동 창업자인 돔 호프만Dom

Hofmann의 트위터에서 시작된 프로젝트입니다. 판타지 게임에 등장하는 무기 및 장비를 무작위로 골라서 8개씩 배치한 텍스트 형식의 NFT로 장비의 능력치나 이미지는 표시되어 있지 않습니다.

돔 호프만은 NFT 8,000개를 발행할 수 있는 권리를 스마트 콘트랙트에 등록하고, 이 중에 7,777개를 사용자들이 생성할 수 있도록 했습니다. 발행 비용은 따로 없고, 거래에 대한 가스비만 지급하면 되는 형식이었습니다. 루트는 몇 시간 만에 모두 팔렸고, 현재 NFT 마켓 플레이스 오픈씨(https://opensea.io/)에서 높은 가격에 거래되고 있습니다.

그런데 이후 더 재미있는 현상이 일어납니다. 커뮤니티의 참여자들이 루트의 아트워크, 능력치, 맵, 세계관 등을 자발적으로 채워 서사를 완성해 간 것입니다.

돔 호프만이 올린 루트

루트 아트워크

루트 맵

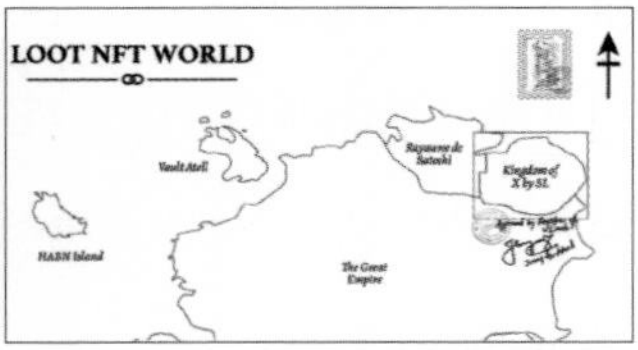

https://opensea.io/

결정적인 역할을 한 건 커뮤니티입니다. 돔 호프만이 이 프로젝트를 시작한 이유 역시 커뮤니티를 통해서 완벽히 탈중앙화된 블록체인 게임을 만들기 위해서입니다. 이후 그는 이더리움 지갑을 가지고 있으면 실제 NFT를 소유하지 않고도 루트 프로젝트에 참여할 수 있도록 합성 루트Synthetic Loot를 무한대로 발행했습니다.

크립토펑크의 흥행 이유로 가장 오래된 NFT 프로젝트라는 점을 꼽기도 합니다. 이는 상징성으로 서사와 관계있습니다. 또한 크립토펑크는 커뮤니티에서의 영향력 및 브랜드 가치와 관계 깊습니다.

다양한 산업과 융합하는 NFT

NFT는 플레이투언P2E, Play To Earn 모델을 통해 게임 분야에서 주목받고 있습니다. P2E는 게임플레이로 수익을 올리는 개념으로 NFT 기술을 활용합니다. 대표적인 성공 사례로는 앞서 언급한 엑시인피니티AXS가 있습니다. 국내에서는 위믹스WEMIX 코인을 들 수 있습니다. 2021년 8월 게임 회사 위메이드는 미르4 글로벌을 출시했습니다. 게임 이용자들은 게임 내에서 획득할 수 있는 흑철을 1대 10만 비율로 드레이코와 교환할 수 있습니다. 드레이코는 암호화폐 거래소 빗썸이나 비키에서 거래되는 위믹스WEMIX 코인으로 환전이 가능합니다. NC소프트와 넷마블, 컴투스 등 한국을 대표하는 게임 제작사들도 관련 서비스를 선보이겠다고 밝혀 P2E는 큰 관심을 받고 있습니다. 단, 국내에서는 사행성 우려로 P2E가 불법으로 규정돼 있습니다.

NFT 게임의 또 다른 사례로 소레어Sorare를 들 수 있습니다. 소레어는 축구 선수의 얼굴 등을 담은 카드를 NFT화해 거래하는 플랫폼입니다. 사용자들은 자신이 좋아하는 축구선수의 NFT 카드를 구입할 수 있습니다. 그런데 이 플랫폼의 서비스는 사용자들이 NFT 카드를 수집하고 거래하는 것에서 끝나지 않습니다. 보유한 NFT 선수 카드로 팀을 만들어 다른 사용자들과 경쟁하며 게임을 즐길 수 있습니다.

소레어는 스포츠 관련 컬렉터블로도 분류됩니다. 대표적인 스포츠 컬렉

소레어

https://sorare.com/

NBA탑샷 호프만이 올린 루트

https://nbatopshot.com/

터블로는 미국프로농구NBA 경기 장면을 15초 비디오 영상으로 담아 NFT 카드로 제작하는 NBA탑샷이 있습니다. NFT는 스포츠 산업과 적극적으로 융합하는 중입니다.

NFT는 현실에서의 실용성도 늘어나고 있습니다. 나이키의 경우 운동화를 다른 사람에게 판매하면 실제 신발과 함께 디지털 자산 소유권을 양도하도록 했습니다. 한정판 운동화를 파는 리셀러와 진품 여부가 불안한 구매자에게는 희소식입니다. 신세계그룹 온라인 쇼핑몰 쓱닷컴(https://www.ssg.com/)은 그라운드X의 클레이튼이 개발한 NFT 기반 기술을 활용해 디지털 보증서를 발급하는 서비스의 운영에 나섰습니다. 관공서나 학교들은 복제 방지를 위해 NFT에서 사용되는 블록체인 기술을 각종 증명서에 적용하고 있습니다.

엔터테인먼트 산업에서도 중요한 역할을 하고 있습니다. 세계적인 만화사 DC코믹스DC Comics는 배트맨, 슈퍼맨, 그린 랜턴, 원더우먼 등으로 구성된 첫 NFT 컬렉션을 발행하고, 무료 에어드랍 이벤트를 진행했습니다. 캐릭터 저작권을 가진 기업들이 적극적으로 NFT 분야에 동참하고 있어서 디즈니 등의 참여도 예상되고 있습니다.

우리나라의 경우 방탄소년단BTS 소속사인 하이브와 업비트 운영사인 두나무가 BTS 굿즈를 NFT로 발행하기 위한 협업을 시작했다고 합니다.

NFT와 함께 부각되고 있는 분야가 또 하나 있습니다. 바로 IPFS입니다. IPFS는 Inter Planetary File System의 약자로 분산형 파일 시스템에 데이터를 저장하고 인터넷으로 공유하기 위한 프로토콜입니다. NFT는 3개의 항목으로 구성되어 있습니다. 미디어 데이터, 메타데이터, 스마트 콘트랙트입니다. 미디어 데이터는 실제 디지털 콘텐츠입니다. 텍스트, 이미지, 오디오, 비디오 등 다양한 형식이 존재합니다. 메타데이터는 작품에 대한 각종 설명을 담고 있으며, 마지막으로 스마트 콘트랙트에는 소유권과 관련한 정보가 들어 있습니다.

그런데 미디어 데이터와 메타데이터는 이더리움 등의 블록체인에 저장할 경우 높은 수수료가 발생해 외부 저장매체에 주로 저장합니다. 이때 IPFS를 활용합니다. IPFS는 NFT의 성장과 궤적을 함께할 가능성이 높습니다.

06 »»

NFT, 누구나 쉽게 사고팔 수 있다

NFT는 누구나 쉽게 만들어서 사고팔 수 있습니다. NFT를 거래하려면 마켓 플레이스를 이용해야 합니다. 여러 마켓 플레이스가 운영되고 있고, 현재도 계속해서 생겨나고 있습니다. 바이낸스, FTX, 코인베이스 등 글로벌 거래소들도 NFT 마켓을 시작했습니다. 국내 거래소 중에는 코빗이 가장 먼저 NFT 마켓을 열었습니다. 현재 운영되는 대표적인 마켓 플레이스는 이더리움 기반이 많습니다. 참고로 각 메인넷과 프로젝트별로도 별도의 마켓 플레이스를 운영하고 있습니다.

대표적인 NFT 마켓 플레이스

오픈씨	https://opensea.io/
민터블	https://mintable.app/
슈퍼레어	https://superrare.com/
노운오리진	https://knownorigin.io/
라리블	https://rarible.com/

니프티게이트웨이	https://niftygateway.com/
메이커스플레이스	https://makersplace.com/
파운데이션	https://foundation.app/

이중 규모가 가장 큰 곳은 오픈씨입니다. 오픈씨에서 NFT를 거래하는 방법을 알아보겠습니다.

거래를 위해서는 먼저 디지털 지갑을 만들어야 합니다. 다양한 지갑을 지원하지만, 디파이 파트에서 소개해드린 메타마스크를 사용하는 게 가장 편리합니다. 메타마스크의 가입 및 설치 방법은 앞장에서 알려드렸습니다. 오픈씨(https://opensea.io/)에서는 블록체인 기반의 국제 송금 업체 와이어에서 암호화폐를 현금으로 구매할 수도 있습니다.

디지털 지갑에 입금 수단 선택하기

하지만 거래 수수료가 비쌉니다. 암호화폐를 보유하고 있다면 되도록 거래소를 이용하는 게 좋습니다.

① NFT 구매하기

홈페이지의 메인 화면에서 탐색하기를 클릭하면 현재 구매할 수 있는 NFT가 나옵니다.

NFT 검색하기

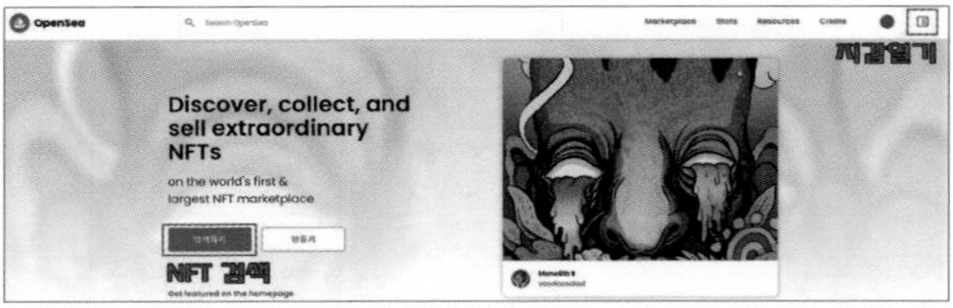

현재 구매 가능한 NFT 확인하기

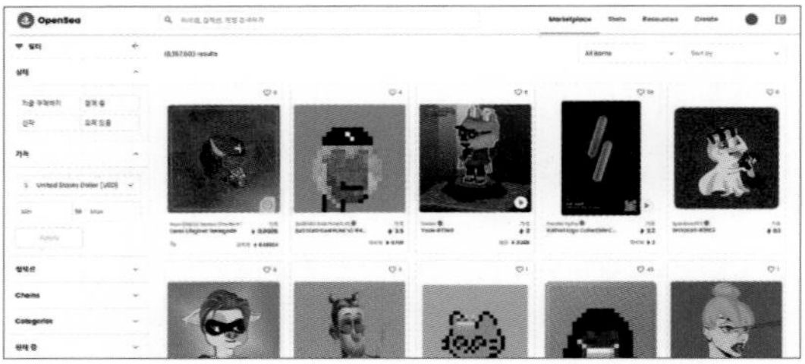

지금 구매하기

지금 구매하기Buy Now를 선택하면 지금 바로 살 수 있는 NFT의 목록이 나옵니다. 경매 중On Auction은 경매에 올라간 NFT를 확인할 수 있습니다. 지금 구매하기로 들어가서 상품가격과 수수료를 내면 NFT 거래가 완료되고, 소유권이 나에게 넘어옵니다. NFT에 자산의 판매자와 구매자, 가격, 구매 시점 등이 기록돼 블록체인상에 새겨집니다.

② NFT 등록하기

이번에는 상품을 등록해보겠습니다. 마이 컬렉션My Collection 메뉴에서 컬렉션 만들기Create a collection를 선택하면 됩니다. 로고, 이름, 설명 등을 입력하고 만들기 버튼을 누르면 업로드됩니다. 만들기가 끝나면 마지막으로 팔기 버튼을 눌러 판매 형태를 정합니다. 판매 등록 수수료를 결제하면 민팅이 완료됩니다.

마이 컬렉션 선택하기

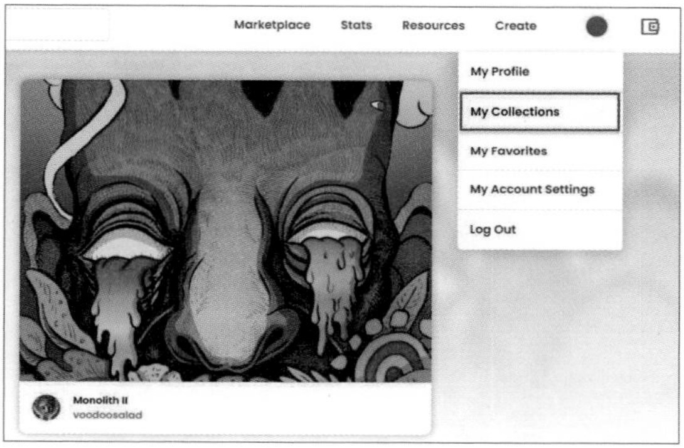

컬렉션 만들기

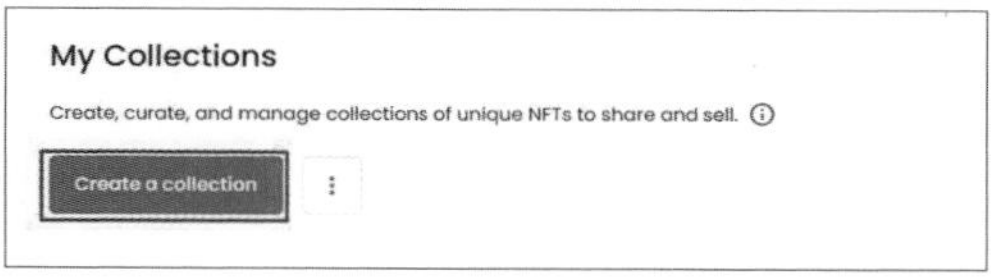

컬렉션 정보 입력하기

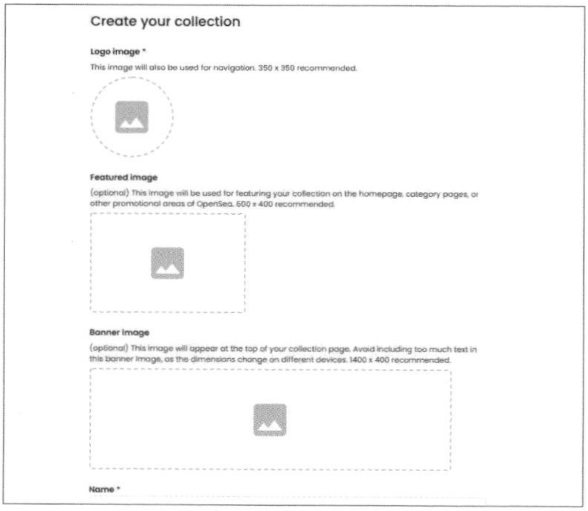

CHAPTER 10

암호화폐 투자원칙 세우기

분산투자는 수익률을 극대화하는 전략이라기보다

리스크를 최소화하는 전략입니다.

01 ›››

잃어도 되는 만큼만 투자하라

'잃어도 되는 만큼만 투자하라.'

아마 암호화폐 투자를 하면서 가장 많이 들어본 조언일 겁니다. 그런데 잃어도 되는 돈이라는 게 과연 무엇일까요? 그런 돈이 존재할까요? 모든 돈은 다 소중한데 말이죠. 크게 두 가지로 정의할 수 있을 듯합니다.

① 당장 사용하지 않아도 되는 자금

투자는 최소 5년에서 10년을 묵혀두어도 생계에 아무런 지장이 없는 돈으로 해야 합니다. 따라서 학자금이나 주택 마련을 위한 자금, 당장 필요한 생활비로 투자하면 안 됩니다. 사용 기한이 정해져 있거나, 단기간에 사용해야 하는 돈은 은행에 잘 보관해 두시기를 바랍니다.

② 대출이 아닌 순수 자기 자금

영끌과 빚투라는 신조어가 유행했습니다. 아시겠지만 영끌은 '영혼까지

끌어모은 대출', 빚투는 '빚내서 투자'의 줄임말입니다. 대출을 받아서 투자하면 마음이 조급해지고 빠른 기간에 승부를 보아야 한다는 압박감이 생깁니다. 그러다 단기투자에 매달리게 됩니다. 그러면 대부분 결과가 좋지 않습니다. 더욱이 빚까지 내서 투자했다는 건 시장이 굉장히 뜨겁다는 의미입니다. 이는 하락장으로 가는 마지막 계단이 될지도 모릅니다.

투자자가 **투자의 주도권**을 가지는 것이 중요합니다. 나의 의지나 계획과 상관없이 팔아야 하는 순간이 오면 투자는 실패할 수밖에 없습니다. 만약 어쩔 수 없이 원금을 회수해야 하는 시점의 수익률이 -50%라면 어떻게 될까요? 원금의 절반을 고스란히 날리게 됩니다. 하지만 여윳돈이라면 버틸 수 있겠죠. 1~3년만 버티면 대부분 원금을 너끈히 회복하고, 상당한 수익률을 거둘 수 있습니다.

02 ›››

시장의 불확실성을 이기는 단 한 가지 방법

자본시장에서 성공하기 어려운 이유는 **불확실성** 때문입니다. 시장이 확실한 패턴으로 움직인다면 모두가 돈을 벌 겁니다. 하지만 시장은 늘 우리의 기대를 배신합니다. 투자자가 불확실성을 이기는 방법은 무엇일까요? 바로 **투자의 원칙**을 지키는 것입니다.

① 하락장에서 사고, 상승장에서 팔기

얼핏 쉬워 보이지만, 전혀 쉽지 않습니다. 투자자 대부분은 반대로 행동합니다. 가격이 천정부지로 오르면 성급히 올라타고, 시장이 바닥을 치면 두려워서 코인을 팔아 버립니다. 이 원칙만 잘 지켜도 손실을 최소화할 수 있습니다.

② 분할매수, 분할매도

불확실성을 이기는 가장 좋은 방법은 시간을 나누는 것입니다. 초보 투자자라면 하락장에서는 다섯 번에 나눠 분할매수하고, 상승장에서는 다섯 번에 나눠 분할매도하는 습관을 기르는 게 좋습니다.

분할매매는 충분한 시간을 두고 해야 합니다. 지지선과 저항선을 잘 확인하고, 차트의 모든 지표가 신호를 보낼 때 해야 합니다. 만약 지지선과 저항선이 무너진다면 다음 바닥이나 천장이 어딘지를 고려해 자금의 양을 조절해야 합니다.

분할매매의 시점을 잡기가 어렵다면 이보다 마음 편한 투자 방법도 있습니다. 우량한 코인을 적립식으로 투자하는 방법입니다. 바로 달러-코스트 애버리지DCA, Dollar-Cost Average 투자법입니다. 우리말로 정액분할매수법입니다. 이 방법은 투자하려는 총 금액과 기간을 정해놓고, 매일 혹은 매주 같은 금액으로 나누어서 투자하는 것입니다. DCA 투자법은 워런 버핏을 세계적인 부자로 만들어준 방법으로도 유명합니다. 비트코인의 경우 이 방법을 활용하는 투자자가 많습니다.

암호화폐 투자에서 모든 돈을 한 번에 베팅해야 하는 상황은 없다고 봅니다. 대박의 기회인 줄 알고 한꺼번에 다 투자했는데, 알고 보니 투자금을 다 잃을 위기일 수 있습니다. 단기투자자가 아니라면 다급히 매수, 매도 버튼을 누를 일도 없습니다. 급등하는 코인에 올라타는 건 절대로 안 되고요. 투자는 늘 신중하고, 차분하게 해야 합니다.

③ 일정 수준의 현금 비중 유지하기

불확실성을 수익으로 연결하려면 현금 보유가 중요합니다. 코인의 가격이 충분히 하락했다고 판단되면 추가매수를 해야 합니다. 투자 용어로 **물**

타기라고 합니다. 특히 고점에서 물렸을 때는 물타기로 평균단가를 낮추는 게 좋습니다. 하지만 현금이 없다면 소용없습니다. 현금을 보유해야 하는 이유는 필요한 시점에 재투자하기 위해서입니다.

단, 물타기에는 유의사항이 있습니다. 영화 〈작전〉에 이런 대사가 나옵니다.

"바닥인 줄 알고 들어왔던 놈들 지하실 구경하게 될 겁니다."

물타기를 잘못하면 손실의 폭이 걷잡을 수 없이 커집니다. 그러니 바닥 신호를 여러 지표를 통해 중복으로 확인해야 합니다. 더불어 물타기는 장기적으로 우상향하는 우량한 코인에만 유효한 전략입니다.

자신이 장기투자자냐, 단기투자자냐에 따라서도 판단이 달라집니다. 장기투자자는 코인의 내재가치를 중요하게 보기 때문에 물타기가 유효한 전략입니다. 반면 단기투자자는 수요와 공급으로 투자를 결정하기 때문에 물타기는 유효한 전략이 아닙니다.

④ 과도한 욕심 버리기

전설적인 투자자 워런 버핏은 투자에서 가장 중요한 원칙을 이렇게 제시했습니다.

- **1원칙**: 절대로 돈을 잃지 마라
- **2원칙**: 첫 번째 원칙을 절대 잊지 마라

이는 암호화폐 투자에도 적용됩니다. 암호화폐는 주식보다 변동성이 큽니다. 그런데 다른 투자자산에 비해 훨씬 큰 욕심을 부리는 게 사실입니다.

1~2달 안에 2~3배의 수익을 보려는 투자자가 생각보다 많습니다. 암호화폐 투자로 손해를 보는 가장 큰 이유가 욕심에 있다고 해도 과언이 아닙니다. 모든 투자는 장기적인 관점으로 보아야 하고, 꾸준한 수익률을 유지하는 데 집중해야 합니다. 더불어 수익률과 안정성을 함께 고려한 전략을 세워야 합니다. 100배 수익을 강조했지만, 100배 수익 이상으로 중요한 건 투자금을 잃지 않는 것입니다.

⑤ 투자 원칙 세우기

결국, 가장 중요한 건 자신만의 확고한 **투자 원칙**을 세우고, 지키는 것입니다. 투자자의 성향과 상황이 다양해서 일률적인 원칙을 제시할 수는 없습니다. 예를 들어 익절과 손절의 기준을 미리 정하는 것, 자산과 현금의 보유 비율을 정하는 것, 종목을 선정할 때 먼저 보는 기준을 정하는 것, 이 모든 게 투자의 원칙에 들어갑니다. 투자에 필요한 원칙을 스스로 정리하고, 숙지하는 시간이 모든 투자자에게 필요합니다.

투자 내용을 상세하게 기록하고, 수익 여부를 점검하는 습관도 중요합니다. 투자는 돈이 오고 가는 일입니다. 자신의 투자 자금이 새고 있는데 알지 못한다면 바람직한 투자가 아닙니다. 수수료도 점검해 보아야 합니다. 한 번 거래할 때는 얼마 안 들지만, 거래가 반복되면 무시할 수 없을 만큼 커집니다.

03 ›››

나만의 암호화폐 포트폴리오 구성하는 법

투자의 성과를 결정하는 세 가지 요소는 종목 선택, 마켓 타이밍, 자산 배분이라고 반복적으로 말씀드렸습니다. 종목 선택, 마켓 타이밍은 앞장에서 설명했습니다. 이번에는 **자산 배분**에 관해서 이야기해보겠습니다.

① 자산과 현금의 비중을 배분하기

안정적인 투자를 위해서는 자산과 현금의 비율을 잘 배분해야 합니다. 비율을 정할 때는 **유동성**을 고려해야 합니다. 여기서 말하는 유동성은 필요할 때 언제든 현금화할 수 있어야 한다는 의미입니다. 많은 돈이 자산에 들어가 있으면 좋겠지만, 당장 필요한 현금까지 넣어서는 안 됩니다. 필자는 생활비와 각종 공과금 등을 고려해 일정한 양의 현금을 유지하는 편입니다. 현재 자산 대 현금의 비율은 약 9대 1 정도입니다. 자산의 비중은 자신의 상황에 맞게 구성하면 됩니다.

참고로 노동소득으로 현금 흐름을 꾸준히 발생시켜야 합니다. 운용하는 자금의 규모가 큰 투자자가 아니라면 자본소득만으로 생계를 유지하기는 현실적으로 어렵습니다. 이 말씀을 드리는 이유는 아직 경제적으로 독립할 단계가 아닌데, 섣불리 전업 투자를 결정하는 분들이 더러 있기 때문입니다. 자신의 일터에서 꾸준히 돈을 벌고, 이를 장기투자로 연결하는 게 개인 투자자에게는 가장 현명한 투자입니다.

② 분산투자로 리스크를 최소화하라

'달걀을 한 바구니에 담지 마라.'라는 유명한 투자 격언이 있습니다. 이는 **분산투자**의 중요성을 강조하는 것입니다. 많은 투자자가 분산투자를 투자의 정석으로 생각합니다. 실제로 분산투자는 중요합니다. 자산운용사나 헤지펀드들은 자산을 굉장히 세부적으로 분산해서 투자합니다. 주식, 암호화폐, 채권, 금, 원자재 등을 모두 활용합니다.

분산투자에서 중요한 건 자산 간의 상호관계입니다. 모든 자산은 성격이 다릅니다. 어떤 자산은 수익률을 높여주고, 어떤 자산은 인플레이션을 방어해줍니다. 따라서 모든 자산이 한 번에 상승하거나, 하락하지는 않습니다. 오히려 반대의 움직임을 보이는 자산도 많습니다. 예를 들어 주식이 크게 상승하면, 채권은 떨어지는 식으로 움직입니다.

따라서 분산투자는 수익률을 극대화하는 전략이라기보다 리스크를 최소화하는 전략입니다. 안정성을 중요하게 생각하는 투자자는 분산투자를 하는 게 좋습니다. 암호화폐뿐만이 아니라 여러 자산을 함께 담으면 안정성을 더 높일 수 있습니다.

③ 집중투자로 수익률을 높여라

'분산투자는 무지의 산물이다.'

반면 위대한 투자가 워런 버핏은 분산투자보다 **집중투자**를 강조했습니다. 그는 분산투자를 하는 이유가 개별 종목에 관한 공부가 부족하기 때문이라고 주장합니다. 이를 암호화폐에 적용하면 가치와 성장성을 시장으로부터 인정받은 비트코인이나 이더리움 등의 코인에 집중하여 투자하라는 의미가 됩니다. 집중투자라고 해서 딱 하나의 코인을 사라는 의미가 아닙니다. 특정 코인의 비중이 상대적으로 크다면 이 역시 집중투자라고 할 수 있습니다.

만약 운용하는 자금이 많다면 안전성을 고려해서 분산투자를 하는 게 옳습니다. 반면 보유 자금이 적다면 집중투자로 높은 수익률을 얻는 게 나은 전략일 수 있습니다. 성장성에 더 집중해야 종잣돈을 모을 수 있기 때문입니다. 종잣돈이 충분히 확보되면 포트폴리오를 다시 구성하면 됩니다. 물론 이는 개인적인 의견입니다. 투자의 모든 결정은 투자자가 직접 내려야 합니다.

④ 포트폴리오에 정답은 없다

따라서 모든 투자자에게 똑같이 적용되는 모범 답안은 없습니다. 몇 차례 말씀드렸듯 투자자의 상황에 따라서 달라집니다.

필자의 투자를 예로 들어보겠습니다. 필자는 암호화폐와 더불어 미국 주식을 함께 하고 있습니다. 미국 주식투자를 더 오래 했기 때문에 전체 포트폴리오에서 비중이 좀 더 높습니다. 암호화폐만 따로 보자면 전체 비중의

65%가량을 시가총액 30위권 내외의 코인으로 구성했습니다. 비트코인, 이더리움, 리플, 카르다노, 체인링크의 비중이 특히 높습니다. 이 중에서도 가장 비중이 높은 건 비트코인과 이더리움입니다. 나머지 25%는 목적과 기능이 뚜렷하고 저평가된 알트코인으로 구성했습니다. 바로 100배 오를 가능성이 있는 암호화폐에 투자한 것입니다. 그리고 남은 10%는 선물거래에 사용합니다. 이 포트폴리오는 하나의 예시일 뿐입니다. 필자 역시도 향후 포트폴리오의 리밸런싱을 꾸준히 할 것입니다. 계속해서 가치와 성장성을 지닌 코인을 발굴하고 있기 때문입니다. 각자 현명한 방법으로 포트폴리오를 구성해 보시기 바랍니다.

04 ›››

현명한 투자자는 대중과 반대로 움직인다

"모두가 두려워할 때 욕심을 내고, 모두가 욕심을 낼 때 두려워하라."

역시나 워런 버핏의 투자 격언입니다. 비슷한 예로 증권가에서 과열 징후로 곧잘 등장하는 **구두닦이 소년 신호**Shoeshine Boy Signal가 있습니다. 이 용어는 존 에프 케네디John Fitzgerald Kennedy 대통령의 아버지이자 월가의 투자가였던 조지프 케네디Joseph Kennedy가 구두를 닦던 소년이 주식 이야기를 하는 걸 듣고 곧바로 갖고 있던 주식을 모두 처분했다는 에피소드에서 나왔습니다. 실제로 그 일이 있고 얼마 뒤 경제 대공황이 찾아왔습니다. 평소 경제에 아무 관심 없던 사람들이 투자를 시작하거나, 주변에서 투자 이야기를 하는 사람들이 늘어나면 시장의 과열 징후로 보아야 합니다. 이때는 오히려 자산을 매도하거나 관망해야 합니다.

반면 온갖 나쁜 뉴스가 난무하고, 악재가 쏟아질 때가 최적의 매수 기회입니다. 현명한 투자자는 늘 좁은 길로 갑니다. 물론 이는 굉장히 어려운 일입니다. 투자자들이 자산의 가격이 급상승할 때 성급히 올라타는 이유는 좋은 기회를 영영 놓칠 것 같은 불안감 때문입니다. 하지만 이 사실 하나만은 꼭 기억해야 합니다. 시장에서 떠나지 않는 한 좋은 기회는 몇 번이고 다시 찾아옵니다.

05 ›››

뉴스는 어디까지 믿고 따라야 할까?

FUD는 Fear, Uncertainty and Doubt의 약자로 공포, 불확실성, 의심을 뜻합니다. FUD는 FOMO와 반대의 역할을 합니다. FOMO가 투자자들을 시장으로 끌어들인다면, FUD는 투자자들을 시장에서 몰아내는 역할을 합니다. FUD는 기관이나 세력이 개인투자자를 조종하는 가장 손쉬운 방법으로 자본시장에서 오래전부터 사용됐습니다.

암호화폐 시장에서 가장 빈번히 활용되는 것은 고래 현상입니다. 고래들의 지갑에서 거래소로 많은 코인이 이동했다는 뉴스가 전해지면 개인투자자는 크게 동요합니다. 미국이나 중국 정부의 암호화폐 규제 관련 뉴스는 카운터 펀치에 가깝습니다. 시장은 그대로 무너져버립니다.

FUD 뉴스에 관한 얘기를 하면 음모론이라며 반론을 제기하는 분이 더러 있습니다. 하지만 세상의 모든 뉴스는 목적에 맞게 일정 부분 가공될 수밖에 없습니다. 언론은 원하는 정보만 선택적으로 모으거나, 어떤 것을 주장할 때 편향된 방법을 동원합니다. 정치 뉴스를 떠올리면 이해하기 쉽습니다. 진영의 논리에 따라서 같은 사실이 전혀 다르게 해석됩니다.

FUD를 조장하는 이유는 단순합니다. 개인투자자를 시장에서 떨쳐내기 위해서입니다. 그래야 기관들이 싼값에 살 수 있습니다. 왜 거대한 세력이 가난한 개인투자자를 괴롭히는 걸까요? 바로 기관과 개인이 **제로섬 게임**을 벌이고 있기 때문입니다. 제로섬이란 사회 전체의 이익이 일정해서 한쪽이 이득을 보면 반드시 다른 한쪽이 손해를 보아야 하는 상태를 뜻합니다. 자산시장에서 개인과 기관 모두가 행복하기는 어렵습니다. 누군가 돈을 잃어야, 다른 누군가는 돈을 법니다. 냉혹한 세계입니다.

악재 뉴스가 나올 때를 유심히 살펴보면 거의 폭탄 수준으로 기사를 쏟아냅니다. 투자자들은 마치 세상이 끝난 것 같은 두려움을 느낍니다. 하지만 꿋꿋하게 버텨내야 달콤한 열매를 수확할 수 있습니다. 기사를 읽을 때는 의심하고, 분석하는 자세로 읽어야 합니다. 물론 이를 위해서는 암호화폐에 관한 충분한 공부가 되어 있어야 합니다.

참고로 FUD가 단점만 있는 것은 아닙니다. 시장이 너무 과열되었을 때 진정시키는 효과가 있습니다.

06 ›››

시간을 나의 편으로 만든 자가 100배 수익을 얻는다

"주식을 사라. 그리고 수면제를 먹고 자라. 10년 뒤에 깨어나면 부자가 되어있을 것이다."

이는 헝가리 출신의 전설적인 투자가 앙드레 코스톨라니가 한 이야기입니다. 코스톨라니의 이야기는 두 가지 의미를 내포하고 있습니다.

① 자산의 가치가 상승하는 데는 시간의 힘이 중요하다.

자산은 경제의 흐름과 궤적을 같이 합니다. 만약 어떤 자산의 가치가 하루아침에 10배 폭등했다면 그건 진짜 가치가 아닐 가능성이 큽니다. 언젠가 제값을 찾아서 다시 내려갈 가능성이 큽니다. 하지만 10년이라면 자산의 가치를 평가받기에 부족하지 않은 시간입니다. 복리의 효과가 얼마나 큰지 체험하려면 기다림과 인내심이 중요합니다. 그래서 장기투자가 가장 어렵습니다.

장기투자자를 마치 느림보나 거북이로 여기는 사람도 있습니다. 며칠 사이에 1~2억을 벌었다는 인증을 보면 장기투자자도 마음이 흔들리는 게 사실입니다. 하지만 장기투자의 가치는 결국 시간이 증명해줍니다. 챕터2에서 스노우볼 효과를 알려드렸습니다. 세계 최고의 부자 중 한 사람인 워런 버핏은 막대한 부의 90% 이상을 65세 이후에 이룬 것입니다. 앞서 몇 번이고 강조했지만, 100배의 가치 상승을 위해서는 시간의 힘이 중요합니다.

② 아무것도 안 하는 게 정말 답일 때도 많다.

투자의 원칙을 세우는 것과 나의 판단력을 맹신하는 것은 전혀 다른 문제입니다. 초보 투자자들의 문제 중 하나는 부족한 지식으로 계속 잘못된 판단을 내리는 것입니다. 인간의 판단력은 생각보다 합리적이지 않습니다. 인지 편향 때문입니다. 인지 편향은 상황에 대한 비논리적인 추론으로 잘못된 판단을 내리는 뇌의 패턴입니다. 투자에서는 **최신 편향**이 주로 나타납니다. 최신 편향은 오랜 기간 확립되어 온 이론보다 최근 또는 곧 있을 사건에 초점을 맞추는 경향을 의미합니다. 최신 정보만 믿고, 반복되어 온 역사는 무시하는 것입니다.

최신 편향을 가진 투자자의 문제점은 현재 오르는 자산으로 계속 갈아타는 것입니다. 현명한 투자자는 아직 오르지 않은 저평가된 자산을 미리 선점합니다. 자신이 보유한 코인이 아직 오르지 않았다면 차분히 기다려야 합니다. 최신 편향을 가진 투자자의 또 다른 문제는 악재 뉴스에 지나치게 불안해하고, 자꾸만 도망친다는 것입니다. 반면 자산의 가치가 장기적으로 우상향한 역사는 까맣게 잊고 있습니다.

07 ›››

지금 바로 암호화폐 투자를 시작해야 하는 이유

비트코인에 일찍 투자하지 못한 걸 아쉬워하는 분들을 더러 보았습니다.

Dan Held @danheld · 16h
2013: "Bitcoin crashes to $50"
2015: "Bitcoin crashes to $200"
2018: "Bitcoin crashes to $3,000"
2021: "Bitcoin crashes to $30,000"

Notice a pattern?

https://twitter.com/

만약 2015년에 투자했다면 지금까지 얼마나 많은 돈을 벌었을까요? 하나도 안 팔았다면 원금의 150~200배 이상 벌었을 겁니다. 100만 원만 넣었어도 2억 원 이상으로 돌려받게 됩니다. 만약 과감하게 1억 원을 베팅했다면 100억 대 부자가 되어 있을 테고요. 설령 2018년에만 투자했더라도 10~20배는 벌었습니다. 그런데 이렇게 많은 돈을 번 사람이 실제로 얼마나 될까요? 굉장히 극소수일 겁니다.

투자의 경험이 있는 분들은 이해할 겁니다. 원금 대비 2배(수익률 100%)만 올라도 마음이 흔들립니다. 5배가 오르면 어떨까요? 그대로 버티고 있을 투자자가 많지 않습니다. 만약 10배가 올랐다면 원금까지 다 빼서 현금화했을지 모릅니다. 따라서 2015년에 투자했더라면 100배를 벌었을 거라는 건 단순한 발상입니다. 과거를 알기 때문에 하는 푸념일 뿐입니다. 사실 장기투자는 굉장히 어렵습니다.

애플이 스마트폰 사업을 처음 시작했을 때 그 가치를 일찍 알아본 지인이 있습니다. 애플에 제법 많은 돈을 투자했습니다. 지인은 굉장한 부자가 되었을까요? 그렇지 않습니다. 모바일 사업이 삐걱대며 주가가 하락하자 애플의 주식을 전부 팔아버렸습니다. 사실 투자자 대부분이 필자의 지인처럼 행동합니다. 지금은 애플이 최고의 기업인 걸 모두가 알지만, 그때는 대부분 몰랐습니다. 비트코인은 말할 것도 없습니다. 애플보다 훨씬 변동성이 컸고, 가치를 평가하기도 어려웠습니다. 따라서 과거를 아쉬워할 이유가 없습니다.

오히려 이런 의문이 듭니다. '비트코인을 사지 않았던 과거는 후회하면서 지금은 왜 안 사는 걸까?' 현재의 비트코인은 훨씬 안정적인 자산이 되었고, 내재적 가치도 커졌습니다. 혹자들은 너무 많이 올랐기 때문이라고 합니다. 하지만 2018년에 3,000달러가 되었을 때도 모두가 같은 이야기를 했습니다. "오를 대로 올랐다, 너무 많이 올랐다, 거품이다, 폭락할 일만 남았다." 하지만 그때를 기준으로 20배 가까이 상승했습니다. 만약 지금 비트코인을 사지 않으면 5년 뒤에 똑같은 후회를 하고 있을지도 모릅니다.

"아, 5년 전에 비트코인을 살 걸…."

여전히 암호화폐를 투기나 도박으로 생각하는 사람이 많습니다. 하지만 그런 시선과 무관하게 암호화폐 시장은 내재적 가치를 인정받으며 무한 성장을 반복하고 있습니다. 앞으로 제2, 제3의 비트코인과 이더리움이 꾸준히 등장할 것입니다. 따라서 10년 후 100배의 수익은 단지 꿈같은 이야기가 아닙니다. 투자자가 해야 할 일은 좋은 코인의 가치를 미리 알아보고, 투자하고, 기다리는 것입니다. 가격의 단기적인 등락에 일희일비하지 않고, 투자한 암호화폐의 가치를 꾸준히 믿고 기다리는 투자자가 궁극적으로 가장 큰 결실을 얻을 수 있습니다.

미래에서 바라본다면 지금이 암호화폐에 투자할 적기가 아닐까요? 물론 모든 판단과 선택은 당신의 몫입니다. 현명한 암호화폐 투자를 응원합니다.

부록 가상자산 양도소득세 정리하기

2023년부터 암호화폐 투자에 세금이 부과됩니다. 당초 2022년부터 부과될 예정이었으나, 가상자산 과세 1년 유예법안인 소득세법 개정안이 국회 본회의를 통과하면서 과세 시점이 2023년 1월 1일로 1년 유예되었습니다. 세금은 투자자에게 가장 신경 쓰이는 부분 중 하나일 겁니다. 소득이 있는 곳에 세금이 있는 건 당연합니다. 세금을 거둬야 국가재정이 확보되고, 그만큼 나라가 잘 운영될 수 있습니다. 하지만 여러 논란이 있는 것도 사실입니다. 아무런 보호조치 없이 먼저 세금부터 거두려고 했기 때문입니다. 2021년 5월 22일, 국회 정무위원회 전체 회의에 출석한 은성수 금융위원장이 이런 발언을 했습니다.

"암호화폐는 내재가치가 없는, 인정할 수 없는 화폐이다. 따라서 투자한 이들을 정부에서 모두 보호할 수 없다."

이를 두고 투자자들은 '은성수의 난'이라고 부릅니다. 정치권에서도 과세에 관한 찬반논란이 팽팽합니다. 법적 보호 장치와 대책이 완벽히 마련된 이후 세금을 거두어야 한다는 것입니다. 현재까지의 안을 정리해보겠습니다.

① 개요

2022년 1월부터 암호화폐 매매, 양도, 대여로 발생하는 수익에 대해 1년 단위로 평가차익을 계산해 20%의 세율(지방소득세 포함 시 22%)을 적용합니다.

소득금액 = 암호화폐 매도금액(양도가액) - 매수금액(취득금액) - 수수료(거래비용)

기본공제 금액은 250만 원입니다. 해외주식의 양도소득세와 거의 같다고 보면 됩니다. 예를 들어서 1,000만 원의 수익이 발생했다고 하면 250만 원을 제한 750만 원의 22%인 165만 원을 세금으로 내야 합니다. 매년 5월 전년도의 투자 수익을 국세청에 신고 및 납세해야 합니다. 암호화폐 소득은 기타소득으로 분류되며 전액 분리과세 대상입니다.

2023년 1월 1일 이후 발생한 수익부터 적용되기 때문에 2023년까지는 내지 않고, 첫 세금은 2024년 5월에 내면 됩니다. 만약 2022년 12월 31일 안에 모두 매도하고 현금화하면 세금은 안 내도 됩니다.

② 선입선출 방식

평가차익은 암호화폐 거래소 등이 공시한 가격을 기준으로 평가합니다. 그런데 선입선출 방식을 유의해야 합니다. 이 방식에 의해서 코인을 평균 매수가격보다 낮은 가격에 팔아도 세금을 낼 수 있습니다. 코인을 분할매수해서 여러 개 가지고 있다고 하겠습니다. 이 중 일부를 매도하면 어떤 코인을 팔았는지 알 수 없습니다. 이런 경우 선입선출 방식이 적용됩니다. 선입선출이란 먼저 산 코인을 먼저 팔았다고 가정하는 것입니다.

예를 들어서 비트코인을 1,000만 원에 1개 샀고, 시간이 지나 3,000만 원에 1개를 더 샀습니다. 평균단가는 2,000만 원, 보유 수량은 2개입니다. 이 중 1개를 2,000만 원에 팔았다고 가정하겠습니다. 그러면 평균단가와 같은 가격에 팔아서 수익이 없다고 판단할 수 있습니다. 하지만 이는 1,000만 원에 매입한 비트코인을 먼저 판 것으로 인정돼 1,000만 원의 수익이 발생한 것이 됩니다. 따라서 250만 원을 제한 750만 원에 대한 세금 165만 원을 내야 합니다. 취득가를 선입선출법으로 계산하도록 한 점은 복잡하다는 지적이 잇따르고 있습니다.

③ 신고와 실제 거래가 다를 때

금융당국은 소득세 부과를 위해서 암호화폐 거래소로부터 2023년 1월 1일부터 분기, 연도별 거래 명세 등 거래자별 거래 명세서를 제출받습니다. 만약 이와 대조해서 축소 신고한 건이 발견되면 불성실 신고 가산세가 더해질 수 있습니다.

④ 해외 거래소 이용

해외 금융계좌는 잔액이 5억 원 미만이면 신고 의무가 없습니다. 하지만 이를 현금화하기 위해 국내 거래소로 암호화폐를 전송해서 출금하면 출금 시점에 소득으로 잡힙니다. 이때를 기준으로 세금을 계산해야 합니다. 매달 말일 기준으로 가치가 5억 원 이상이라면 국세청에 해외 금융계좌 보유 사실을 신고해야 합니다.

⑤ 기타

매매소득에 대해서만 세금을 내는 것이 아닙니다. 암호화폐를 채굴로 얻어도 세금은 부과됩니다. 이때는 채굴기 구매 및 대여 비용, 전기료 등 채굴에 들어간 비용 등을 취득금액으로 봅니다. 이를 제하고 평가차익을 계산해야 합니다.

에어드랍이나 스테이킹 등 디파이를 통한 소득 역시 세금 공제 대상입니다. 수익이 발생하면 매도 시 금액의 전액이 소득금액이 됩니다. 에어드랍이나 디파이는 취득원가를 0으로 봅니다.

⑥ 절세 방법

암호화폐 세금은 실현 소득에만 과세합니다. 가격이 아무리 많이 올라도 매매로 현금화하지 않으면 세금을 내지 않습니다. 세금은 거래로 이익 실현이 되었을 때만 냅니다. 따라서 연중의 실현 소득을 계속 계산하면서 스스로 비중을 조정해야 합니다.

수익이 난 코인과 손실이 난 코인을 함께 매매해서 수익을 상쇄시키는 것도 방법입니다. 마이너스 회복이 어려울 것 같은 코인을 수익이 난 코인과 함께 파는 것입니다. 해외주식에서 많이 사용하는 방식입니다.

›››

암호화폐 투자에 유용한 사이트

암호화폐 종합정보

코인마켓캡 https://coinmarketcap.com/

코인게코 https://www.coingecko.com/

크립토워치 https://cryptowat.ch/ko/

코인360 https://coin360.com/

공시

쟁글 https://xangle.io/

암호화폐 등급

플립사이드크립토 https://www.flipsidecrypto.com/

이즈디스코인어스캠 https://isthiscoinascam.com/

암호화폐 관련 뉴스 및 정보

코인데스크 https://www.coindesk.com/

코인텔레그래프 https://cointelegraph.com/

더블록 https://www.theblockcrypto.com/

코인니스 https://kr.coinness.com/

디센터 https://www.decenter.kr/

블록미디어 https://www.blockmedia.co.kr/

코인리더스 https://www.coinreaders.com/

코인피디아 https://coinpedia.org/

AMB크립토 https://ambcrypto.com/

토큰포스트 https://www.tokenpost.kr/

블록인프레스 https://blockinpress.com/

블록체인 투데이 http://www.blockchaintoday.co.kr/

디크립트 https://decrypt.co/

ICO 및 토큰 세일

코인리스트 https://coinlist.co/

코인스케줄 https://coinschedule.com/

ICO레이팅 https://icorating.com/

플랫폼, 디앱, 디파이 관련

토큰터미널 https://www.tokenterminal.com/

디앱레이더 https://dappradar.com/

디앱닷컴 https://www.dapp.com/

디파이펄스 https://defipulse.com/

디파이라마 https://defillama.com/home/

유니스왑 https://uniswap.org/

팬케이크스왑 https://pancakeswap.finance/

온체인 데이터

크립토퀀트 https://cryptoquant.com/

글래스노드 https://glassnode.com/

뷰베이스 https://www.viewbase.com/exchange/

웨일 알럿 https://whale-alert.io/

김치 프리미엄

김프가 https://kimpga.com/

크라이프라이스 https://cryprice.com/

공포-탐욕지수

얼터너티브 https://alternative.me/crypto/fear-and-greed-index/

기관이 담은 포트폴리오

비트코인 트레저리스 https://www.buybitcoinworldwide.com/treasuries/

바이비티 https://www.bybt.com/

미국경제지표 확인

트레이딩이코믹스 https://ko.tradingeconomics.com/

인베스팅닷컴 https://kr.investing.com/economic-calendar/

차트

트레이딩뷰 https://kr.tradingview.com/

NFT

논펑저블닷컴 https://nonfungible.com/

엔에프티고 https://nftgo.io/

오픈씨 https://opensea.io/

기타

깃허브 https://github.com/paritytech/polkadot/

해시넷 http://wiki.hash.kr/index.php/

메사리 https://messari.io/